対馬10
五島1
長崎県
平戸6
平戸新田1
唐津6
佐賀県
小城7
佐賀36
蓮池5
鹿島2
大村3
島原7
福岡県
福岡47
柳河12
三池1
久留米21
小倉新田1
小倉15
秋月5
清末1
長府5
長州37
山口県
中津10
日出2
杵築3
大分県
森1
府内2
臼杵5
佐伯2
岡7
熊本新田4
熊本54
熊本県
宇土3
人吉2
宮崎県
延岡7
高鍋3
佐土原3
飫肥5
薩摩77
鹿児島県
津和野4
浜田6
島根県
松江19
広瀬3
母里1
鳥取県
徳山4
岩国6
広島43
広島新田3
広島県
福山11
新見2
松山5
浅尾1
岡山新田2
岡田1
足守3
庭瀬2
鴨方3
岡山県
鹿野3
若桜2
鳥取33
勝山2
岡山32
津山10
三日月2
赤穂2
山崎1
龍野5
兵庫県
豊岡2
出石3
三草1
柏原2
篠山6
安志1
林田1
姫路15
小野1
三田4
明石8
伯太1
狭山1
岸和田5
多度津1
丸亀5
高松12
香川県
徳島26
徳島県
今治4
松山15
小松1
西条3
愛媛県
大洲6
新谷1
吉田3
宇和島10
高知県
土佐24
土佐新田1
大阪府
紀州56
田辺4
和歌山県

シリーズ藩物語

府内藩

大野雅之……著

現代書館

プロローグ

府内藩物語

府内藩は豊後国大分郡の大部分を支配した藩である。府内の名は、この地に置かれた豊後国府に由来する。鎌倉時代に入ると、大友氏が豊後国守護としてここを支配した。二十一代当主の宗麟はキリスト教を保護し、海外貿易を奨励したため、南蛮文化が花開き、府内の名は世界に知られるようになる。

文禄二年（一五九三）、朝鮮での失策を理由に、宗麟の子義統《よしむね》（吉統）は改易され、豊後国は豊臣秀吉の蔵入地となる。太閤検地により豊臣方の武将らが封じられ、江戸時代の豊後を特徴づける「小藩分立」体制の素地が出来上がった。

まず早川長敏が大分郡に領地および蔵入地《くらいりち》の預かり地を得て入部し、府内藩が成立。ところがその後、藩主はめまぐるしく交替する。

慶長二年（一五九七）、福原直高が大分・速見・玖珠郡内の領地を得て臼杵から入部。直高は築城を開始し、荷揚《にあげ》城と命名したが、城の完成を見ずして改易され、再び早川長敏が入部する。その長敏も関ヶ原の戦いで西軍に与したため改易される。

藩という公国

江戸時代、日本には千に近い独立公国があった

江戸時代。徳川将軍家の下に、全国に三百諸侯《しょこう》★の大名家があった。ほかに寺領や社領、知行所《ちぎょうしょ》★をもつ旗本領《はたもとりょう》などを加えると数え切れないほどの独立公国があった。そのうち諸侯を何々家家中《けかちゅう》と称していた。家中は主君を中心に家臣が忠誠を誓い、強い連帯感で結びついていた。家臣の下には足軽《あしがる》層《そう》★がおり、全体の軍事力の維持と領民の統制をしていたのである。その家中を藩と後世の史家は呼んだ。

江戸時代に何々藩と公称することはまれで、明治以降の使用が多い。それは近代からみた江戸時代の大名の領域や支配機構を総称する歴史用語として使われた。その独立公国たる藩にはそれぞれ個性的な藩風《はんぷう》と自立した政治・経済・文化があった。幕藩体制とは歴史学者伊東多三郎《いとうたさぶろう》★氏の視点だが、まさに将軍家の諸侯の統制と各藩の地方分権が巧く組み合わされていた、連邦でもない奇妙な封建的国家体制であった。

今日に生き続ける藩意識

明治維新から百四十年以上経っているのに、今

慶長六年、府内に入部した竹中重利は城の修築や城下町の建設、領内の検地を行う。重利を継いだ重義は長崎奉行となるが、在職中の不正を理由に幕府から切腹を命じられる。

寛永十一年（一六三四）、下野国（現・栃木県）壬生《みぶ》城から日根野吉明《よしあきら》が入部。吉明は初瀬井路の開削など積極的な領国経営を行ったが、嗣子がなかったため同家は断絶する。

そして万治元年（一六五八）、高松（現・大分市）にいた大給《おぎゅう》松平忠昭が大分郡のうち二万二千二百石を得て藩主となる。以後、廃藩置県までの十代二百有余年間にわたり、大給松平氏が府内藩を領有する。譜代大名であったので、幕政に関与する藩主もいた。ちなみに最後の藩主近説《ちかよし》は、大政奉還のとき若年寄であった。

江戸後期、家老の岡本主米《しゅめ》と日田豆田町の豪商廣瀬久兵衛による藩政改革が実施された。改革は財政にとどまらず、学問・文化の振興にまで及んだ。久兵衛は、儒学者である兄淡窓や弟旭荘《きょくそう》を招き、藩校の刷新や藩主・藩士の教育に力を入れ、改革を成功させた。

地元には藩庁日記をはじめ、藩主・家老家に伝来した古文書が多数残っている。これらに加え、久兵衛日記などの日田廣瀬家史料も参考にしながら、府内藩の物語を描いていきたい。


でも日本人に藩意識があるのはなぜだろうか。明治四年（一八七一）七月、明治新政府は廃藩《はいはん》置県《ちけん》★を断行した。県を置いて、支配機構を変革し、今までの藩意識を改めようとしたのである。ところが、今でも、「あの人は薩摩藩の出身だ」とか、「我らは会津藩の出身だ」と言う。それは侍出身だけでなく、藩領出身も指しており、藩意識が県民意識をうわまわっているところさえある。むしろ、今でも藩対抗の意識が地方の歴史文化を動かしている。そう考えると、江戸時代に育まれた藩民意識が現代人にどのような影響を与え続けているのかを考える必要があるだろう。それは地方に住む人々の運命共同体としての藩の理性が今でも生きている証拠ではないかと思う。

藩の理性は、藩風とか、藩是《はんぜ》とか、ひいては藩主の家風ともいうべき家訓などで表されていた。

〔稲川明雄（本シリーズ『長岡藩』筆者）〕

諸侯▼江戸時代の大名。
知行所▼江戸時代の旗本が知行として与えられた土地。
足軽層▼足軽・中間・小者など。
伊東多三郎▼近世藩政史研究家。東京大学史料編纂所所長を務めた。
廃藩置県▼藩体制を解体する明治政府の政治改革。廃藩により全国は三府三〇二県となった。同年末には統廃合により三府七二県となった。

目次

これも府内

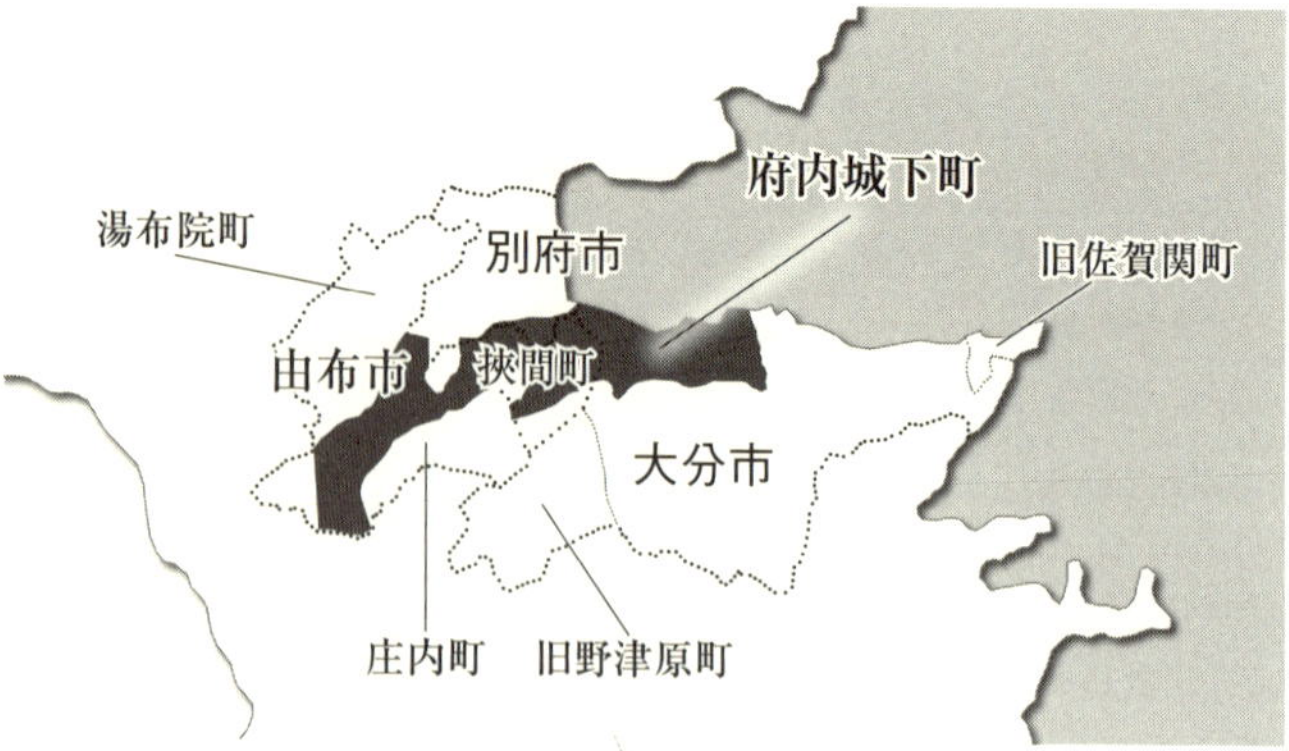

府内藩領図

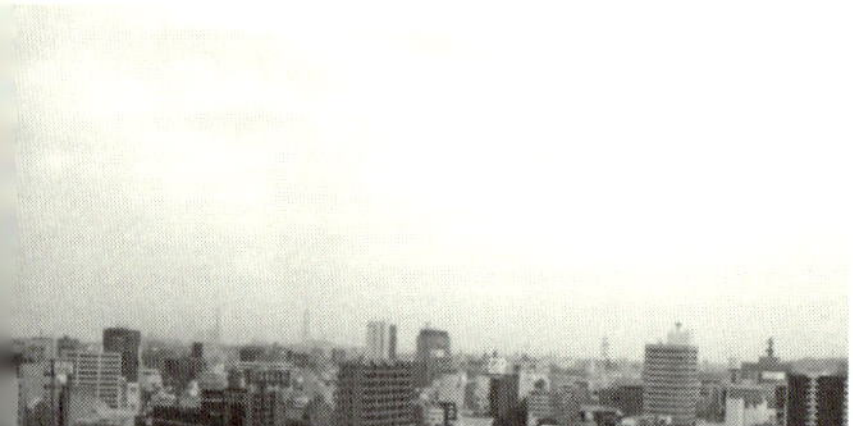

大分市街地

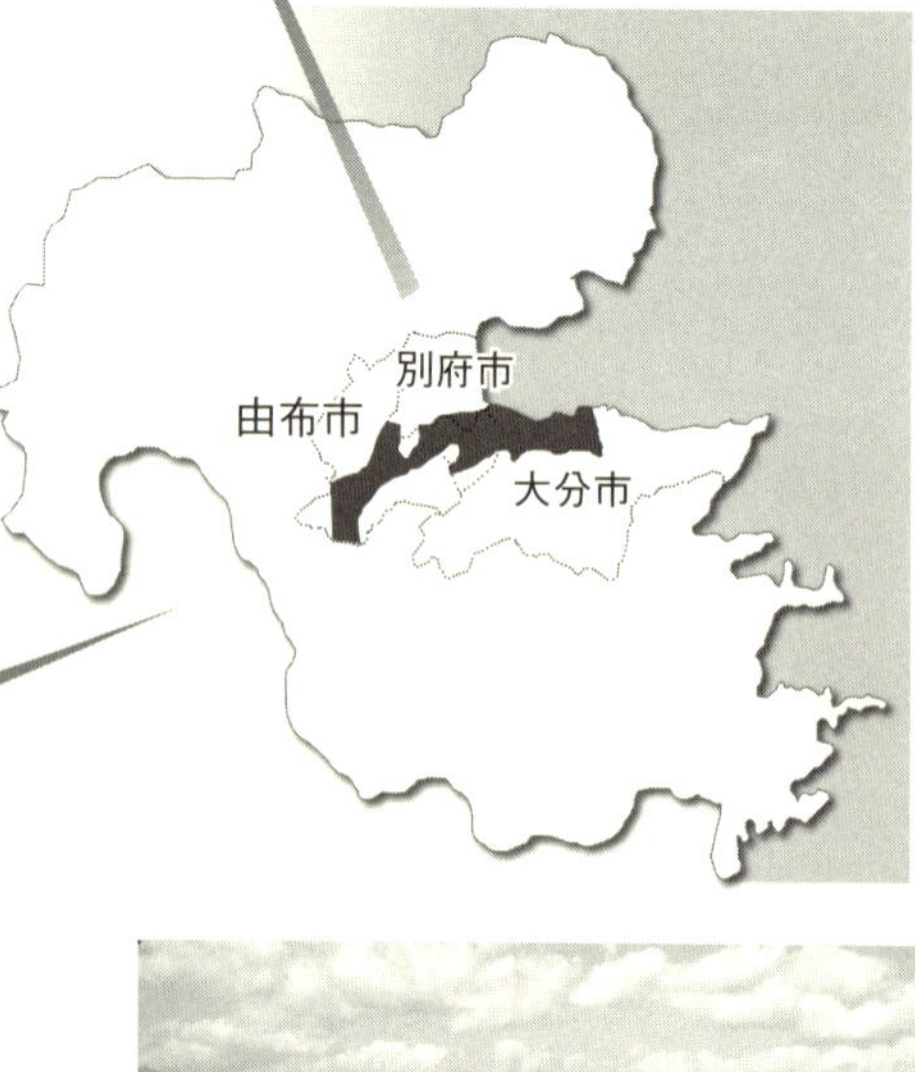

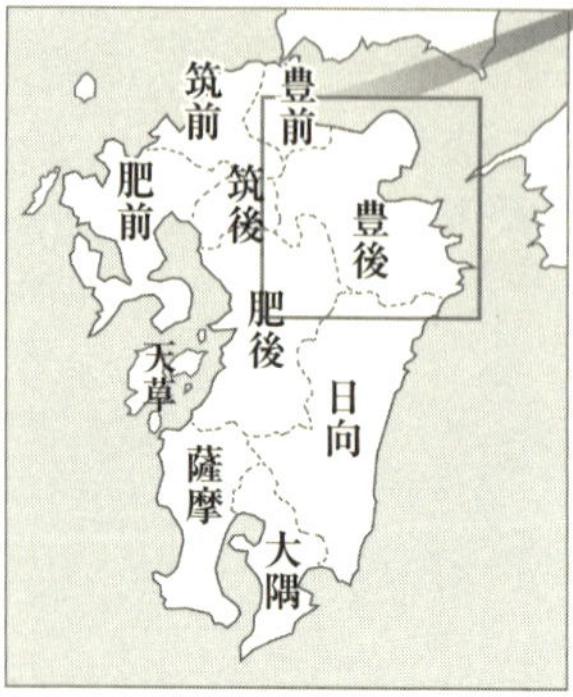

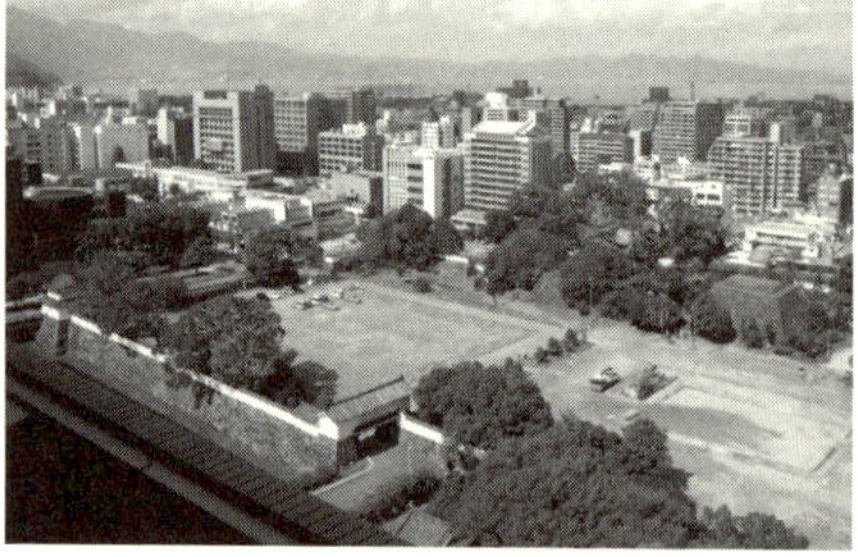

府内城からの景観

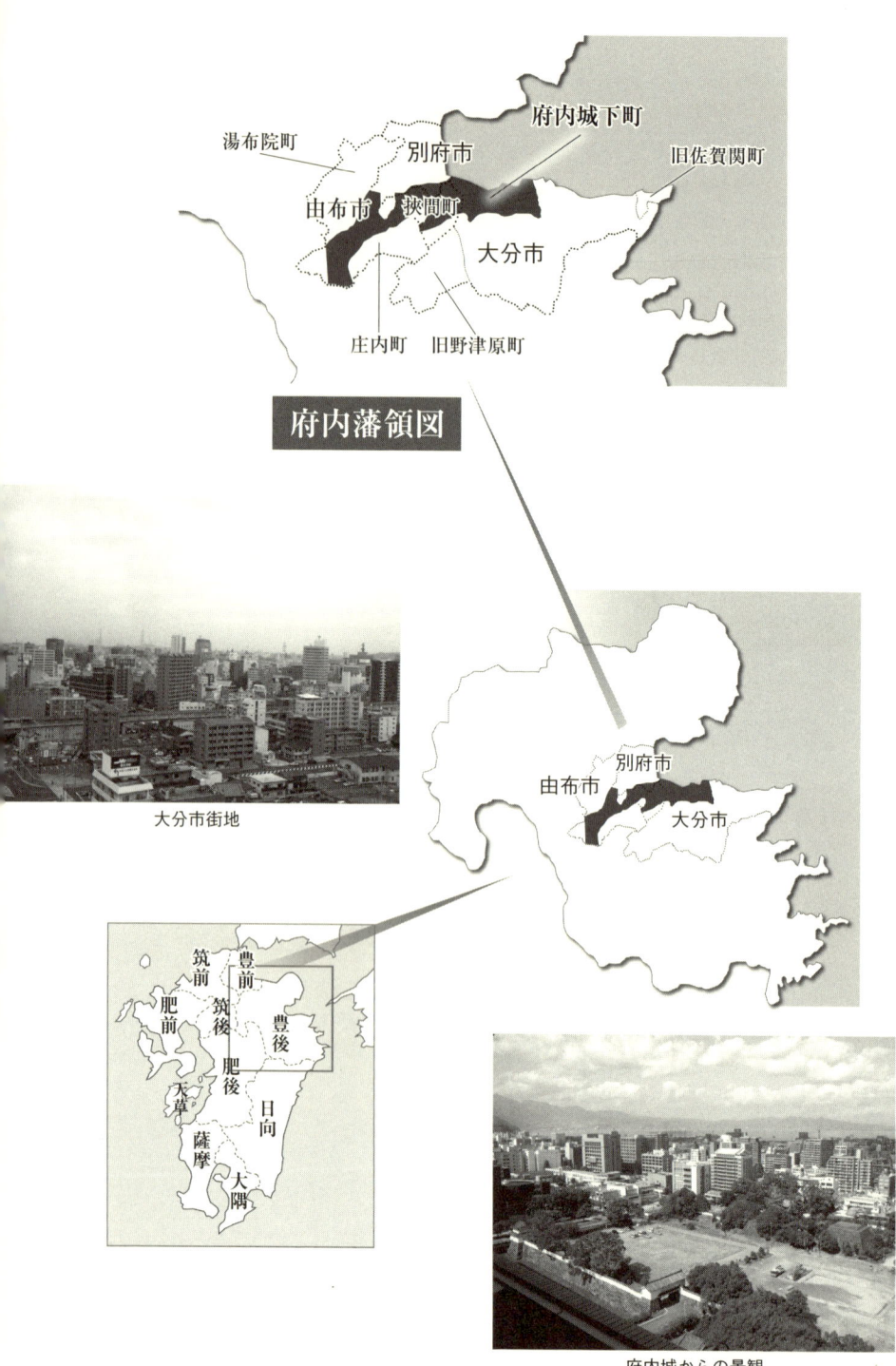

第一章 初期の府内藩

古くは国府が置かれ、大友氏の城下町として栄えたが、近世初期は藩主が定まらず。

①古代・中世の府内

府内は、古代以来、豊後国の行政の中心地。
戦国時代には大友氏の城下町となり、海外貿易港としても繁栄。
大友氏の改易後は、諸侯に分封され、近世期の「小藩分立」の原型が形成された。

府内大分の源流

府内は、大分市中心部の明治時代初期までの旧称である。府内という言葉は、律令時代の国府★に関係があると思われる。

国府に因《ちな》んだ地名は、現在も全国の至る所に残っている。国府《こう》★、府中、国衙、国分、甲府などがそうである。そのなかには、東京都府中市の武蔵国府跡のように、国の史跡となっている所もある。

国府所在地はその大半が現在も不明である。但し国府のあった郡は『和名類聚抄《わみょうるいじゅうしょう》』★でわかる。豊後国府は大分郡に置かれた。古代の大分郡は、現在の大分市（旧佐賀関町、旧野津原町、坂ノ市および大在地区を除く）、由布市挾間町、由布市庄内町の一部、別府市の一部からなっていた。ちなみに、大分という地名が最初

▼国府
国司が政務を執った施設を国庁、国庁と周辺の役所群を国衙、都市全体を総称して国府と呼んでいる。国衙と国府を同一視する説もある。

▼国府
「こくふ」と読む地名は、近代以降に国府推定地に付けられた場合が多い。

▼『和名類聚抄』
平安時代中期に作られた百科辞書。江戸時代後期以降、平安時代以前の語彙・語音を知る資料として、重要視されている書物。

にみえるのは『日本書紀』『豊後国風土記』である。両書とも大分の地名の由来を「碩田《おおきた》」、すなわち「おおきい田」からくるとしている。「分」という文字はもともと「キダ」と読み、「段」と同じく「分ける」とか「刻む」などの意味を持っていた。したがって「おおきた」は、平野が狭く地形が錯綜していたため、細分化された田が数多く存在したことからきた地名ではないかといわれている。

豊後国府の位置はまだ確定していないが、現在の大分市古国府《ふるごう》★から羽屋《はや》、および上野丘陵の地域にあったのではないかと考えられている。

古国府は、その地名もさることながら、ここに印鑰社《いんにゃくしゃ》が存在することから、早くから有力な候補地となっている。印鑰とは、国司が使用・管理した国印と、税を収納した正倉の鍵を意味する。例えば熊本県八代市にも同名の神社がある。そこは奈良時代に郡衙《ぐんが》★があり、下八代地方の租米が集められ郡倉に収納されていた。のちに郡倉が廃止され、その跡に神社が造営され「印鑰」が神社の名称になったという。そうすると豊後国府も印鑰社付近にあったと考えてよいのか。ところが、古国府地区からは奈良・平安時代の遺構・遺物がまだ見つかっていない。

平成八年（一九九六）、羽屋地区の羽屋井戸遺跡から、官衙《かんが》（官庁）的な性格をもつ大型の掘立柱建物群跡が発見された。この遺跡のすぐ北側には、東西方向に走る推定官道が存在する。ここは古国府と同様、古代の条里制遺構が残る地域である。❖遺跡の東に「七曾子《ななぞうし》★」、推定官道を挟んだ北側に「上七曾子」という方形

印鑰社（大分市古国府）

▼古国府
同地の字は五丁。国府の後ろの建物、後庁をさすのではないかといわれている。

▼郡衙
郡の役所。奈良時代には、国の正倉が郡衙に置かれることが多かった。大分県下では、郡衙の位置が正確に判明した例はまだない。

❖
古国府・羽屋地区は大分平野最大の条里制地割が残る地域。大分川左岸の古国府から荏隈（えのくま）まで、真北より約一五度西に傾いて地割が形成されている。

▼七曾子
曾子（曹司）とは奈良・平安時代、役所に設けられた、執務のための正庁。

に区画された字もみえる。しかし、出土した遺物や建物の方向などから、この遺跡の建物群が機能した時期は七世紀後半であると推定されている。国郡里制度が始まった大宝元年（七〇一）より古いため、国府ではなく評衙《ひょうが》★の施設ではないかと考えられている。

翌平成九年、古国府の北側の上野丘陵にある竜王畑《りゅうおうばた》遺跡から、奈良時代から平安時代にかけての掘立柱建物群や道路跡、築地堀跡などが発掘された。墨書土器や木簡などの代表的な官衙的遺物は出土しなかったが、寺社や役所で使われたと思われる赤色顔料の瓦や、硯《すずり》、緑釉陶器《りょくゆうとうき》などが出土した。鎌倉時代初期に編纂された「八幡宇佐宮御神領大鏡《はちまんうさぐうごしんりょうおおかがみ》」★をみると、平安時代後期、この辺りに「高国府《たかごう》」の地名があったことがわかる。そのためこの地も国府の有力な候補地となっている。

しかし、上野丘陵にみられる碁盤目状の道路は九世紀の頃の方位に近いため、初期の国府の建物とは考えにくい。さらに遺跡の南側に「惣社《そうじゃ》山」という字がある。❖この辺りは現在個人の宅地となっているが、かつて惣社（総社）という小祀を祀っていたという証言も残っている。惣社とは国司が国内の代表的な神社をまとめて祀ったもので、平安時代以降に建てられたものである。したがって、平安期以降の国府跡とも考えられる。

ところがその後、現在の金剛宝戒寺のすぐ北側で、七世紀後半から九世紀にか

▼評衙
大宝令以前の地方行政組織。郡の前身の名称。

▼「八幡宇佐宮御神領大鏡」
鎌倉時代初期に宇佐宮大宮司が編纂。宇佐宮神領を成立順に書き上げ、その後の経緯を記したもの。

❖
現在、総社山を称するのは上野丘西（字六坊）にある円寿寺である。同寺は古国府にあった岩屋寺（現在岩屋寺石仏がある付近）を、大友氏五代貞親が祈願寺として再興し、六代貞宗が現在地に移して今に至っている。

けての掘立柱建物と礎石建物跡が発掘された。上野廃寺と命名されたこの遺跡は、周辺の道路とは違って南北方位をもつものであった。

以上のことから、国府の所在地は未だ明らかでなく、移転説も含めてその究明は今後の遺跡調査に委ねられている。

大友時代の府内

律令制の時代が終わり鎌倉時代に入ると、大友氏が豊後国守護として府内の地を支配するようになる。

大友氏は相模国大友郷《おおともごう》（現・神奈川県小田原市）の出身。初代能直《よしなお》（一一七二～一二二三）は、源頼朝の重臣で義理の伯父（母の姉の夫）にあたる中原親能《ちかよし》の養子となり、豊後守護職や鎮西奉行を受け継いだ。

大友氏が豊後に下向するのは三代頼泰（一二二二～一三〇〇）のときである。頼泰は初代・二代と同様、はじめ鎌倉・京都に在勤し、豊後へは守護代を派遣して支配していた。頼泰が下向するきっかけとなったのは元寇である。文永八年（一二七一）、鎌倉幕府は西国に所領をもつ御家人に下向を命じた。頼泰もこの頃、九州へ下向し、博多で異国警固を指揮した。文永の役（一二七四年）では、姪の浜・百道原《ももちばる》などで戦った。役後は、幕府の命を受け、香椎宮《かしいぐう》中に奉行所を置き、香椎前浜に石築地《いしついじ》を構築した。元寇後も博多に留まり、鎮西談議所★の四奉行の一人として活躍した。頼泰の豊後土着によって、大友一族による豊後支配が強化されていった。

大友時代の府内ははじめ、府中★と呼ばれていた。仁治《にんじ》三年（一二四二）正月十五日に頼泰が発した「新御成敗状」（全二十八条）に、「府中に屋地《やち》（家屋と土地）をもつ者が年貢を滞納すれば屋地を没収する（十九条）」とか、「府中に墓所を置くことを禁じる（二十五条）」など、府中の文字がみえる。また、「押買《おしかい》（暴力や権力を用いて商品を法外な安値で持ち去ること）を禁じる（二十一条）」などから、商業活動が盛んであったこともうかがえる。

府中の中心ともいえる、守護所の所在地はどこであったのか。

江戸時代の岡藩の儒学者・唐橋世済が編纂した「豊後国志」によると、大友氏は建久年間（一一九〇〜九九）以後、国府跡に居館を設け、元弘年間（一三三一〜三四）以後、土地を上野原《うえのはる》まで拡大し、そこに城館を築いたという。

現在の大分市中心部の南側に広がる上野丘陵に、上原館《うえのはるやかた》（大友屋形跡）と呼ばれる大友氏の居館跡が残っている。居館跡は方形の主体部（東西約八〇メートル・南北約一〇〇メートル）と北西側の張出部（東西約三〇メートル・南北約四〇メートル）からなる。土塁と空堀の跡が確認され、南側の土塁跡の一部に「西山城大友屋形跡」の碑が建っている。この付近の小字は「御屋敷」。文献にも「上原館」「大友

▼鎮西談議所
弘安九年（一二八六）、鎌倉幕府が九州統轄のため設置した機関。少弐・大友・宇都宮・渋谷の四氏による合議訴訟機関。鎮西探題の設置により廃止された。

▼府中
府中の初見は、文暦元年（一二三四）四月十一日の柞原（ゆすはら）八幡宮文書。

西山城大友屋形跡碑

屋形」の名称で出てくる。ところが築造年代については諸説があり、現在も不明である。

頼泰の下向当初は、守護所は上野丘陵上の国衙（高国府《たかごう》）に併置され、大友氏の居館はまだ存在せず、建武三年（一三三六）以後の南北朝期に、高国府は再三南朝方の軍勢に攻撃され防戦に応じているので、この頃に堀や土塁を備えた居館が造られた可能性が高いと一般的にいわれている。そうすると、元弘年間以後に上野原に城館が造られたという「豊後国志」の記述は事実に近いのかもしれない。

ところが、平成十年（一九九八）から行われている発掘調査★で、上原館の北北東七〇〇メートルほどの所に、もうひとつの大友氏の居館が存在したことがわかってきた。

この居館は、戦国時代の府内を描いた「府内古図」に描かれ、その存在は以前から知られていた。「府内古図」は三種類残っているが、いずれも居館（大友氏館）を中心に、東西・南北方向に四〇余りの町が描かれている。「府内絵図★」と明治期の地籍図を照合して作成した「戦国時代府内復原想定図」（『大分市史』中、付図Ⅱ）によると、府内の町の規模は東西約〇・七キロメートル、南北約二・一キロメートルに及び、その中心に位置する大友氏館（現・顕徳町三丁目）は約四万平方メートル（一辺が約二〇〇メートルの四辺形）という広大な敷地であったと推定していたが、今回の調査でこれが実証された。館の周囲は高い土塀で囲まれ、

▼発掘調査
大分市が実施する区画整理事業に伴う移転代替地に、大友氏館跡が含まれていたため、調査が始まった。

▼「府内絵図」
ここでは「戦国時代府内絵図」と「高山家絵図」をもとにしている。

大分川に面する東側には正門が、南・北・西側には小門が設けられていた。その他に、庭園遺構★や整地層、掘立柱建物跡等が発見された。また、明との貿易や南蛮貿易によってもたらされた華南や東南アジアでつくられた多数の陶磁器や、キリシタンの遺物であるコンタツ（ロザリオ）やメダイ（メダル）なども出土している。

この遺跡は、平成十三年「大友氏館跡」として国の史跡に指定された後、同十七年に大友氏の菩提寺である万寿寺★跡が追加指定され、史跡名称も「大友氏遺跡」に変更された。

発見された遺構・遺物の推定年代は十五世紀から十六世紀後半。文献で府内の呼称がみえるようになるのは、天文三年（一五三四）からである。天正十四年（一五八六）十一月の古文書には「府内之町家数五千計《ばかり》御座候」とあり、当時の府内には約五〇〇〇軒の家屋が連なっていたことがわかる。

その後も府中の呼称はみられるが、フロイス★の『日本史』や鄭舜功の『日本一鑑』などは府内を使用しているので、戦国時代の呼称は府内が一般的であったと思われる。

大友改易と府内

大友氏館庭園跡（大分市教育委員会提供）

▼**庭園遺構**
館跡の南東部に、東西約八三メートル、南北一六メートル以上の規模をもつ巨大な池を伴う庭園跡が発見されている。池庭には凝灰岩や安山岩製の庭石が置かれ、周辺には松などの樹木が植えられていたことも判明した。

▼**万寿寺**
現在の万寿寺は、寛永八年（一六三一）に移転・再興されたもので、北方約五〇〇メートルの金池町にある。

▼**フロイス**
ポルトガルのイエズス会宣教師（一五三二〜九七）。

府内が最も栄えたのは、大友氏二十一代当主宗麟《そうりん》（一五三〇〜八七）のときである。宗麟は、筑前国、筑後国、豊前国、豊後国、肥前国、肥後国の六カ国の守護職および九州探題をつとめ、府内はその本拠地として繁栄を極めた。

ところが宗麟は永禄六年（一五六三）、臼杵に丹生島《にゅうじま》城を築き、政庁を臼杵へ移す（『大友家文書録』）。通説では、永禄四年に門司城で毛利軍に敗れた原因が水軍の弱さにあったことを痛感した宗麟が、豊後水軍を強化するため、遠浅の府内から、大型船の入港に便利な臼杵を選び、移住を決意したとしている。

しかし、フロイスの『日本史』をみると、弘治二年（一五五六）に宗麟が臼杵の新しい城★に引きこもったことが記されている。その理由は、宗麟が家臣に謀反の疑いを感じ、それが本庄氏と田北氏の争いという形で実際に起こり、府内の町が混乱したからであるという。また、翌年の弘治三年五月に臼杵で火事が起き、大友宗麟の居所が焼失したことを記す古文書（「永弘文書」）も確認できる。さらに永禄六年七月に豊後へ着いたアルメイダ★が、臼杵に居住している宗麟や、これまで世話になった大友氏の重臣数人を訪問して府内に帰ったという記録もある（一五六三年十一月十七日付「ルイス・アルメイダ書簡」）。臼杵への移住や築城の正確な年月日は定かでないが、永禄六年の段階で、臼杵はすでに府内に代わる政庁都市として機能していたことがわかる。

宗麟は府内から臼杵へ居城を移した際、長男の義統《よしむね》に府内の大友館を譲った。

大友宗麟像
（大分県立先哲史料館蔵）

▼新しい城
「その城は彼（宗麟）が当時、府内から七里距たった臼杵に築いたもので、自然の岩の上に建っていて三方が海に囲まれています」とあるので、丹生島城と断定できる。

▼アルメイダ
ポルトガルのイエズス会士。伝道布教や医療事業に尽力した（一五二五〜八三）。

宗麟が家督を義統に譲ったのは、天正元年（一五七三）といわれているが、領国の支配は共同で行う体制をとった。天正六年、島津との日向耳川での戦に敗れた後、宗麟は政務から一線を引き信仰に専念するようになったので、義統主導の統治がこの頃から始まる。ところが義統の代になると、府内の繁栄ぶりが徐々に失われていく。

南蛮貿易で有名な府内であるが、義統が家督を相続してからは、ポルトガル船は来航していない。❖1 天正三年に豊後を訪れた明船は臼杵に入港し、虎・象・孔雀などを宗麟にもたらしている。キリスト教関連の施設は、宗麟が府内に居たときにつくられたものがほとんどである。天正九年正月、ヴァリニャーニ★が府内にコレジオ（宣教師の養成学校）を開校したが、彼はそれより先に臼杵の宗麟に会い、臼杵の地で第一回宣教師協議会を開き、ノビシャド（修練院）を設置している。

国際貿易都市として栄えた府内であったが、❖2 その繁栄の終わりを告げるきっかけとなったのが、天正十四年の豊薩戦争である。島津軍は、義弘軍三万が肥後路から、家久軍一万が日向路から、それぞれ豊後に侵攻した。

先に府内を目指したのは家久軍であった。家久は、宗麟の丹生島城と義統の大友館の中間に位置する鶴賀城をまず攻めた。城主利光氏が奮戦するも落城を免れるのがやっとであったため、義統に援軍を求めた。

義統は、秀吉が派遣した讃岐の仙石秀久や十《そ》河《ごう》存保《まさやす》、土佐の長宗我部元親・

❖1
ポルトガル船が府内に来航したのは、天文二十年（一五五一）、弘治二年（一五五六）、永禄元～三年（一五五八～六〇）の計五回である。

▼ヴァリニャーニ
イタリアのイエズス会巡察使（一五三九～一六〇六）。

❖2
ポルトガルのイエズス会士ティセラが描いた「日本図」（一五九五年）に、「Funay（府内）」と記されている。

ティセラの「日本図」（大分県立先哲史料館蔵）

信親父子などの軍とともに、同年十二月十二日、鶴賀城の西にある戸次川《へつぎ》（大野川）の対岸に陣を置いた。秀久の強硬論により大友軍は出撃するが、島津軍の「釣《つ》り野伏《のぶ》せ★」戦法にまんまとはまり大敗する。

勢いに乗る家久はすぐに北上し、翌日の十二月十三日に府内の町を占領した。わずか一日で占領されたのは、義統が戦わずに府内から高崎城（現・大分市）、さらに豊前の龍王城《りゅうおう》（現・宇佐市安心院町）まで逃げたからである。そのため府内は焼き討ちにあった。

次いで家久は臼杵の宗麟を攻めた。丹生島城は名前のとおり、干潮のときだけ対岸と陸続きになる城であった。宗麟は「国崩し」と名づけたポルトガル伝来の大砲で攻めたので、家久軍は翻弄され、落城させられず撤退を余儀なくされた。

そして、天正十五年、秀吉による九州征伐により、島津軍は降伏した。その結果、義統は豊後一国と豊前宇佐郡の半分を安堵された。同十六年には秀吉から「吉」の一字を与えられ、義統から吉統《よしむね》へと改名した。

このように義統は、秀吉から寵愛を受けていたにもかかわらず、文禄の役（一五九二〜九三年）で敵前逃亡したため、所領を没収され、毛利家へ身柄を預けられた。

朝鮮の役が終わると、秀吉は豊後国を検地し、功のあった武将に恩賞地として与えた。この結果、豊後国はのち小藩に分割されることになった。

▼「釣り野伏せ」
軍を三隊に分け、二隊を左右に伏せさせておき、機を見て敵を三方から包囲、殲滅する戦法。島津義久が考案・実践したといわれている。

② 藩主がめまぐるしく替わる初期の府内藩

最初に府内に入部したのは早川長敏。次いで石田三成の妹婿福原直高が入部し、築城開始。その後、竹中重利・重義二代が領有する間に、府内城および町の建設はほぼ完成。竹中氏の後には日根野吉明が城主となり、初瀬井路の開削など治水工事に功績をあげた。

早川長敏の入部

文禄二年（一五九三）五月、大友吉統（義統）は改易され、鎌倉時代以来の大友氏による府内支配は終わった。秀吉は豊後国を朝鮮出兵の恩賞供給地にあてるため、太閤蔵入地《くらいりち》とした。山口玄蕃頭《げんばのかみ》宗永《むねなが》と宮部法印継潤《ほういんけいじゅん》の二人が検地奉行を命じられ、豊後国内の太閤検地を実施した。大分、海部《あまべ》、大野、直入の南部四郡を担当したのは山口で、大分郡府内の浄土寺を居所とした。

検地は同年七月から開始された。検地の結果、豊後国の総石高は四十二万石とされ、そのうち府内のある大分郡は五万七千九百二十九石であった。

同年末から翌年にかけて、各郡に代官が配置された。大分郡には早川長敏が派遣され、代官給一万石が支給されたという（「駒井日記★」）。「豊府聞書★」には、文

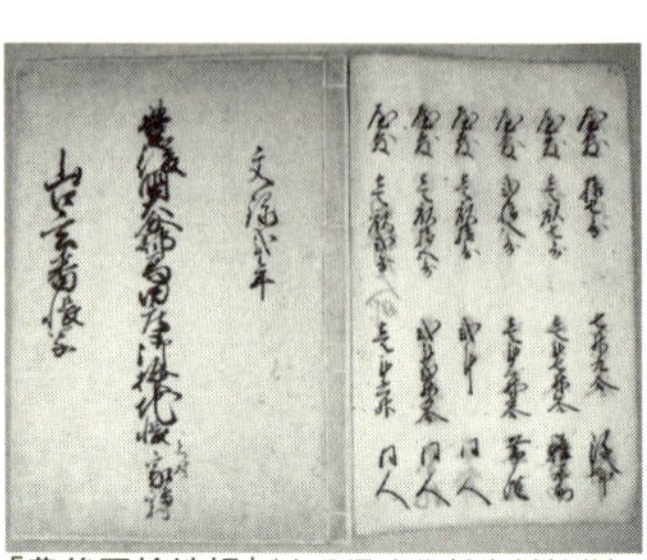

「豊後国検地帳」（大分県立先哲史料館蔵）

▼「駒井日記」
豊臣秀次の右筆駒井中務少輔（なかつかさしょうゆう）重勝の日記。

▼「豊府聞書」
豊府記聞ともいう。著者は戸倉貞則で、成立は元禄十一年（一六九八）。

禄三年春に早川が大分郡に一万二千石（あるいは一万三千石）、預かり高四万八千石（あるいは四万七千石）の計六万石を与えられ府内に入部したことが記されている。

豊後国の中心である府内の支配を任せられた早川とはどのような人物であったのか。方広寺大仏造営や文禄の役で活躍したことにより、秀吉から大名に取り立てられたといわれているが、その素性はよくわかっていない。「雉城《ちじょう》雑誌★」に、早川長敏は行重、長秀とも称し、官途名が主馬首《しゅめのかみ》であり、奥州の出身であることが記されているが、府内入部以前の経歴については何も触れていない。

早川が入部した頃の府内の町は、天正の島津軍乱入による荒廃から七年が経過しながら、まだ十分復興できていなかった。府内の廃墟を憐れんだ早川は、大分郡高田庄の家島《よしま》★に仮の居を構え、町の復興のために金銀を惜しみなく出したという。そして大友氏の居館を修理して移り住んだようである。

ところが不運なことに、慶長元年（一五九六）閏七月十二日、別府湾を中心に大地震が起きた。その後、大津波も押し寄せ、府内の町は五〇〇〇軒の家が二〇〇軒に減るなど、甚大な被害を受けた。このときも早川は府内の復興をあきらめなかった。勢家町（現・大分市）に被災者を収容する仮小屋をつくり、衣服・米・銭などを支給している。

このように府内の復興のため善政を施した早川であったが、震災から半年ほど経った慶長二年二月、木付藩（杵築藩）に領地替えとなる。代わりに府内に入部

▼「雉城雑誌」
府内藩儒の阿部淡斎が編纂したもので、全一四巻からなる。

▼家島
大野川と小中島川に囲まれた地域。現在、同地の大字名となっているが、「いえじま」と呼んでいる。

したのが福原直高である。福原は石田三成の妹婿であったので、石田の策略によるものと思われる。

早川は、慶長四年五月、徳川家康の命により再び府内に入部し、大分郡の二万石を領有した。しかし、翌五年の関ヶ原の戦いでは西軍として出陣し、敗戦によって改易された。その後の早川の動向は諸説あるものの定かでない。

長敏は出陣するとき、弟九右衛門の子・内右衛門に留守番の役目を負わせていたが、石垣原《いしがきばる》の戦い★が終わった後、内右衛門は黒田官兵衛に府内を明け渡し、岡藩の中川久盛に仕え、同地で亡くなったという。

結局、早川氏による府内統治期間は、前後合わせて四年余りであった。

城を築いた福原直高

慶長二年（一五九七）二月、早川長敏の後任として府内に入部したのが福原直高である。当時六万石を領する臼杵城主であった直高は、大分・速見・玖珠三郡の六万石を加増され、十二万石を得て臼杵から府内へ移った。このような破格の出世ができたのは、前述したように、彼が石田三成の妹婿であったからである。

直高の経歴も不明な点が多い。福原氏は下野国那須氏の支族。那須資隆《すえたか》の四男久隆が同国塩屋（谷）郡福原郷（現・栃木県大田原《おおたわら》市）に分地され居住したときか

▼**石垣原の戦い**
慶長五年九月十三日、豊後国速見郡石垣原（現・別府市）で行われた黒田官兵衛（孝高）軍と大友吉統（義統）軍の合戦。

ら福原と名乗るようになったといわれている。同氏は中世以来、宗家を支えた那須衆（那須七騎）の一家として活躍した。永禄六年（一五六三）、資孝《すえたか》のとき佐久山に居を移し、幕末まで同地に陣屋を構え、交代寄合の旗本として幕府に仕えた。しかし直高と彼らの関係はよくわかっていない。

直高は通称を長堯《ながたか》、長成といい、官途名は右馬助《うめのすけ》であった。府内に入部する前の直高の経歴は以下のとおりである。

天正十五年（一五八七）　北野大茶会で奉行をつとめる
同　十六年（一五八八）　後陽成天皇の聚楽第行幸で秀吉に随従
同　十八年（一五九〇）　秀吉の小田原攻めに従軍
文禄　元年（一五九二）　文禄の役で名護屋城に赴き、後備衆《あとぞなえしゅう》として東二の丸を守る
文禄　二年（一五九三）　大友吉統除国の際、譴責使となり、秀吉の命を伝えるために渡海
文禄　三年（一五九四）　臼杵城主となる[1]

府内に入った直高はすぐに新たな府内城の築城に着手した。当時、府内の町は、前年の大地震と津波でひどく荒廃していた。大友館も大きな被害を受け、傷みもひどかった。そのため秀吉は直高に新しい居城を築くよう命じていたという。[2]

直高は、大分川支流と住吉川の合流する「荷落《におろし》」と呼ばれる地に、新しい城

❖1
文禄三・四年（一五九四・九五）の間、播磨三木城番や三木郡の蔵入地代官、但馬豊岡城主などをつとめたという説もある。

❖2
「豊府雑志」に「豊太閤ノ曰、大友家ノ居城、其地狭隘ニシテ、要害全カラズ。（中略）夫レ豊府ハ国中ノ咽喉成。汝要害ヲ見立テ改築スベキ」とある。

を築くことを決めた。名前のとおりこの地は、大友氏の時代は船の荷役《にやく》★を行っていた場所である。軍事施設としての要素の強い中世の城郭とは異なり、近世の城郭は政治・経済の中心としての要素が重視された。城下町も、領国経済の中央市場や全国流通の結節点としての役割を期待されるようになった。直高もそのような観点から、河海に近い平地に城を築こうとしたのである。

府内に入部した翌月から築城工事は始まった。城の総面積を八町（約八七二メートル）四方と定め、これを本丸、二の丸、三の丸の三つに割った。築城の用材としての巨木は、領内だけでなく土佐国（現・高知県）からも買い求めた。石垣の石も、領内の舟人や諸国の商船に命じて高崎山の麓の海岸などから運搬させた。

ところが慶長二年二月、直高は秀吉から再度の朝鮮出兵を命じられる。彼の出兵中は、工事は中断された。直高が府内にもどるのは同三年の七月。工事はすぐに再開され、同四年四月、二の丸の東三重櫓や三の丸の家臣屋敷などが完成した。直高は大友館から新城へ移り、城の名を「荷揚《にあげ》城」とした。所在地の地名「荷落」の「落」の字が落城をイメージして縁起が悪いのでこのように改めたという。

荷揚城に入城して一カ月後の五月★、直高は家康から改易（領知の没収）を命じられる。慶長の役で軍監★として出陣したときの役務に不正があったためといわれている。ところが、ともに軍監をつとめた臼杵《うすき》城主太田一吉、安岐《あき》城主熊谷直陳《くまがいなおのぶ》、富来《とみく》城主垣見家純《かきみいえずみ》らは、その後も在城、あるいは家臣が城代をつとめるなどして

▼荷役
米や物資などを積んだり降ろしたりすること。

▼五月
同年（一五九九）八月という説もある。

▼軍監
軍事の監督をする役。

いる。直高だけが厳しい処分を受けたのは、石田三成との深い関係ゆえ、家康に警戒されたからであろう。

軍功もないのに所領を倍増されて府内に入り、そのうえ新しい城を築き、領民を苦しめたから改易されたと記した史料もある。❖1 しかし、在任中の直高が領民を苦しめたという記録は他に見あたらない。むしろ自ら先頭に立って、領民を鼓舞しながら府内の復興に力を尽くしたという方が事実に近いように思われる。

府内を改易された直高は、三成をたよって近江の佐和山（現・滋賀県彦根市）へ行った。❖2 関ヶ原の戦いでは西軍に属し、岐阜の大垣城を守った。しかし、相良頼房らの裏切りにより孤立し、守備していた本丸を和議により開城した。その際、三成から与えられていた名刀を東軍の水野勝成に奪われている。★ その後、直高は出家して道蘊《どううん》と名乗り、伊勢朝熊山《あさまやま》（現・三重県伊勢市・鳥羽市）に蟄居した。水野勝成が家康に直高の助命を願い出たが許されず、直高は永松寺★で自刃させられた。

竹中重利・重義の治世

〈竹中氏の入部〉

慶長四年（一五九九）五月、府内を除封された直高の後を受けて、早川長敏が杵築城から再び府内城（荷揚城）主となった。しかし長敏は、翌年の関ヶ原の戦

❖1
「雉城雑誌」に「旧塁ヲ壊チ新城ヲ築キ、領民ヲシテ虐使スル条、奇怪也」とある。

❖2
臼杵へ減封され、もとの六万石を領したという説もある。

▼奪われた名刀
この刀は水野勝成の官名「日向守」から「名物日向正宗」と名付けられ、現在は国宝に指定され、三井記念美術館に収蔵されている。

▼永松寺
伊勢市朝熊町にある同寺の境内に直高の墓がある。

いで西軍に属し敗れたため、府内を改易された。

その結果、同六年三月十一日、竹中重利★が高田城（現・豊後高田市）から一万石を加増されて府内城主となり、大分郡内の二万石と預かり地一万五千石の、計三万五千石を支配することになった。江戸時代最初の府内藩主がこの重利である。

重利（伊豆守）は永禄五年★（一五六二）、美濃国の武将竹中重光の長男として生まれた。戦国時代を代表する軍師竹中重治（半兵衛）★は、竹中宗家の人物で、彼の従兄❖にあたる。重利は当初、美濃国長松城三千石を領していた。秀吉の小田原征伐では、馬廻衆として活躍。文禄の役に参陣し、その功で豊後高田の一万石を拝領。美濃と合わせて一万三千石となる。続く慶長の役では、先手衆の目付として出陣し、その軍功で二千石を加増された。

慶長五年の関ヶ原の戦いでは、はじめ西軍に与して丹後国田辺城攻めなどに加わったが、中津城主・黒田孝高（官兵衛）に誘われて東軍に加わった。高田城を守っていた息子の重義は、孝高から出馬を促され、黒田の陣営に加わり、石垣原の戦いで戦った。その功により、重利は府内藩主に抜擢されることになる。

竹中氏は、重利・重義の親子二代にわたって、寛永十一年（一六三四）までの三十三年間、府内を領有した。その間に、府内城の大改修や、城下町・港の整備を行い、今日の大分市の原型を築いた。

〈府内城の増築〉

▼竹中重利
重隆、隆重、重信とも称した。

▼永禄五年
永禄六年の説もある。

▼竹中重治（半兵衛）
はじめ信長に服属、のち秀吉の参謀として活躍し、黒田孝高（よしたか＝官兵衛）とともに「両兵衛」「二兵衛」と称された人物。

❖
父子説や甥説もある。

福原直高が手がけた府内城の築城は、途中で中断したままであった。そこで重利は、城の増築を幕府に願い出て許可をもらい、工事に着手した。

まず領民に命じて、近くの山海や旧館（大友館）・寺跡の巨石を城内に運ばせ、石垣や堀をつくらせた。その際、重利は築城の名手といわれた加藤清正と親しかったので、熊本から数十人の石壁師を派遣してもらっている。さらに、材木は土佐から巨船で、竹木は領内から切り集め、数百の人夫をつかって、天守閣の工事に取りかかった。このとき、大坂から大工、伏見から瓦師を招くなど、当時の第一級の技術を用いて建築に当たらせている。

慶長七年（一六〇二）三月、天守閣と楼櫓が完成した。同年秋には、城の西北隅にあった沼を埋め、生石小島《いくしこじま》（笠縫島《かさぬいじま》）や高崎山下の海から巨石を運び、石垣を四面に築いて砦とした。❖

〈城下町の建設〉

当時、城は移転したが、府内の町は大友時代のままで、現在の金池町・錦町以南から元町方面に存在していた。新城の周囲に人家はほとんどなかった。そこで重利は町を城下に移転させるため、慶長七年に家臣の三上氏を江戸に派遣し、幕府の許可を得て、工事に着手した。

重利は家臣や町人の代表者らと相談して城下町の割り当てを行った。城下町の大きさは東西一〇町（約一〇九〇メートル）、南北九町（約九八〇メートル）とし、

竹中重利が改修した廊下橋（復元・府内城跡）

❖現在、みずほ銀行大分支店がある付近。大分市都町一丁目。

そのなかを碁盤目状に四〇余りの町に割った。続いて、移転の日や方角を僧に選ばせ、若宮八幡社から生石小島までの間の地面を足で踏みしめ、呪文を唱えながら千鳥足で歩み、邪気をはらい除く儀式などを行った。

城下町の移転には数カ月を要した。町名は旧町名を用いた。笠和町の光西寺、寺町の本光寺・常妙寺、長池町の善巧寺《ぜんぎょうじ》などの寺院もこのとき移転している。城の呼び名が荷揚城から府内城へと変わったのは、この頃からだといわれている。

その後も、城下の整備は行われた。まとめると以下のとおりである。

慶長十　年（一六〇五）町家の外側に堀を掘る。★

十二年（一六〇七）春日神社の境内に一〇万本の松を植えさせる★
冬、物や人の出入りを監視するため、城下入口の三カ所に関門（三口御門《みくちごもん》）を建てる★

十三年（一六〇八）城の西北に商船が出入りできる堀江（堀川と呼ぶ）を開き、その入口に港（京泊《きょうどまり》と呼ぶ）を設ける

十六年（一六一一）笠和口から南へ通じる道をつくり、大道の堀切りを切り開く

これらの大土木工事以外にも、重利は慶長十三年に藩領と預かり地の両方で検地を行っている。

元和元年（一六一五）春、重利は京都にいたが、幕府の許可を得て、長男の重

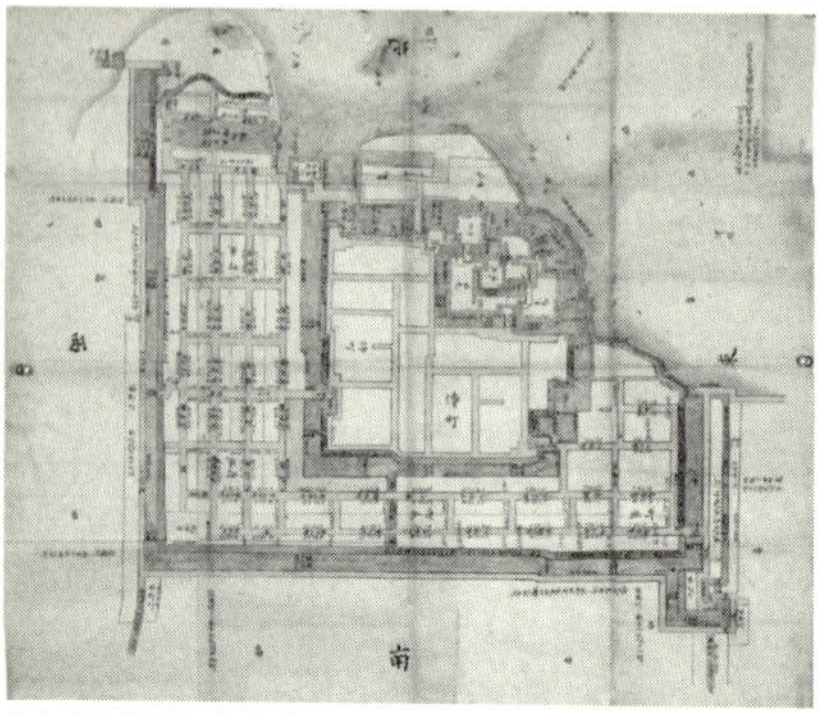

「府内城下町絵図」（大分県立先哲史料館蔵）

▼町家の外側の堀
町家の外側に堀があるのは珍しく、府内城下の特色の一つとなっている。

▼松を植える
同年、重利が参勤を終え江戸から帰る途中、播磨で嵐に遭遇した際、同社に祈願し無事であったためといわれている。

▼三カ所の関門
笠和口、堀川口、米屋町（塩九升〈しょくじょう〉）口の三カ所。

義に家督を譲った。そして同年十月十六日、同地で客死した。❖1

〈重義の治世〉

重義★（采女正《うねめのかみ》）は天正十六年（一五八八）の生まれ。家督を継いだ元和元年（一六一五）に起きた大坂夏の陣では、徳川秀忠に従って出陣した。元和五年六月の広島藩主福島正則の改易の際は、城地の受け取りを命じられた。このとき、正則が父重利と親しかったこともあり、すんなりと無血開城させたことで、幕府から一目置かれる存在となる。その結果、城地の受け取りや流罪人の身柄預かりなど、やっかいな仕事が次々と彼に任されるようになった。

同五年九月、公卿の四辻中納言季継と弟嗣良が府内に配流され、身柄を預かった。❖2 翌元和六年には、柳河藩主田中忠政の改易に伴う城地の受け取りを命じられた。

そうしたなかで、最もやっかいな任務であったのが、松平忠直（一伯）の身柄を預かったことである。忠直は家康の第二子結城秀康の嫡男で、越前北の庄（現・福井市）七十五万石の大大名である。★ 大坂夏の陣では、真田幸村らを討ち取り、大坂城へ真っ先に攻め入るなどの戦功を挙げた人物でもある。ところが戦後の論功行賞に不満を抱き、乱行や幕府への不遜な行動を重ねたため、改易されて豊後に配流された。

元和九年二月に、忠直の豊後萩原★への流罪処分が決定した。江戸にいた重義は

❖1
遺骨は府内の同慈寺（のちの浄安寺）に葬られ、石塔が建てられた。この石塔は現在、大分市中島の浄安寺敷地内にある。

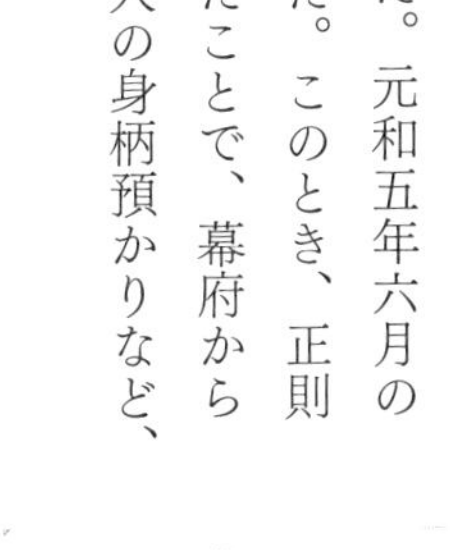
竹中重利墓所（浄安寺）

▼重義
重興、重次、重矩とも称した。

❖2
表向きの罪は女猿楽などを引き入れての乱行であったが、実際は、四辻兄弟の妹が、秀忠の娘和子を嫁がせようとしていた後水尾天皇に寵愛されていたことが理由であった。

▼忠直の石高
六十七万石という説もある。

▼萩原
萩原は岡藩中川氏の領地であったが、幕府は中川氏には替え地として三佐・海原（かいわら）を与え、萩原を直轄地とした。

自ら越前へ忠直を迎えに行っている。忠直が萩原に着いたのは同年五月。その後、寛永三年（一六二六）に津守（現・大分市）に移り、慶安三年（一六五〇）に没するまで忠直はこの地で暮らした。三十年近くもの間、重義はその監護の任に当たったわけである。

また幕府は忠直を監視するため、目付（府内目付、豊後目付、萩原横目などと称する）を府内に派遣した。目付の定員は二名で、任期は一年であった。目付の屋敷は府内城下の長池町（現・大分県市町村会館付近）に東西に二つの屋敷があった。その職務は忠直の監視に留まらず、九州全体の監視役としての役割を果たした。

この大物の身柄を預かった竹中氏は、わずか二万石の小藩の外様大名である。幕府の彼への信頼がいかに厚かったかがよくわかる。それにしても、重義の心労は相当なものであったことは間違いない。

それに報いるためであったのかわからないが、幕府は寛永六年、重義を長崎奉行に任命している。長崎奉行は長崎の行政・司法等をはじめ、外国との貿易管理や警備などに当たる要職である。★

ところが長崎奉行在任中の重義の評判はすこぶる悪かった。着任早々、苛酷なキリスト教徒の弾圧を行っている。寛永八年には日本で最初に踏絵を実施した。さらには、信者の墓から遺体を引き出して火刑にしたり、信者を島原温泉岳へ送り、熱湯をかけて転宗を迫ったりするなどしている。穴吊りなどの拷問を考案し、

松平忠直肖像
（大分市浄土寺蔵）

▼長崎奉行
のちに五千石以下の旗本が主に任用されたが、初期は将軍の近親者や側近が任じられ、貿易の掌握やキリシタン禁制などに辣腕をふるった。

多くの信者を殉教や棄教に追い込んだともいわれている。

重義は、寛永十年二月、突如長崎奉行を罷免され、翌年の二月二十二日、嫡子源三郎とともに、浅草の海禅寺で切腹を命じられた。『バタヴィヤ城日誌』によれば、中国船に私的に税を課し、朱印状（海外渡航許可書）を勝手に発給して密貿易をさせ、賄賂をとるなど、在任中の重義の汚職が発覚したためであるとしている。★ちなみにその告発者は長崎代官末次平蔵《すえつぐへいぞう》と数名の町民であった。

寛永九年、重義を寵愛していた二代将軍秀忠が亡くなった。その翌年に家光は最初の鎖国令を発している。鎖国体制を確立しようとしていた家光にとって、重義は旧体制の申し子ともいえる煙たい存在であった。重義は家光に粛清されたというのが真相ではなかろうか。重義の切腹をきっかけに、長崎奉行の定員は一人制から二人制へと変更され、鎖国体制は強化されていった。

こうして、重利、重義の親子二代にわたった竹中氏の府内支配は終わったのである。

▼重義の罪状
「通航一覧」や「君臣言行録」には、平野屋という豪商がその愛妾を重義に奪われ、その挙げ句にひどい仕打ちをされたため、江戸の町奉行に訴えた際に、重義の不正の数々が告げられたと記されている。

日根野吉明の治世

〈日根野吉明の府内入部〉

寛永十一年（一六三四）二月二十二日、竹中重義の切腹と同時に、幕府は岡藩主中川久盛と杵築藩主小笠原忠知の二名に、府内城番と松平忠直の警護を命じた。在府中であった久盛はすぐに江戸からもどり、生石（現・大分市）の浄土寺に待機していた忠知と合流し、三月十六日に竹中氏の家臣から城を受け取った。

幕府は、竹中氏の後の府内藩主に日根野吉明《よしあきら》（織部正《おりべのかみ》）を起用した。吉明は天正十五年（一五八七）の生まれ。信濃諏訪藩（高島藩）の初代藩主・日根野高吉の長男で、当時一万九百石★を領する下野壬生《みぶ》藩主であった。大坂夏の陣では本多正信らと第三隊に列して、首七つを挙げる戦功をたてた。その後は、日光東照宮の造営★などに尽力した。

このような忠勤ぶりが認められ、幕府の信頼を得た吉明は、二万石に加増され、府内の支配を任された。吉明は寛永十一年閏七月十一日に府内沖ノ浜に到着し、翌十二日に府内城番の中川久盛から城を受け取った。続いて府内目付に従って、松平忠直に謁見した。こうして日根野氏の時代が始まった。

〈日根野吉明と島原の乱〉

吉明が府内藩主になってまだまもない頃、日本を揺るがす大事件が起きた。それが島原の乱★である。

この乱が始まったとき、吉明は参勤のため江戸に着いたばかりであった。乱が府内まで及び、松平忠直の身辺に何かあってはいけないということで、急いで帰国の途に就いた。途中の大坂で、府内から迎えに来た船に乗り、寛永十四年（一

▼一万九百石
一万五千石という説もある。

▼日光東照宮の造営
日光東照宮造営副奉行をつとめた。

▼島原の乱
寛永十四年（一六三七）十月から翌年二月にかけて肥前島原・肥後天草地方で起きた農民一揆。幕府のキリスト教徒弾圧と領主の苛政に対し、天草四郎時貞を首領とする農民軍が蜂起し、島原の原城にたてこもった。最後は幕府軍による兵糧攻めなどで城は陥落し、参加者は皆殺しにされた。

六三七）十一月二十一日に帰国した。

戦に自信のあった吉明は、自らの手で一揆勢を征討したかったと思われる。しかし幕府は、吉明に松平忠直の護衛に専念することを期待した。

同年十二月、府内目付の牧野伝蔵成純と林丹波守勝正が軍監として島原へ赴いた際に、吉明は彼らに兵を貸している。

翌寛永十五年の元旦、討伐の上使であった板倉重昌が原城の突撃を敢行して戦死した。これに義憤を覚えた吉明は、正月七日、兵四〇〇人を率いて島原に着き、幕府の総大将である老中松平信綱の指示を仰いだ。しかし、信綱から「独り豊府に在て、堅く忠直を衛《まも》るべし」と命じられ、正月十四日に島原を出立、十八日に帰国した。

同年二月二十八日、原城は陥落したが、この乱の鎮圧に要した戦費は約四〇万両、幕府の動員兵力は一二万人に及んだ。よって乱後の禁教政策はいっそう強化された。吉明も再三長崎へ赴き★、キリスト教徒の動向把握につとめている。

〈初瀬井路の開発〉

藩主時代の吉明が最も力を入れたのが治水工事であった。当時の府内藩領は、「日損所」と呼ばれる水田耕作に適さない農地が多く、干害の常習地帯であった。

そのため、吉明は慶安元〜三年（一六四八〜五〇）の間に、四本の井路《いろ》（長宝水・上淵《かんぶち》井手・永宝水・初瀬井路）を開削し、農地に用水を供給した。

▼長崎へ赴く
正保二年（一六四五）、同四年、承応三年（一六五四）の三度長崎へ赴いている。

長宝水（蛇口《しゃくち》井路）は、吉明が最初に開削した井路。小挾間《おばさま》川に堰口《せきぐち》を設け、灌漑地は当時の蛇口村・五福村・櫟木《いちぎ》村（現・由布市庄内町西長宝〜櫟木周辺）まで及んだ。

上淵井手（仲ノ瀬井路）は、幕府領速見郡畑村（現・由布市湯布院町）からの小平井手を掘り替えて開削された。花合野《かごの》川に堰口を設け、灌漑地は当時の上淵村・中淵村（現・由布市庄内町渕周辺）に及んだ。

永宝水（永宝井路）は、阿蘇野川中流に堰口を設け、灌漑地は当時の入小野村・富村・瓜生田村・下田向村（現・由布市庄内町野畑〜柿原周辺）に及んだ。

初瀬井路（初瀬川・阿南庄新井路）は、現在の櫟木ダムから大分市東《と》院《い》の賀来川を結ぶ最も規模の大きな井路で、全長は一六キロメートルに及んだ。吉明は延べ九万三千余人を動員してわずか四十六日でこの井路を建設した。これにより、新たに四〇ヘクタール以上の農地に用水が供給され、野田村（現・大分市野田・東野台）などが誕生した。終点で賀来川に流れ込んだ用水は、宮苑《みやぞの》井路★（国井手《くにいで》）を通じて現在の大分市生石まで運ばれるようになった。

初瀬井路の名前は、井路をつくる際に人柱となった娘「お初」に因んでつけられた。初瀬井路は山間部を流れるため、途中小川が多かった。小川を越えて井路を通すため、その上に「持ち土手」（通水橋）を築いた。黒川（現・由布市挾間町）の持ち土手は何度も決壊したので、下市村（現・由布市挾間町下市）に住んでいた

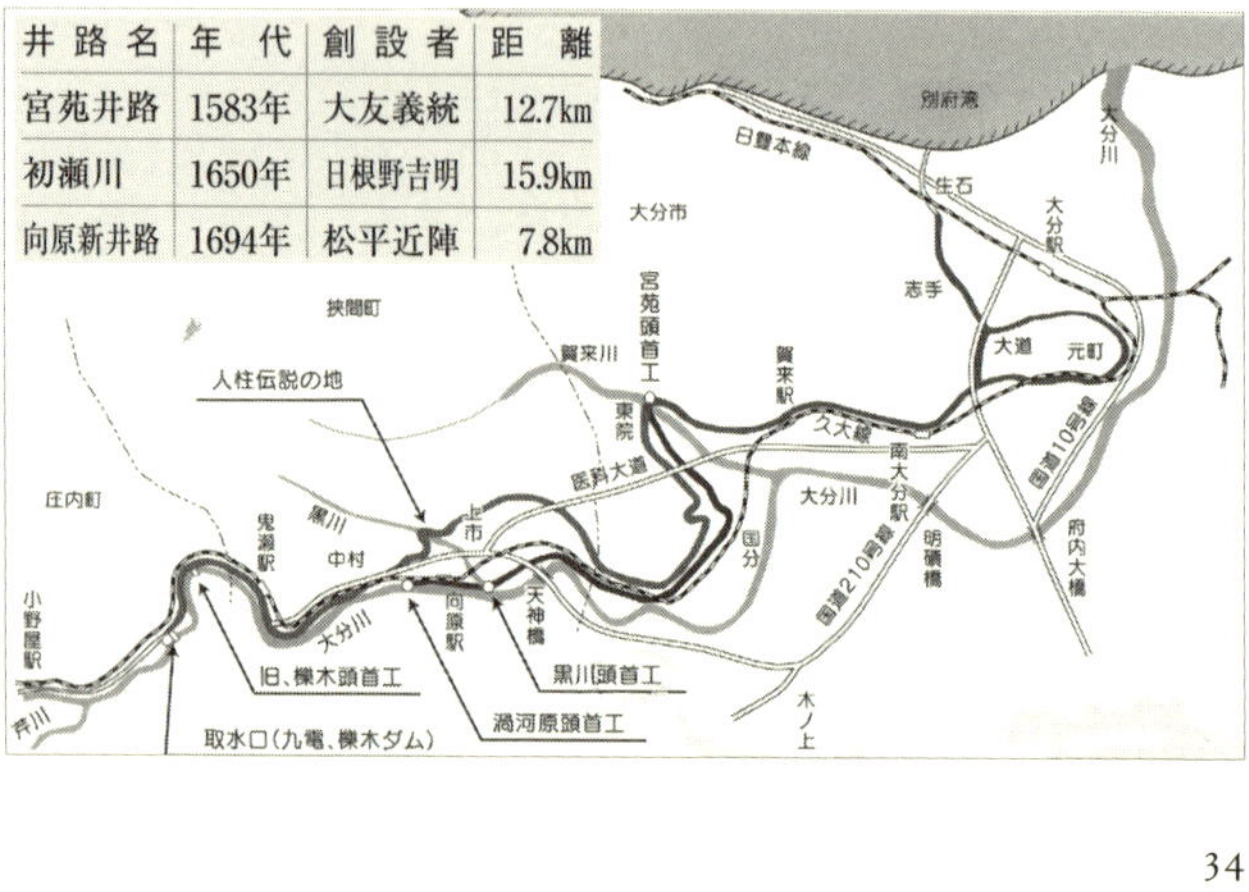

井路名	年代	創設者	距離
宮苑井路	1583年	大友義統	12.7km
初瀬川	1650年	日根野吉明	15.9km
向原新井路	1694年	松平近陣	7.8km

「初瀬井路水路図」（『農業水利偉人伝 10 日根野吉明』より）

▼宮苑井路
天正十一年（一五八三）頃に大友義統が開削した井路。

「お初」という娘を人柱に立てた。するとその後は一度も壊れることなく、工事は順調に進んだという。古くからの言い伝えで、これを裏付ける史料は未だ確認されていないが、お初が人柱にたった土手とされる周辺地区では、現在も毎年お盆にお初の供養が行われている。

元禄七年（一六九四）には、大給《おぎゅう》府内藩の二代藩主松平近陣《ちかのぶ》が、向原《むかいのはる》新井路（現・由布市挾間町向原〜東院）を開削したことから、水量はさらに増し、大分川左岸地域の農地はいっそう潤うようになった。ちなみに初瀬井路は、宮苑井路と向原新井路をあわせた三つの井路の総称でもある。★

〈松平忠直の逝去〉

初瀬井路が完成した慶安三年（一六五〇）の九月十日、松平忠直が津守村（現・大分市津守）の屋敷で亡くなった。享年五十六歳。豊後府内に配流されてから二十七年の月日が経っていた。吉明は府内目付と相談して、幕府に急使を差し立てた。同年十月八日、幕府の上使や忠直の嫡子越後高田藩主松平光長の家老らが府内に到着。彼らと相談のうえ、生石の浄土寺で葬儀を行い、本堂の前庭で火葬した。遺骨は浄土寺と津守と高野山の三カ所に分葬された。忠直の遺族五人は越後に引き取られ、忠直の知行所はすべて幕府領となった。慶安四年三月、吉明は府内城に、忠直の次男松千代、三男熊千代を招いて送別の宴を催している。遺族一同は三月十七日、越後の高田へ向けて出立した。

お初が人柱になった黒川の持ち土手

▼三つの井路
最近では三つの井路の総称を初瀬新井路と呼んでいる。

〈その他の治績〉

吉明は治水工事以外にも、城下の発展のために、次のような城下内外の施設整備を行っている。

寛永十五年（一六三八）門楼（北の口、西の口、東の口門）を設ける

寛永十八年（一六四一）北の丸に仮山泉水を築き、山里と名づける

承応　二年（一六五三）仙石橋の両岸を石垣にし、木橋に改造

その他では、寺社への寄進や造営等を積極的に行った。寛永十六年には、城下繁栄のために「浜の市★」をおこしている。その一方で、正保四年（一六四七）、風紀粛正のため、府内の豪商守田山弥之助とその一族を斬罪に処している。こうした、いわゆる「アメとムチ」の政策で領内を支配した。

〈日根野家の断絶〉

明暦二年（一六五六）二月、吉明は病気にかかり、三月二十六日に亡くなった。遺体は円寿寺で火葬され、境内に葬られた。嫡男の吉雄は正保二年（一六四五）に先立っていたため、死の直前に甥の子息を養子にしたいと願い出たが認められず、日根野家は断絶となった。

その後、杵築藩主松平英親と日出藩主木下俊治が府内城番に任じられた。このとき、府内城中にあった蘇鉄の木を木下氏が持ち帰り、日出の松屋寺に移植した。これが国指定記念物として現在も残っている。

▼浜の市
由原八幡宮の放生会に伴う祭礼市。その始まりは、寛永十二年、同十三年の説もある。

松平忠直の霊廟
（大分市浄土寺）

日根野吉明御廟（円寿寺）

府内藩の歴代藩主

姓	代	諱（官途・幕府役職）	藩主在任期間	生没年	石高
早川	1	長敏《ながとし》（主馬首）	1594〜1597 [文禄3〜慶長2]		12,000 (13,000)
福原	1	直高《なおたか》（右馬助）	1597〜1599 [慶長2〜4]		120,000
早川	1	長敏《ながとし》（主馬首）	1599〜1600 [慶長4〜5]		20,000
竹中（外様）	1	重利《しげとし》（伊豆守）	1601〜1615 [慶長6〜元和元]	〜1615 [元和元]	20,000
	2	重義《しげよし》（采女正・長崎奉行〈1629〜1633〉[寛永6〜10]）	1615〜1634 [元和元〜寛永11]	1588〜1634 [天正16〜寛永11]	20,000
日根野（外様）	1	吉明《よしあきら》（織部正）	1634〜1656 [寛永11〜明暦2]	1587〜1656 [天正15〜明暦2]	20,000
大給松平（譜代）	1	忠昭《ただあき》（左近将監）	1658〜1676 [明暦4〜延宝4]	1617〜1693 [元和3〜元禄6]	22,200
	2	近陣《ちかのぶ》(対馬守・奏者番〈1685〜1699〉[貞享2〜元禄12])	1676〜1705 [延宝4〜宝永2]	1638〜1719 [寛永15〜享保4]	21,200
	3	近禎《ちかよし》(相模守・奏者番〈1708[宝永5]〜〉、寺社奉行〔兼〕〈1711〜1725[正徳元〜享保10]〉)	1705〜1725 [宝永2〜享保10]	1665〜1725 [寛文5〜享保10]	21,200
	4	近貞《ちかさだ》（対馬守）	1725〜1745 [享保10〜延享2]	1689〜1757 [元禄2〜宝暦7]	21,200
	5	近形《ちかのり》（主膳正）	1745〜1770 [延享2〜明和7]	1723〜1773 [享保8〜安永2]	21,200
	6	近儔《ちかとも》（長門守）	1770〜1804 [明和7〜文化元]	1755〜1840 [宝暦5〜天保11]	21,200
	7	近義《ちかよし》（主膳正）	1804〜1807 [文化元〜文化4]	1770〜1807 [明和7〜文化4]	21,200
	8	近訓《ちかくに》（左衛門尉）	1807〜1831 [文化4〜天保2]	1799〜1852 [寛政11〜嘉永5]	21,200
	9	近信《ちかのぶ》（信濃守）	1831〜1841 [天保2〜12]	1804〜1841 [文化元〜天保12]	21,200
	10	近説《ちかよし》（左衛門尉・奏者番〈1861〜1862[文久元〜文久2]／1864[文久4]〜〉、寺社奉行〔兼〕〈1864［元治元］／1866〜1867［慶応2〜3]〉、若年寄〈1867〜1868[慶応3〜4]〉）	1841〜1871 [天保12〜明治4]	1828〜1886 [文政11〜明治19]	21,200

これも府内

瓜生島海没伝説

大分には、日本のアトランティスと呼ばれる瓜生島《うりゅうじま》伝説がある。この島にあった恵比寿像の顔に、悪戯者が赤い顔料を塗ったため、祟りで島が沈んでしまったというものだ。

瓜生島の名が初めて登場するのは、元禄十一年（一六九八）、府内藩の戸倉貞則《とくらさだのり》が著した「豊府聞書」においてである。この書物は現存しないが、その写本とされる「豊府記聞」によれば、瓜生島は東西約四キロメートル、南北約二・三キロメートルの大きさで、数千軒の家があったらしい。勢家《せいけ》村（現・大分市）北方の別府湾に浮かび、沖浜町とも呼ばれていたが、文禄五年（一五九六）閏七月の大地震によって沈んだとされている。

イエズス会宣教師のルイス・フロイスも、府内にいたキリシタンの証言に基づいて、このことをローマに報告している。このとき実際に地震が起きたことは、科学的にも証明されており、別府湾―日出生《ひじゅう》断層帯が動いて発生した「慶長豊後地震」として認知されている。

ところが不思議なことに、戦国時代から江戸初期の記録に瓜生島の名は一切出てこない。出てくるのは、府内の外港である「沖ノ浜」「澳《おき》浜」「アキナファマ」などの名ばかりである。

おそらく、瓜生島は大分川河口部に突き出すように形成された砂州の先端にできた陸繋島《りくけいとう》のようなものであったのではないか。それが江戸時代に入り、大友時代の繁栄ぶりを偲んだ人々が、幻想の島の物語をつくりあげたというのが真相に近いように思われる。

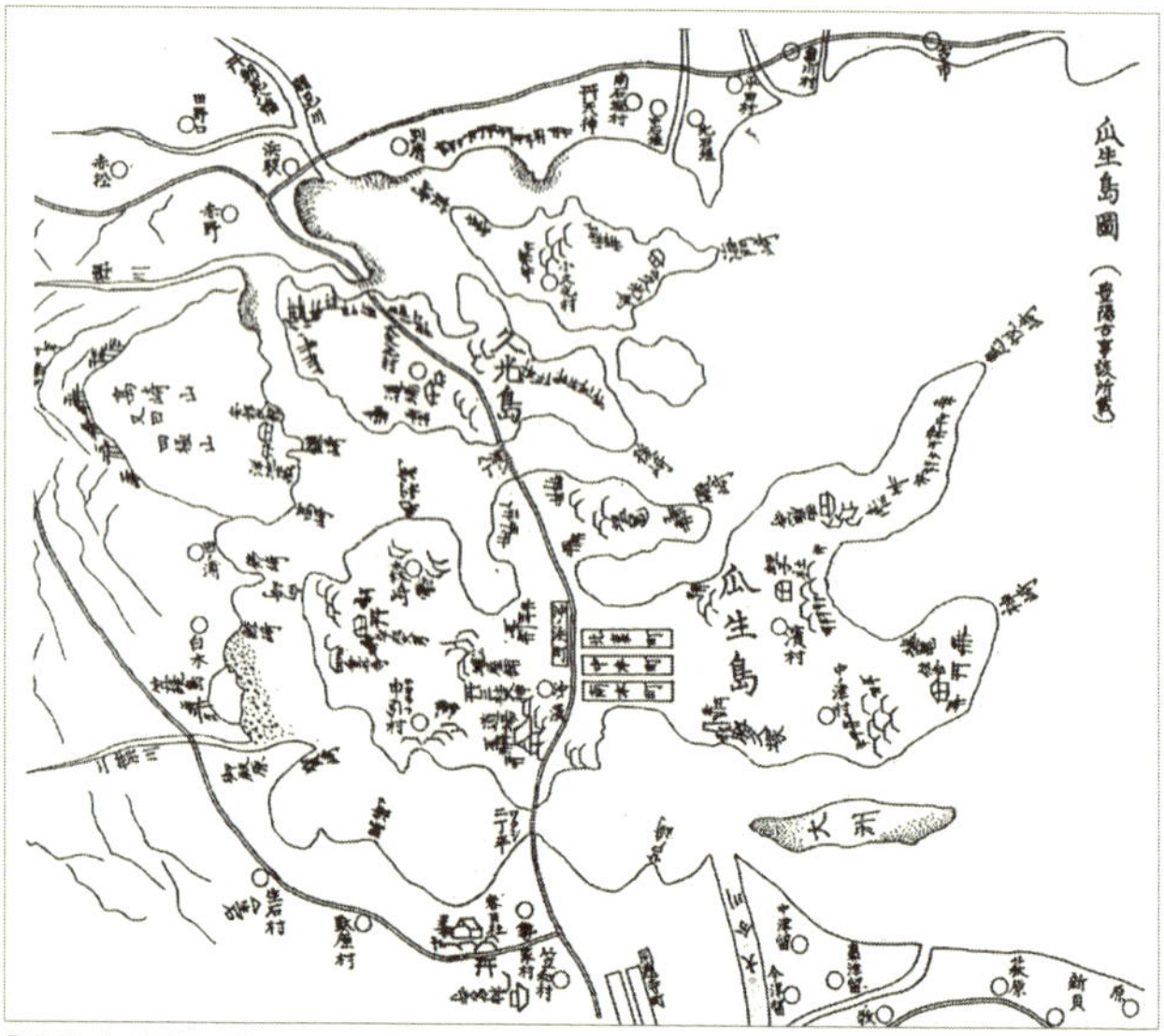

「瓜生島古図」（「豊陽古事談」より）

なお、伝説では瓜生島の隣には久光《ひさみつ》島という島があり、瓜生島とともに沈んだとされている。

第二章　大給府内藩の成立と展開

譜代大名大給松平氏による二百有余年の領国経営。

①松平忠昭の入部

大給松平家の本貫は三河国加茂郡大給で、江戸時代、宗家を含む四家が大名となった。
府内藩主大給松平家はそのうちの一家で、初代近正の代に宗家より独立。
四代忠昭は、丹波国亀山、豊後国亀川・中津留・高松を経て、万治元年、府内に入部した。

入部前の大給松平家

〈府内藩主大給《おぎゅう》松平家の始祖近正〉

十八松平★の一つである大給松平家の始祖は乗元《のりもと》である。彼は松平宗家四代親忠《ちかただ》の二男で、三河国加茂郡大給（現・愛知県豊田市）に居住し、大給松平を称したとされている。大給松平家は宗家との関係が深く、江戸時代には譜代大名四家のほか、多くの旗本を出した。その大名家の一つが府内藩主大給松平家である。

始祖・近正《ちかまさ》は、天文十六年（一五四七）に三河増之沢で生まれた。はじめは大給宗家五代真乗《さねのり》の長男家乗《いえのり》の家老をつとめた。天正十二年（一五八四）の小牧長久手の戦いでは、家乗に代わって、織田・徳川方として出陣。その後の蟹江城合戦では、大手門城兵の春田久三郎、山岸彦太夫らの首級を挙げ、落城および滝川

▼十八松平
松平氏の一族のうちで、徳川家康の時代までに分家した庶家の十八家をさす。十八という数は実数ではなく、「松」の字を分解し十八公とする中国の慣習から着想されたといわれ、十八家の内訳には定説はない。

大給松平近正肖像（個人蔵）

一益《かずます》の追放に貢献した。

天正十三年、徳川家康の重臣でこの年秀吉に寝返った石川数正が、家臣の天野又左衛門を近正に差し向け、豊臣秀吉方への寝返りを誘ってきた。近正はこれを拒絶し、すぐに岡崎の家康のもとに嫡男一生《かずなり》を人質としておくり、忠義を守った。その結果、家康から備州長船盛光《おさふねもりみつ》の脇差を賜っている。

このような近正の献身ぶりが実を結ぶのは、天正十八年、家康が関八州《かんはっしゅう》に移封されたときである。このとき近正は、家康から上野国群馬郡三蔵《さんのくら》（現・群馬県高崎市）に五千五百石の領地を与えられ、御家人に加えられた。

近正の最期は、慶長五年（一六〇〇）、関ヶ原の戦いの前哨戦といわれる伏見城の戦いであった。このとき近正は、伏見城の松の丸を守り、自ら鉄砲を放って多くの敵兵を討ち取った。八月一日の城陥落の際には、自ら槍をとって関ヶ原で徳川方に寝返る小早川秀秋の兵と戦い、敵兵七、八人を突き伏せるなど奮闘した。しかし、ついに小早川秀秋の軍士、日夏角之助、田嶋甚右衛門（清左衛門とも）に討たれ、家臣の松平三左衛門・岩津但馬・大平主馬・杉坂七兵次とともに戦死した。

近正は生前、高野山の金剛院と親しかった。そこで、近正の家臣は主君の遺骸を戦場で捜し出し、高野山の金剛院に葬った。近正はこのとき五十四歳。法名は、法性院殿松誉浄安大居士であった。

関ヶ原合戦略図（松栄神社蔵）

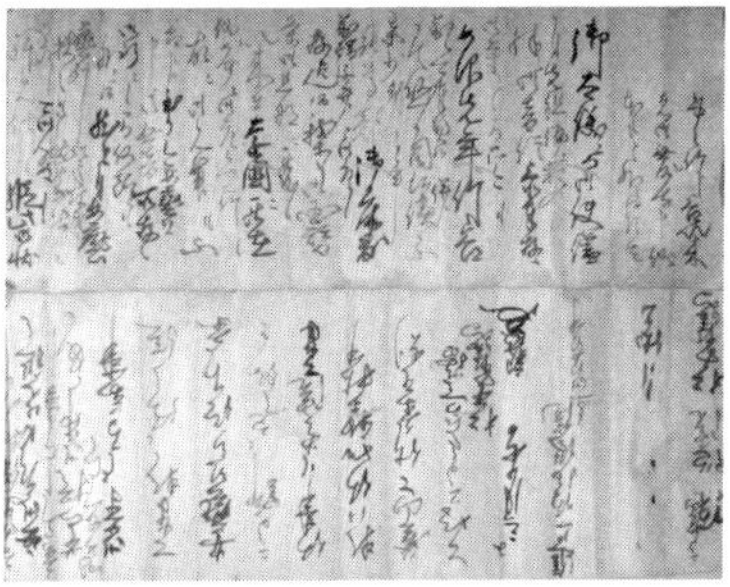

高野山に宛てた大給松平近正の書状
（大分県立先哲史料館蔵）

〈二代松平一生〉

近正の嫡男一生《かずなり》は、慶長五年（一六〇〇）、父の戦死により家督を相続した。そして父の戦功により加増を受け、上野国三蔵五千五百石から一万石の譜代大名となって、下野国都賀《つが》郡板橋（現・栃木県日光市）に入り板橋藩を立藩した。★

慶長七年五月八日、一生は、佐竹義宣《よしのぶ》の国替え（常陸水戸五十四万五千八百石から出羽秋田二十万五千八百石への減転封）のため、水戸の城番を命じられた。

家康が佐竹氏を減転封処分にした理由は何か。それは、関ヶ原の戦いのとき、佐竹氏が家康には徳川方であると思わせながら、一方ではひそかに石田三成・上杉景勝方との密約をすすめていたことが発覚したためである。

一生が水戸城に入ったのは五月十四日。一緒に入城したのは、笠間藩主の松平康重、下野国西方藩主の藤田信吉、常陸国牛久藩主の由良貞繁、下総国相馬藩主の土岐定義、上野国吉井藩の菅沼定利であった。

それから二カ月後の七月下旬、水戸で佐竹氏の遺臣たちが一揆を起こした。首謀者は車丹波父子、大久保久光、馬場政直・重親父子の五人。車丹波は佐竹義宣の父義重や上杉氏に仕え、関ヶ原の戦いでは、福島・梁川両城で伊達政宗軍の侵入を防ぐ働きをした人物。一揆の内容は、「正西聞見集」や「大給家譜」によると以下のとおりである。

一生は、真っ先に攻め込んできた大久保久光の家臣を捕らえ、一揆の廻文を得

▼板橋
一生が引き継いだ板橋の所領は、結城秀康が所領としていた日光領で、現在の日光市のほぼ全域にわたるものであった。

る。そこですぐに笠間藩主の松平康重のもとへ使者を走らせ、援軍を頼んだ。その夜、一生が在番する三の丸に一揆勢が攻め寄せてきた。一生らは鉄砲や矢で防戦し、これを退けた。翌日、一生は城番の者と協力して、車丹波ら一揆の首謀者を捕まえた。常陸太田城では松平康長が、馬場政直・重親父子を捕らえた。江戸から差し向けられた安藤重信らが、この首謀者五人を引き連れて江戸に帰り、十月に水戸ですべて斬罪に処したという。ちなみに、安藤重信の二女が、のちに一生の嫡男成重の妻となる。

　水戸の城番を終え板橋にもどった一生は、高野山の阿弥陀院に書状（同年十月十二日付）を発している。伏見城の戦いで戦死した父近正の法事を依頼する内容の書状であった。

　一生はその翌々年の慶長九年四月二十五日、三十五歳の若さで亡くなる。★

〈三代松平成重〉

　成重《なりしげ》は文禄三年（一五九四）の生まれで、父一生の遺領を相続したときは十一歳であった。慶長十三年（一六〇八）三月五日、十五歳のとき、初めて家康に拝謁した。同年十二月二十四日には従五位下右近将監に任じられている。

　慶長十九年、大久保忠隣改易の連座で里見忠義が改易されると、その居城である安房館山城の城の受け取りと破却を命じられた。成重は、壬生藩主の日根野吉明、那須六人衆らとともに館山城の勝山口を任された。城を受け取り破却し、堀

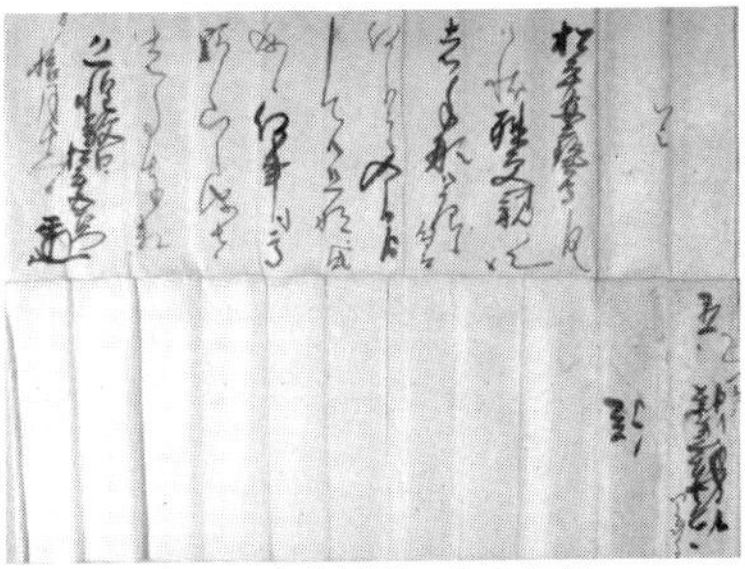
高野山に宛てた大給松平一生の書状
（大分県立先哲史料館蔵）

▼一生死亡
一生の墓所の所在は、現在のところ不明である。しかし一生の旧領である三蔵と同じ寺号をもつ三蔵院という寺が、かつて板橋にあったというので、そこが墓所である可能性も考えられる。

一重を埋め立てた頃、今度は小田原城の守備を命じられた。これは大坂夏の陣に伴う命令であった。同年の九月下旬には小田原に到着し、二の丸や箱根の関所を守衛した。伏見に向け出立の準備をしていたが、大坂で和睦が成立。成重は大坂に出陣することなく、翌慶長二十年正月、板橋にもどった。

ところが豊臣方の不穏な動きを知った家康は、秀頼の転封を要求。これを豊臣方が拒んだため、両者の戦闘が再開する。成重は四月下旬に大坂への出陣を命じられ、下野国板橋を出発した。その陣容を記した「成重公大坂御出陣人数覚」という史料が残っている。これをみると、成重の陣組は上野国の酒井家次ら北関東の大名五名と一緒であったことがわかる。この組は酒井家次軍と呼ばれ、天王寺の戦いでは第三陣に属した。成重軍の陣立ては四三騎、総勢八五〇人であった。そのなかに、岡本・太田・玉置など、のちに府内で家老職をつとめた家の名がみられる。

大坂夏の陣における最後の戦いとなった、天王寺・岡山の戦い。その前半は、豊臣方の毛利勝永隊が奮闘し、徳川方の第一・二・三陣を次々と撃破した。成重が属する第三陣は小大名の集まりで簡単に打ち破られたとされているが、成重はそこで踏みとどまり、敵一二人を討ち取る活躍を示した。しかし、家臣に多くの死傷者が出るなど損失も大きかった。この成重の活躍の証人になってくれたのが、水谷伊勢守の家来の稲葉市助である。彼が戦場で成重の活躍をしっかりと見届け、

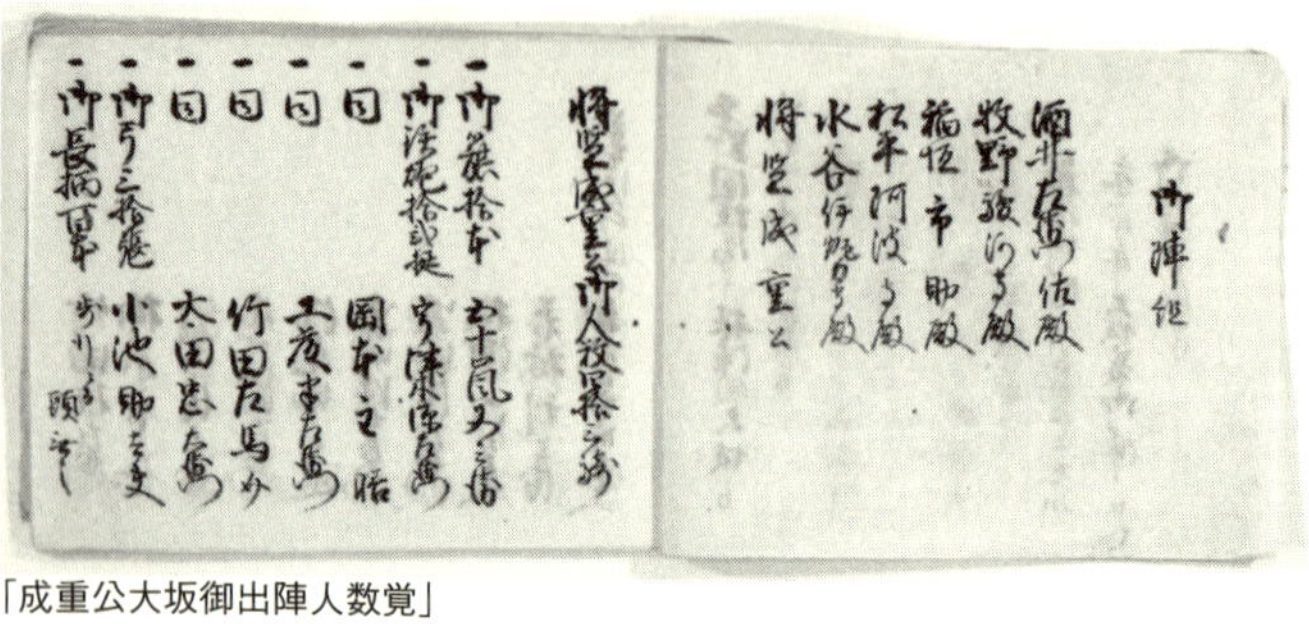

「成重公大坂御出陣人数覚」
（大分県立先哲史料館蔵）

幕府に報告してくれたので、後日の吟味で成重は勇士のうちに加えられることになった。

大坂夏の陣に勝利した家康だが、翌元和二年（一六一六）四月十七日、駿府にて死去した。家康の遺言により、その亡骸は久能山に葬られ、翌年に日光山に改葬された。創建時には東照社と称した家康の御廟の造営には、日光山のお膝元を領地とする成重も造営の助力者の一員として、藤堂高虎の指揮のもとで石垣工事等に携わった。翌元和三年三月、主な建物が完成。四月十七日に正遷宮式典が執行された。その約四カ月後の八月十二日、幕府老中から成重宛に三河国幡《は》豆《づ》郡《ぐん》西尾城（現・愛知県西尾市）への転封が命じられた。おそらく大坂夏の陣や東照宮創建の功績が認められたからであろう。転封を告げる老中奉書の差出人の一人、安藤対馬守重信は成重の妻の父であった。同年十月五日、成重は一万石を加増され西尾城に移った。なお日光領の各村々はこれ以降、随時日光御神領に編入されていった。

その後成重は、元和七年に丹波国桑田郡亀山城（現・京都府亀岡市）を賜り、二千二百石を加増され、二万二千二百石を領した。

寛永三年（一六二六）、徳川秀忠・家光のお供として上洛した際、家紋の変更を命じられた。幕府や美濃国岩村藩主松平乗寿《のりなが》の家紋と似ていて紛らわしいというのが理由であった。このとき代々の家紋であった「蔦之葉」を「丸に釘抜」に改

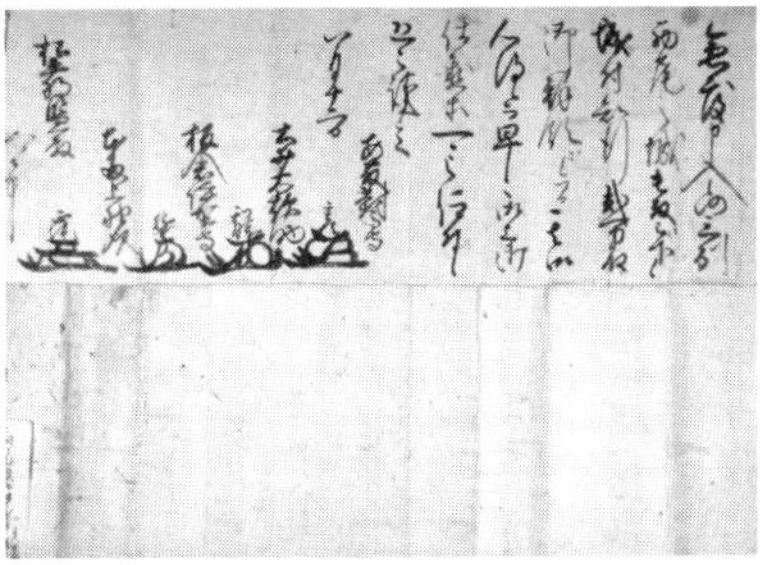

成重宛老中奉書
（大分県立先哲史料館蔵）

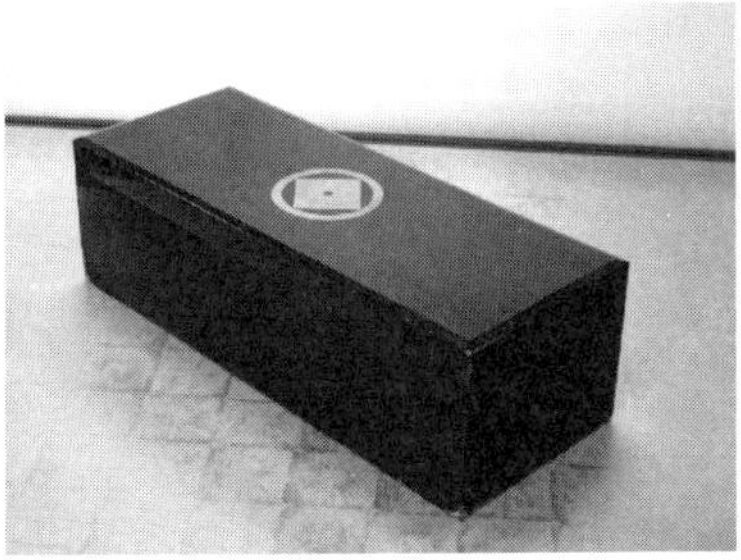

大給家の家紋が入った黒漆塗り文箱
（大分県立先哲史料館蔵）

めている。

寛永八年十二月二十七日、長男の勝広が十六歳の若さで亡くなった。その後成重は病に冒され倒れてしまう。同十年九月、自らの死期が近いことを悟った成重は、各方面に働きかけて家存続の嘆願を行った。死の前日である九月十五日に認めた成重の遺言状なるものが二通残っている。

一通は、江戸南町奉行の加々爪忠澄《かがつめただすみ》、小姓の内田平左衛門、酒井忠正の三名に宛てたもの。亀山は「大事之地」であるから召し上げられても構わないが、他のいかなる地でもよいから二男の主税助《ちからのすけ》（忠昭）に所領を相続させたいので、幕閣の中枢にいる酒井忠世、土井利勝、酒井忠勝へとりなしていただきたい、という内容である。

もう一通は、大坂夏の陣で活躍した彦根藩主井伊直孝に宛てたもの。自分の死期が近いこと、二男主税助のことをよろしく頼むということ、家督相続のことは加々爪・内田・酒井に加え、壬生藩主日根野吉明にも申し伝えてある、ということが記されている。ちなみに日根野の妻は成重の妹であった。

成重から主税助への家督相続は相当に困難な状況であったが、あらゆる手立てを講じた成重の努力が報われ、彼の死後、家督相続は無事認められた。

この二通の遺言状を認めた成重は翌日の九月十六日、江戸で亡くなった。父一生と同じく、若き死であった。成重の遺骸は最初、深川の法禅寺に葬られたが、

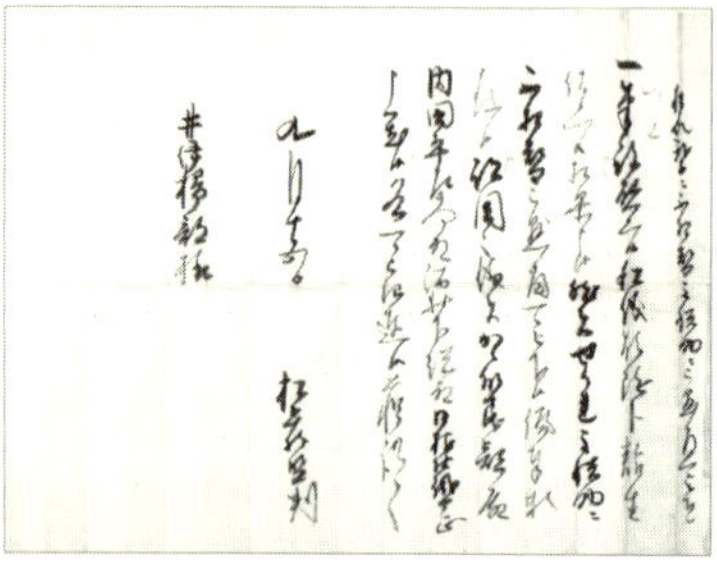

井伊直孝宛成重書状
（大分県立先哲史料館蔵）

その後小石川の伝通院を経て、現在は伝通院の塔頭寺院である見樹院に改葬されている。

忠昭の生い立ち

忠昭《ただあき》★は、元和三年（一六一七）十一月二十五日、成重の二男として江戸で生まれた。通称は太郎左衛門、主税助。寛永八年（一六三一）十二月二十七日、兄の勝広が十六歳の若さで亡くなった。そのため二男の忠昭が家督を継ぐことになった。

寛永九年六月六日、忠昭は三代将軍家光に帝鑑間《ていかんのま》で初めて謁見した。翌年九月十六日、父成重が亡くなったため、その遺領である丹波国亀山藩領二万二千二百石を継いだ。

寛永十一年閏七月六日、忠昭は亀山から豊後国内に、同じ石高で移封され、速見郡亀川村（現・別府市）に居を構えた。亀山藩主になってわずか一年足らずのうちに豊後へ移封されたのはなぜであろうか。

『豊後全史』★によると、忠昭は和歌が頗る好きだったので、ひそかに京に入り、公卿に交わって和歌を学んだ。このことを知った幕府が、処罰として城塁のない地へ忠昭を移したとしている。

▼忠昭
「大給家譜」「寛政重修諸家譜」による。「寛永諸家系図伝」には「タダアキラ」、『武鑑』では「タダテル」の読みが付されている。

松平忠昭肖像（浄安寺蔵）

▼『豊後全史』
加藤賢成著。明治十八年刊行。

ほかの理由として、亀山城主の格式の問題が考えられる。元来、丹波亀山城は三万石以上の大名の居城であったが、忠昭の父成重が城主になってから、二万石台の城格に落ちた。

そこで、元の城格にもどすため、家督を継いだばかりの若き忠昭を他に移したのではないかというのである。確かに、忠昭の後に亀山城に入った菅沼定芳は四万一千石余の石高であったので、城格はもどっている。

いずれの理由にしても、のちに府内藩主となる大給松平氏はこのときから豊後と関わりをもつようになった。ちなみに忠昭が豊後に入る直前、日根野吉明が府内城に入っている。吉明の正室は忠昭の父成重の妹である。したがって忠昭は吉明にとって義理の甥にあたる。このことが、忠昭の豊後入りや、吉明の後に忠昭が府内城に入ることに何らかの影響を与えたかもしれない。

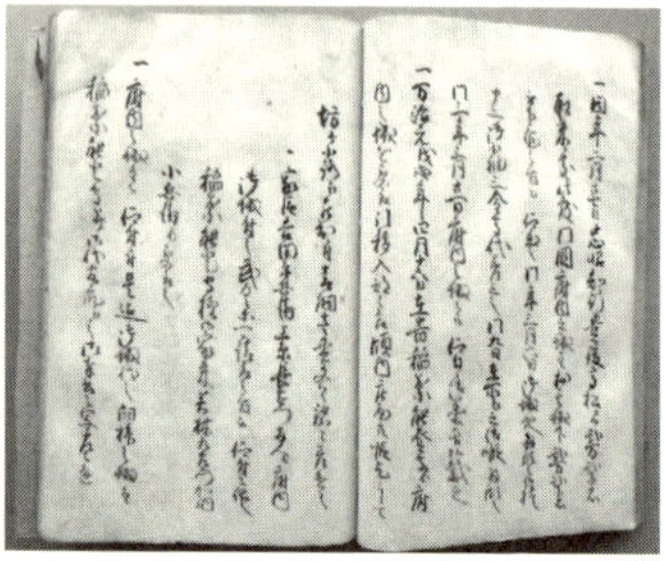
「松平左近将監忠昭公御代留記」
（大分県立先哲史料館蔵）

忠昭の豊後入り

〈亀川時代〉

寛永十一年（一六三四）閏七月六日、豊後に下った忠昭は、速見郡亀川村★に仮の住居を構えた。その場所は、現在の別府市亀川四《し》の湯町《ゆまち》の信行《しんぎょう》寺の付近であったといわれている。

▼亀川村
「豊国紀行」「豊後国志」では「里屋（さとや）村」と記している。

この辺りは海岸砂丘上にあり、土地がやせていたので、漁村として栄えていた。また、「風呂ノ阪」「蕩邪泉《とうやせん》」などの字名からわかるように、古くから温泉が湧き出る土地でもあった。おそらく忠昭も温泉に入り疲れを癒したことであろう。忠昭はここに一年余り滞在した。

〈中津留時代〉

寛永十二年（一六三五）十二月二十七日、★忠昭は亀川の居館を引き払って、大分郡中津留《なかづる》村（現・大分市今津留《いまづる》三丁目付近）へ移転した。忠昭および家臣らの住居は、中津留村の庄屋・平右衛門やその親族の家が充てられた。平右衛門らは仮小屋をつくって、自宅を明け渡したというので、突然の移転であったことがわかる。移転の理由は不明である。

移転した翌年に、新しい居館が完成する。館の敷地は一町四方の正方形。周囲に堀をめぐらし、南と西に門があった。この館の東西南北に家臣の屋敷があった。館の南側に家老クラスの家臣の屋敷があり、西側にそれに続く家臣の屋敷があった。足軽や中間らの居宅は、館からかなり離れた東側にあった。

また忠昭は、中津留天満宮を「鬼門除」として館の東北に祀り、菩提寺の浄安寺や祈禱所の福寿院を丹波亀山から中津留へ移している。この二つの寺院は、その後も忠昭に従って移転している。したがって忠昭は中津留の地を支配および生活の拠点にしようと考えていたことがわかる。

信行寺（別府市亀川）

▼亀川からの移転
「豊府指南」「雉城雑誌」「豊後七島莚由来書覚」などによる。「寛永重修諸家譜」「松平左近将監忠昭公御代留記」は、同年四月としている。

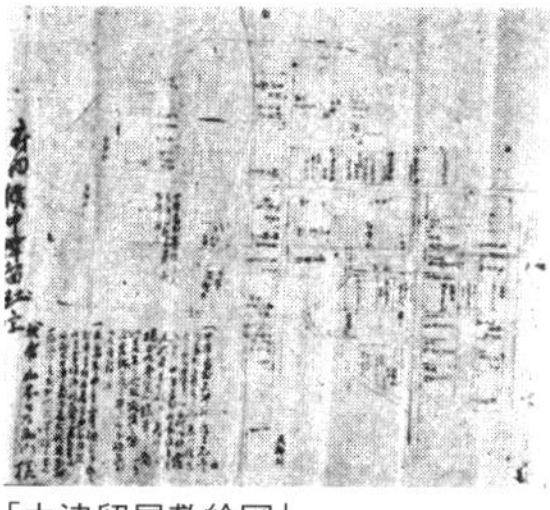

「中津留屋敷絵図」
（『大分市史』上巻・1955年）

中津留時代の忠昭の動向をみてみよう。居館が完成した直後の寛永十三年十月から翌年の十一月までの一年間、江戸に参勤している。この在府中に江戸城の普請手伝を行い、時服を賜っている。島原の乱では、勃発した翌年の寛永十五年、幕府に命じられて出陣し、日向飫肥《おび》藩主伊東祐久《すけひさ》とともに富岡城を守った。寛永十七年十二月二十九日、従五位下左近将監に叙任され、譜代大名として、着実にその地位を築いていった。

〈高松時代〉

寛永十九年（一六四二）、忠昭は中津留から、さらに東の高松村★（現・大分市）に移った。居館が設けられた場所は、現在の日岡小学校の辺りで、その後は高松代官所となった。

移転した理由は、中津留村が大分川の低地にあり、洪水に見舞われることが多かったためである。忠昭は中津留村にあった菩提寺の浄安寺や、祈禱所の福寿院も高松村に移している。高松時代の忠昭は、正保四年（一六四七）に、京都二条城の普請手伝を行ったぐらいで、あまり目立った事績はみられない。

忠昭が丹波亀山から豊後亀川に移封されたとき、領知の石高は変わらず、二万二千二百石のままであった。ところが、大分・直入・玖珠・速見の四郡にわたる忠昭の領地は、表高（本高）より千四百石余、不足していた。そこで忠昭は寛永十四年（一六三七）六月、幕府の勘定所に不足分の補充を願い出た。すると翌年、

▼高松村
当時は小路口（こうじぐち）村と呼んでいた。

高松の居館跡
（現・大分市立日岡小学校）

松平忠直《ただなお》領の七百九十六石と、自領の千四百十二石余の交換が命じられた。このときの忠直領に高松村が含まれ、「水入りの地」であった中津留からの移転先を確保することができたが、不足分はさらに増える結果となった。こうして大分川の最下流の右岸にまとまって形成された忠昭領は、のちの東五カ村の原型となった。

城もなく、所領は四郡に分散し、しかも二千石以上の領地高不足であったこの頃の忠昭は、ひたすら耐え忍ぶしかなかった。

忠昭の府内入部

明暦二年(一六五六)、日根野吉明が亡くなった後、幕府は杵築藩主松平英親と、日出藩主木下俊治に府内城の城番を命じた。明暦三年正月からは、臼杵藩主稲葉信通が二人に代わって城番をつとめた。

このように、吉明が没してから二年ちかくの間、府内藩主の座は空いていたわけである。「岡本家文書」のなかに、相模小田原藩主の稲葉正則が忠昭に宛てた書状がある。それには、忠昭が願い出ていた「屋敷替えの儀」が将軍に了承された旨が記されている。日付は六月十四日。当時、稲葉正則は奏者番であった。日根野家が断絶したのが明暦二年三月であるから、明暦二、三年頃に出されたもの

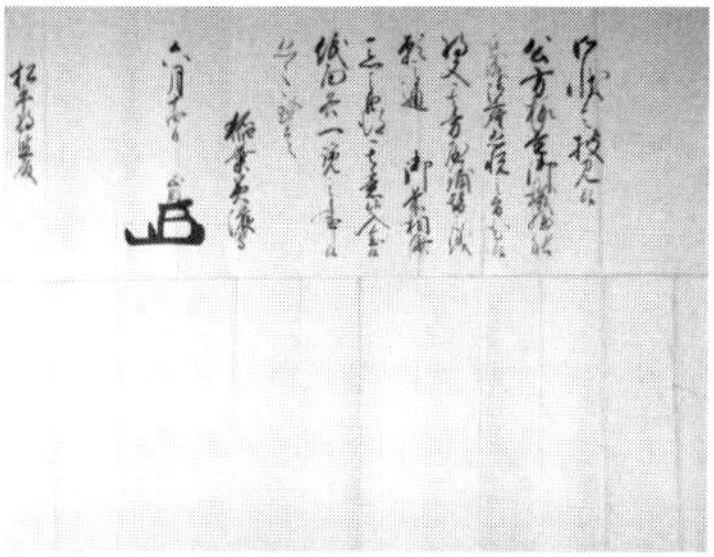

松平将監御屋敷替之儀につき稲葉美濃守書状
(大分県立先哲史料館蔵)

と考えられる。

当時の豊後において、忠昭以外で城を持っていなかった藩主は、森藩の久留島氏ぐらいであった。忠昭の場合は、元城主（亀山城）であったことに加え、譜代大名というプライドもあったであろう。城持ちの大名にもどりたいという気持ちはかなり強かったと思われる。そのため忠昭はこのように幕府に働きかけていたわけである。

そのような努力が報われ、ついに明暦四年二月二十七日、忠昭に対して府内移封の命令が発せられた。同じ日付で、阿部忠秋・松平信綱・酒井忠清の三老中から、城番の稲葉信通に対して、忠昭へ城および領地を引き渡すことと、城番解任の旨が、連署奉書で通達されている。★三老中から信通に宛てられた連署奉書は、同年三月二十一日にも出されており、これを読むと忠昭は当時江戸におり、江戸で府内への移封を命じられたことがわかる。

忠昭は江戸からすぐに帰国し、高松村の屋敷にもどって準備を整えた。明暦四年四月十五日の早朝、総勢九九一人を率いて高松村を出発し、辰の刻（午前八時頃）に府内城に入った。城番の稲葉信通は城を引き渡すとすぐに出発し、その日のうちに臼杵にもどっている。こうして大給松平氏による府内支配の時代が始まった。

▼「連署奉書」所蔵者
『大分市史』上巻（昭和三十年）に矢野止氏所蔵とあるが、現在は所在不明。

分知領の成立

寛文四年（一六六四）四月五日、四代将軍家綱が忠昭に発給した領知朱印状をみると、府内藩の本高は二万二千二百石で、それに籠高《こみだか》★の二千四百九十石七斗八升二合が加えられ、合計で二万四千六百九十石余となっている。

これは日根野時代の府内領二万石に、忠昭が府内に入封する前に領有していた今津留・中津留・花津留・萩原・牧の五カ村と、旧松平忠直領であった下郡・羽田の二カ村を加えたものである。藩領はすべて大分郡内にあり、一〇二カ村からなっていた。

延宝四年（一六七六）三月、忠昭は隠居し、長男の近陣《ちかのぶ》が家督を継いだ。そのとき近陣は、弟二人に分知（分割相続）している。次弟の近鎮《ちかやす》に千石と新田五百石を、末弟の近良《ちかよし》に新田千石をそれぞれ分け与えた。

近鎮への分知は、千五百石の村が実際に分け与えられた。それは奥郷《おくごう》の六カ村（上淵《かんぶち》村・中淵《なかぶち》村・直野内山《なおのうちやま》村・奈良田《ならだ》村・瓜生田《うりゅうだ》村・下田向《しもたむこう》村）で、現在の由布市庄内町にあたる。

一方、近良への分知は実際には与えられず、俸禄米を支給するという形がとられた。ちなみに安永八年（一七七九）には、米が三百四十四石余、大豆が百十八

▼籠高
込高ともいう。転封の際、同じ石高でも土地の生産性が低く、年貢収入が減る場合、不足分を補うために別に支給される石高のこと。

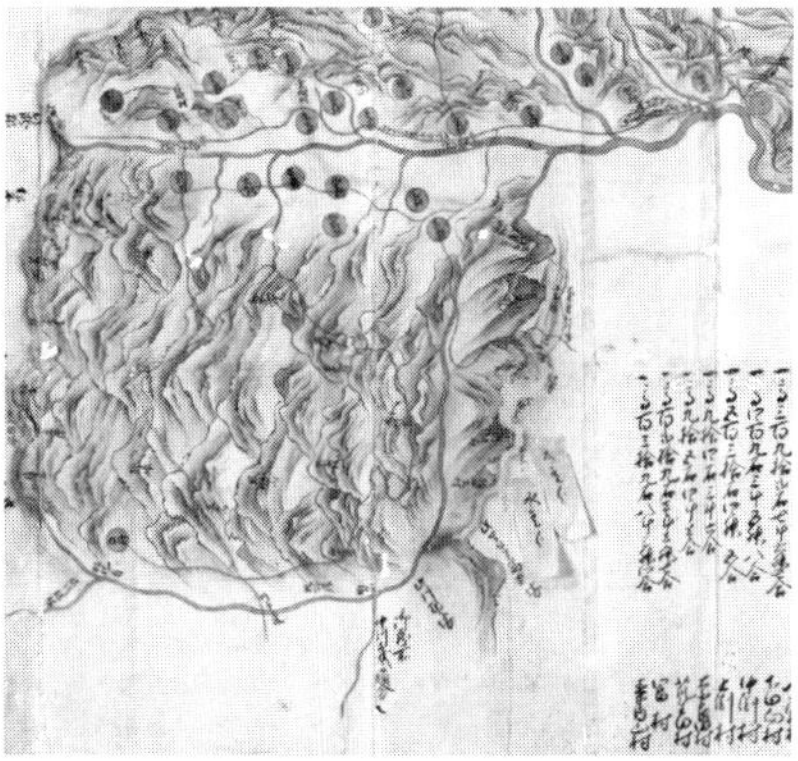
「府内藩領絵図」に描かれた分知領（松栄神社蔵）

石余、本藩から支給されている。

よって、近陣以降、府内藩の本高は二万千二百石となり、明治四年（一八七一）の廃藩置県までこの石高で大給松平氏が支配管理した。

近鎮の分知領は、明治二年九月、日田県別府支庁の管轄となるまで存続した。その間、年貢徴収に関する帳面などは本藩と分けて作成されたが、施政一般については本藩の支配下にあった。

宝暦二年（一七五二）十二月八日、度重なる御用金★や無尽★などの徴収に不満をもった分知領の農民たちは、本藩への復帰を願い出た。その結果、御用金の徴収は中止となったが、庄屋や組頭が役儀取り上げや追い込み★などの処罰を受けている。また、天保七年（一八三六）十二月、天候不良による大凶作であったので本藩に借米を願い出たが、拒否されている。翌年にようやく飢飯《きはん》料が支給されたが、何かと不利なことの多かった地域であったようだ。

▼御用金
江戸時代、幕府や諸藩が公用遂行の資金を得るため、町人や百姓に強制的に課した借用金。

▼無尽
頼母子講と同じ。金銭の融通を目的とする相互扶助組織。

▼追い込み
一定の場所に人や動物などを追い立てて入れること。

忠昭の事績とその後の藩主

府内藩主時代の忠昭の主な事績は以下のとおりである。

万治三年（一六六〇）八月　幕府に命じられ、府内城が旧来所蔵していた兵《へい》仗《じょう》（戦闘用の実用武器）を大坂城に納める。

寛文三年（一六六三）　四代家綱の日光社参にお供。和田倉《わだくら》門番をつとめる。

寛文四年（一六六四）　四月、四代将軍家綱から、領知朱印状を賜る。

寛文七年（一六六七）　十二月、府内城の北口門を櫓門として建設することを幕府に願い出て、許される。

これ以外に、忠昭は寺社への信仰が厚かったので、寺社の保護政策を施している。まず府内に入るとすぐに、豊後国の一宮の由原《ゆすはら》八幡宮★に神領三十五石を寄進し、府内城下の寺院に対し、寺地の年貢を免除した。入城した翌年の万治二年には、菩提寺の浄安寺や祈禱所の福寿院を城内三の丸に移している。

寛文三年には、住吉社《すみよししゃ》（現・大分市住吉町二丁目）の祭事を再興した。この祭事は毎年六月、渡海安全を祈願するために行われ、同社から菡萏《かんたん》までの間を、神輿が海上渡御《とぎょ》するものである。謡船や船問屋船など六艘が供奉《ぐぶ》する盛大な祭りで、社地内外には作り物や仮屋が立ち並んだ。

忠昭の祭事再興を機に、大給松平氏と同社の関係は深まった。その結果、忠昭以後の歴代藩主は、参勤交代の際、乗船前に必ず同社を参拝し、海路の安全を祈願するようになった。

信心深い忠昭はさらに、延宝三年（一六七五）、亡父成重の追善供養のため、伝通院山内に諦誉直紘《たいよじきげん》上人を開山上人として迎え、成重を開基とする別院・見樹院

▼由原八幡宮
宇佐八幡の分霊地として古くから崇拝を受け、平安時代末に豊後国の一宮とされた。現在は柞原八幡宮と称する。

を建立している。

以後、見樹院は徳川将軍家の菩提寺である伝通院の塔頭《たっちゅう》寺院となり、江戸で亡くなった府内藩主の葬儀・法事や墓所の管理を担うようになった。

延宝四年三月、忠昭は家督を長男近陣《ちかのぶ》に譲り、山里（現・松栄神社付近）に退隠した。隠居後も大御所として隠然たる勢力をもっていたが、元禄六年（一六九三）九月十二日、府内で亡くなった。享年七十七歳。遺骨は浄安寺に葬られ、法号を宝林院浄誉覚月如円とした。

忠昭の分骨は高野山にも葬られた。前述したように、高野山金剛院には初代近正の遺骸が葬られている。祖先崇拝の念が強かった忠昭は、生前に遺言を残して指示していたのかもしれない。亡くなった翌年の正月、山田武介と岡本理右衛門が高野山に登り、忠昭の分骨を葬った。その際、一四カ寺を招いて法事を営み、五輪石塔を建てた。石塔の供養は金剛院に依頼し、香典として銀三枚を納めたという。

その後、府内藩が消滅する明治四年（一八七一）まで、大給松平氏は忠昭から近説《ちかよし》まで、府内藩主を十代・二百有余年にわたってつとめた。

初代忠昭を継いだのは長男の近陣であった。その際、二男近鎮《ちかやす》と三男近良《ちかよし》に分知したことは前に述べた。

三代近禎《ちかよし》までは直系であったが、近禎の五人の男子がいずれも早世したため、

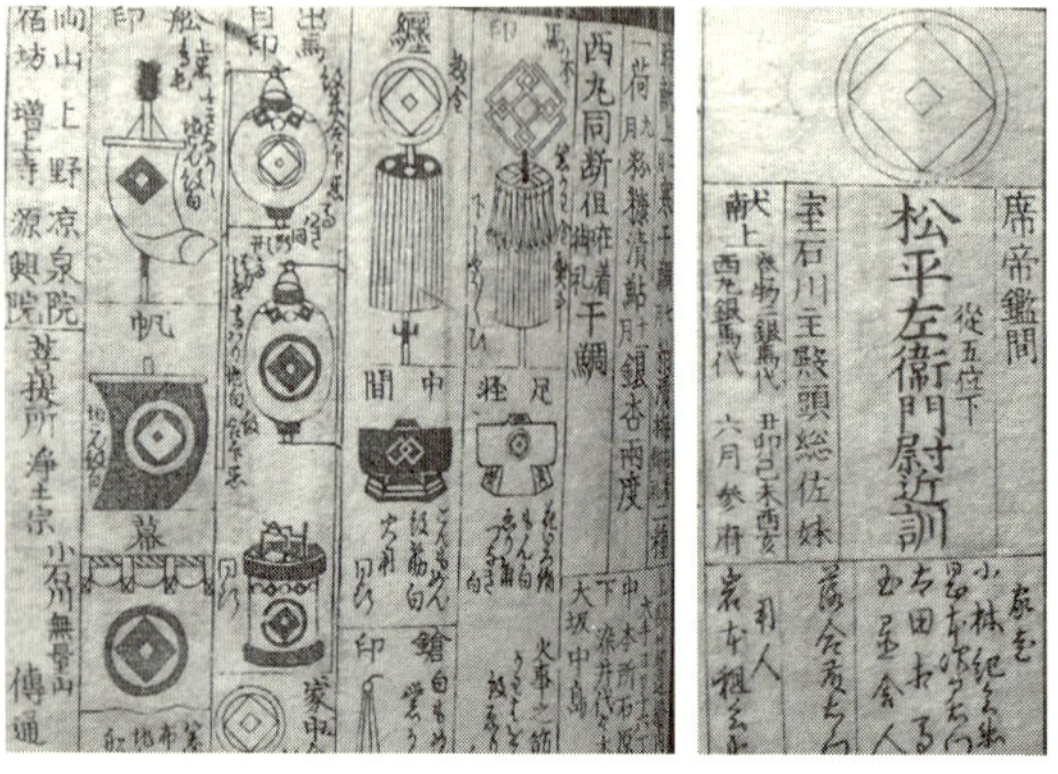

『大成武鑑』（大分県立先哲史料館蔵）

養子をとった。それが四代近貞《ちかさだ》で、彼は三河田原藩主三宅康雄《みやけやすお》の二男であった。近貞の母・徳が近陣の長女であったため、この縁組が成立したと思われる。その後、近貞は三男康之を田原藩主三宅康高《やすたか》の養子に差し出している。また、府内藩十代藩主近説が家督の相続を認められたとき、名代として幕府にお礼を述べたのが三宅康直《やすなお》であったことからわかるように、両藩の親交は幕末まで続いていた。近貞の後、五代近形《ちかのり》、六代近儔《ちかとも》と直系が続いたが、七代近義《ちかよし》以降の四代はすべて養子をとって藩主に据えている。

七代近義は六代近儔の弟、八代近訓《ちかくに》は近儔の子なので、養子であるとはいえ、一応男子直系は続いたといえる。ところが九代近信《ちかのぶ》は富山藩（金沢藩支藩）九代藩主前田利幹《としつよ》の二男、十代近説は桑名藩初代藩主松平定永《さだなが》の七男であり、れっきとした養子藩主であった。

府内藩主大給松平氏は譜代大名であったので、幕政に参画する資格をもっていたが、寺社奉行以上の役職をつとめたのは、三代近禎と十代近説の二人だけであった。江戸城本丸殿舎における伺候席《しこうせき》★は帝鑑之間《ていかんのま》が与えられた。これは譜代大名の格式としては溜之間《たまりのま》に次ぐものであった。★それは府内藩主大給松平氏の官位が従五位下（諸大夫）であったからである。❖

『武鑑』などをみると、将軍家への献上品は「粕漬梅《かすづけうめ》」がよく記されている。梅は薄紅色の優美な花を咲かせる豊後梅のこと。名前のとおり豊後が発祥の地で

▼伺候席
江戸城に登城した大名や旗本が、将軍に拝謁する順番を待っていた控席のこと。

▼伺候席の種類
大名の控席・詰所には、大廊下、大広間、溜之間、帝鑑之間、柳之間、雁之間、菊間広縁（きくのまひろえん）の七つがあった。それぞれに詰める大名は出自や官位をもとに定められた。

❖
四品（従四位下）以上になると、大廊下、溜之間、大広間の控席が与えられた。

あるこの梅は、果実が大きく、爽やかな甘さが美味しいと珍重されていた。豊後杵築藩主能見松平氏もこれをよく献上している。

これも府内

この人も府内人

寛佐

（一五八四～一六四二）

寛佐書状

江戸時代前期の天台僧、連歌師。円寿寺（現・大分市上野丘西）十四世住持。

寛佐の出自は由布院の奴留湯《ぬるゆ》氏で、幼名を弥介と称した。幼い頃、円寿寺で得度し、壮年期に比叡山延暦寺で天台宗を学び、阿《あ》闍梨《じゃり》となった。

延暦寺で天台宗を修める傍ら、京都の里村昌琢に連歌を学んだ。元和元年（一六一五）九月十六日、昌琢や玄陳、玄的らと興行した連歌が「高野山宝寿院文書」に残っている。その翌年には、昌琢から『伊勢物語』や『源氏物語』等の講釈伝授を受けている。

寛佐はのち府内にもどり、円寿寺の法灯を継ぎ、寺内の東井坊に住んだ。しかし師匠の昌琢とはその後も文通を続け、交流した。同寺には、寛永九年（一六三二）二月五日付の、寛佐宛昌琢書状が残っている。その内容は近況の報告と、西山宗因への『源氏物語』講釈伝授の依頼であった。宗因は昌琢に学んだ同門の人物で、のち府内に来訪し、書状のとおり、寛佐から『源氏物語』などの講釈伝授を受けたという。

寛佐は竹中、日根野氏の庇護を受けた。とくに日根野吉明は寛佐のために、円寿寺東井坊を修復した。円寿寺には、寛佐自筆の略筆画像が残り、それには「まだきに今朝や春の来ぬらん。取急一句高免々々。寛佐」と記されている。藤原定家流の能筆であると評されている。寛佐は俚謡にも優れ、「府城山里の記」「笠和郷雨乞の歌」などもつくっている。

②藩のしくみ

領内を町組・里郷・中郷・奥郷の四つに分けて支配した。
藩士の格は、給人・中小姓・徒士・足軽以下の四階級からなり、府内城の三の丸に、藩士らの屋敷が建ち並んだ。

領内の支配機構――一町三郷制

府内藩では、城下を町、村方を郷中と呼んだ。そして領内を町組、里郷、中郷、奥郷の四つに分けて支配した。

町組には城下町に加え、本来村方である東五カ村と西三カ村が含まれていた。そして町組全体のなかに計五二の町（区画）が存在した。★

西三カ村は、竹中時代は郷中であったが、日根野氏が浜の市を開いた際、城下から市場までの町並みが整備されたことにより、城下の町組として取り扱われるようになった。

▼五二カ町村
府内町組の三〇町、松末町組の一一町、千手堂町組の六町、笠和町組の一町、同慈寺町組の一町、西三カ村の四町の合計から、東新町（府内町組と松末町組の入会町）を引いた数である。

東五カ村は、初代忠昭が府内に入部した際、加増分として繰り込まれた領地の一部であった。★しかも忠昭が中津留・高松時代に得た領地で、かつ旧松平忠直領であったことから、特別な扱いで西三カ村と同じく町組にされたと思われる。

藩は、町組全体の支配責任者として、町奉行（二人）を置いた。そして、その下に代官（一人）・手代《てだい》（二人）・町廻《まちまわり》（四人）を配置した。

町人身分の町役人としては、町組全体の責任者である惣宿老（一人）とその補佐役の惣肝煎《きもいり》（一人）がいた。その下に庄屋がいて、彼らの指揮命令に従った。

町組の庄屋は全部で五人いた。それは、府内・松末・千手堂・笠和・同慈寺の五町組に置かれた四人の庄屋★と、勢家町★に置かれた庄屋（一人）の五庄屋である。彼らは城下町の年貢・地子《じし》（地代）の納入責任者で、惣宿老とともに藩への報告や請願を行った。

町組の庄屋が管轄する各町（区画）には、宿老（二〜三人）が配置された。宿老は町人や旅人に関する連絡管理や世話が主な任務であった。

また、東西八カ村にもそれぞれ庄屋が置かれた。但し、東五カ村のなかの花津留村は中津留村の庄屋が兼務していたようである。

次に村方についてみてみよう。

将軍が府内藩主に宛てた朱印状および領知目録には、一〇二カ町村の名前が記されている。このうち町組に属する一三町村★を除いた八九カ村が村方である。

▼東五カ村以外の加増地
東五カ村以外の加増分である羽田村と下郡村は、里郷に組み入れられた。

▼四人の庄屋
同慈寺町については笠和町の庄屋が兼務した。彼らは「府内四庄屋」と呼ばれた。

▼勢家町
勢家町は、村方部分と、西新町など四町からなる町方部分とに分かれていた。

▼一三町村
町組の府内町・松末町・千手堂町・笠和町・同慈寺町・勢家町の六町と、西三カ村に属する駄原村・生石村の二村、東五カ村に属する五村の計一三町村である。

一町三郷制

《町組》

〔領内を四つの地域に分けて支配しました〕

町組	町・村
府内	唐人町、名号小路町、於北町、檜物町、東上市町、中上市町、西上市町、鍛冶屋町、京町、革屋町、大工町、魚町、茶屋町、白銀町、西小路町、桜町、室町、西町、清忠寺町、上柳町、中柳町、下柳町、竹町、塗師町、田町、今在家町、寺町、上紺屋町、下紺屋町、東新町（松末と入会） 計30町
松末	中町、下市町、稲荷町、胡町、万屋町、長池町、北町、東町、中横町、塩九升町、東新町（府内と入会） 計11町
千手堂	小物座町、天神町、後小路町、古川町、米屋町、元町 計６町
笠和・同慈寺	笠和町、細工町（同慈寺） 計２町
西三カ村	勢家町（一部は西新町・堀川町・船頭町・沖浜町として町場の扱いをうけた）、駄原村・長水（駄原村枝郷）、生石村
東五カ村	牧村、萩原村、花津留村、中津留村、今津留村

《三郷と村組》

郷	村組	村
里郷 19カ村	羽田・下郡	羽田村、下郡村
	古国府組	六坊村、律院村、豊饒村、畑中村、古国府村、羽屋村
	上村組	太平寺村、尼ヶ瀬村、奥小路村、上村、竹上村、田中村、永興村、井蕪村
	賀来組	賀来村、中尾村、野田村
中郷 33カ村	来鉢組	田浦村、白木村、大山村、志手村、椎迫村、来鉢村、金谷迫村、由原村、黒野村、古原村、三船村、東院村
	内成組	七曾子村、内成村、宮苑村、新村、高崎村、山口村、中畑村、平床村、田代村、埴坪村、時松村、朴木村
	下市組	小野津留村、国分村、平横瀬村、下市村、上市村、鶴田村、向原村、中村、海老毛村
奥郷 37カ村	蛇口組（武宮組）	蛇口村、櫟木村、五福村、久保村、岩下村、透内村、甲斐田村、桑畑村、小原村、東家村、六郷丸村、雲取村、平良石村、中無礼村、武宮村
	橋爪組	橋爪村、葛原村、畑田村、中尾村、田口原村、瀬口村、宗寿寺村、竹中村、影戸村、柚木村、平原村、小挾間村
	野畑組	野畑村、富村、後田村、入小野村、上淵村*、中淵村*、直野内山村*、奈良田村*、瓜生田村*、下田向村*

①『大分市史』（1987年）より作成。②　　は門外町、ただし堀川町・船頭町は門内町。③*は分知領、ただし上淵村は本領との相給。

これらの村を何村かごとに束ねたのが村組である。さらに村組を三、四つほど束ねたのが郷で三つあり、府内城に近い方から里郷・中郷・奥郷と称した。

藩は、村方全体の支配責任者として、郡奉行（二人）を置いた。そして各郷に代官（一人）と手代（二人）を配置した。

農民からは、村組に大庄屋★が、各村に庄屋・組頭（複数）がそれぞれ任命されて、年貢の徴収や村政の責任を負った。なお、里郷の羽田村と下郡村には村組がなかったので、三人の庄屋が一年ごとに交代して大庄屋格として村政を掌った。❖

この三郷ならびに村組の制度は、竹中重利の代に行われた慶長検地の頃に編成され、若干の修正や変更を加えながら、大給松平の代に継承されたものである。

▼大庄屋
居住する村の庄屋を兼任した。

❖
下郡村は南北に分かれていたので、庄屋は三人いた。

藩の職制

府内藩の職制のうち重要な役職は、初代忠昭の頃に成立したと思われる。その後、時代によって少しずつ変化したが、変遷の詳細はよくわかっていない。

「府内藩記録」などに役職名が出てくるが、まとまった記録が確認できるのは天保期（一八三〇〜四四）以後である。天保五年（一八三四）の「御役人前録」（京都大学所蔵文書）や「規則」（玉置家文書）をもとに藩の職制をまとめると次頁の表のようになる。

府内藩の職制

■家老
定員は二～三人。藩主のもとにあって藩政を指導し、家中を統率する最高責任者。藩主の在府中は小事を決裁し、大事は藩主に伺いを立てて決定した。書記六～七名を使って日々万般のことを記録させた。藩士のうち、給人《きゅうにん》（五十石以上の知行取）以上を支配した。役料（役職手当）は二百～五百石。

■列座
定員は三～六人。家老とともに並んで座るという語意から、家老心得といった立場にあたる。特別な職務はないが、藩主の在府中、城中に交代で宿直した。また給人の監督を行った。

■用人《ようにん》役
定員は五～六人。小姓頭、小姓、近習番、中小姓を支配し、諸役所の総奉行をつとめた。役料は百～五百石。

■旗奉行
定員は一人。旗手を支配。役料は百二十～三百石。

■物（者）頭
定員は四人。給人以上の諸願を取り次ぎ、四人が各々足軽二五人を預かり、武術を修練させ、火災異変の時は鎮撫のため出勤した。役料は百五十石以上。

■鑓奉行
定員一人。長柄組を統率。役料は百石以上。

■小姓頭
定員一人。藩主の小姓・近習の頭取。役料は不定。

■大目付
定員一人。藩主の目付として藩士を監察。また達しや触れを布告し、裁判に当たることもあった。役料は十人扶持以上。

■町奉行
定員二人。町組を支配し、裁判に当たった。役料は不定。

■江戸家老
定員一人。江戸藩邸で勤務した家老。役料は百二十～三百石。

■勘定奉行
定員二人。米・金の出納や扶持米・切米の支給など、藩の会計を掌り、裁判にも当たった。役料は不定。

■大坂留守居
定員一人。大坂の蔵屋敷で藩の財政的渉外や折衝に当たった。役料は不定。

■船奉行
定員一人。船頭や水主《かこ》などを支配した。役料は不定。

■林奉行
定員一人。材木の伐採や検分、運搬など山林の管理を掌った。寛政七年（一七九五）以前は山奉行と呼んだ。「切符」により御林目付を任命した。役料は不定。

■郡奉行
定員二人。郷中を支配し、裁判に当たった。役料は不定。

■普請奉行
定員二人。建築や営繕など作事に関する一切を掌った。役料は不定。

■徒士頭
定員一人。徒士の頭取。役料は不定。

■金奉行
定員一～二人。金銀の出納を管理した。役料は不定。

■宗門奉行
定員二人。宗門改を行い、寺社・キリシタンに関する事務を掌った。役料は不定。

府内城と武家屋敷

前に述べたように、府内城および城下町は福原直高・竹中重利・重義の代に建設された。

府内城はどのような規模や構造であったのか。府内城の姿を伝える絵図は現在三〇点近く残っているが、そのなかで最も古く、精巧であるのは正保城絵図（国立公文書館蔵）である。この絵図は正保年間（一六四四～四八）に、当時城主であった日根野吉明が幕府へ提出したものである。

これをみると、今と違って当時の府内城は直接河口に面していたことがわかる。城の北方（中島）には砂州があり、そこから東にかけて内側を石垣とする堤防が築かれている。砂州の北側には港があり、藩船が八艘つなぎ留められている。★一般の船は、海を隔てて西側にある港（京泊《きょうどまり》と呼ぶ）を利用した。

城は、本丸・二の丸・北の丸・三の丸の四つに分かれる。

本丸は城の中心部分で、ここに天守閣があった。天守閣の石垣の高さは約一〇間（約一八メートル）。その上に四層の天守が建っていた。上層の大きさは三間（約五・四メートル）×二間（約三・六メートル）であった。

二の丸は東の丸と西の丸、両者を結ぶ出合曲輪《であいくるわ》からなり、東の丸は藩主の御殿、

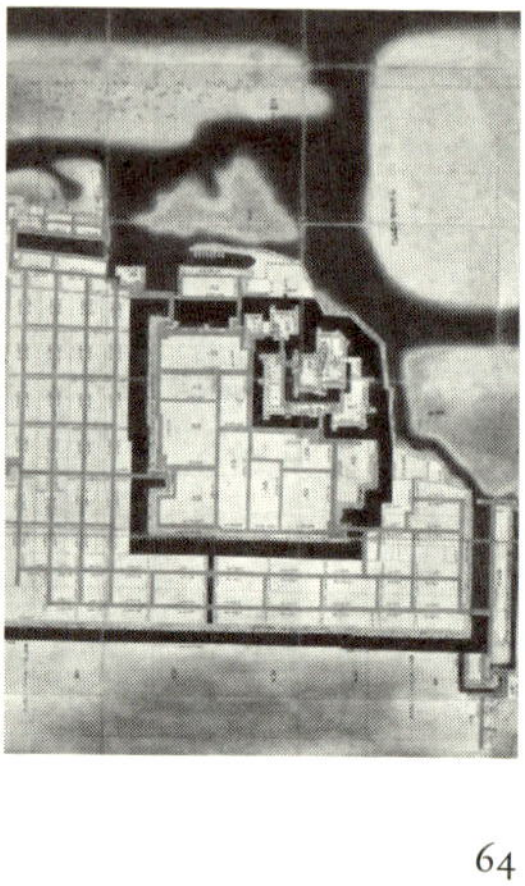

正保の「府内城絵図」（国立公文書館蔵）

▼砂州北側の港
注記に「御船蔵」とある。ここには藩主の御座船などが格納されたと思われる。

西の丸は藩主の世子の居所であった。

北の丸は、山里丸★と北の小丸からなり、山里丸は藩主の隠居所となっていた。

三の丸は家臣らの武家屋敷が建ち並ぶ地域であった。享和二年（一八〇二）に作成された「清水流《しみずりゅう》規矩元法分間絵図《きくもとほうぶんげんえず》」には、三の丸内の町名や道路名、屋敷を構えている藩士の名などが記されている。これをみると、岡本・玉置・太田・津久井など家老クラスの屋敷は、西の丸の東側（現在の大分市役所・アートプラザがある付近）に集中していることや、御用屋敷や勘定所など藩の行政機関の一部もこの地域に置かれていたことなどがわかる。武家屋敷は、北の丸の北方中島や町人町内にも割り当てられている。また、北の口・西の口・東の口のそれぞれに多聞櫓門・二重櫓門・番所が設けられた。これらは町人町への出入口であり、西の口には時鐘楼があった。

本丸をはじめとするそれぞれの曲輪《くるわ》は堀で仕切られ、渡櫓《わたりやぐら》や廊下橋で連結されていた。本丸と二の丸の外周はすべて石垣とし、防備を厳しくした。大手門（正門）は二の丸の南中央にある多聞櫓門である。

多くの櫓や櫓門を備える府内城は、規模・構造からみて二万石の大名の居城としては分不相応な城といえる。それは前述したように、最初十二万石を領した福原直高の居城として築かれたからである。

ところが、寛保三年（一七四三）四月七日、城下の下柳《しもやなぎ》町から出火した火事に

▼山里丸
現在、松栄神社がある付近。

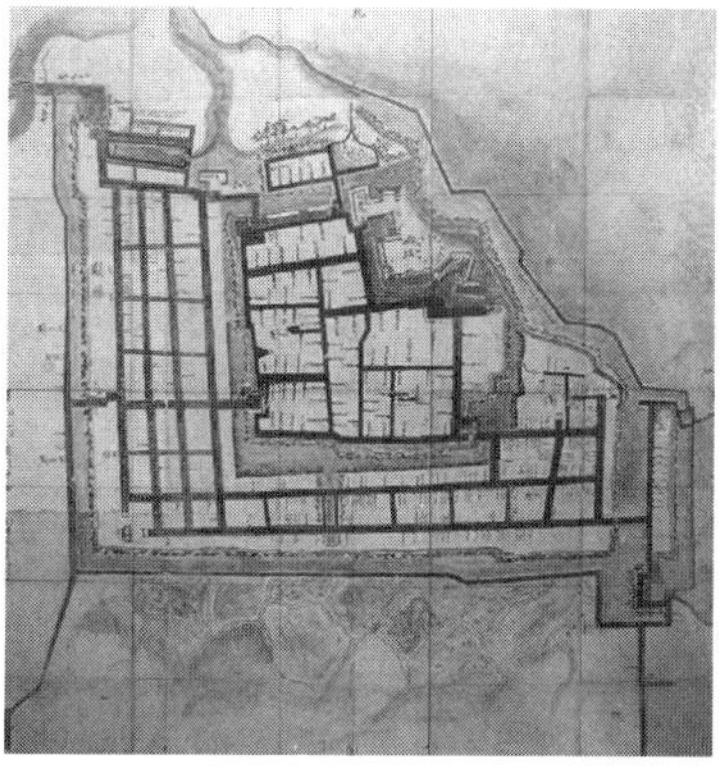
「清水流規矩元法分間絵図」（大分県立先哲史料館蔵）

よって、城内の大部分の建物が焼失した。そして焼失した天守閣および諸櫓は再建されなかった。その後も、明和六年（一七六九）・安政元年（一八五四）の大地震や、昭和二十年（一九四五）の空襲で被害を受け、欠損したまま再建されなかった建物がかなり生じた。江戸時代までの建物で現存するのは、南側の宗門櫓★と北西隅の人質櫓★の二つだけである。

　失われた建物の一部が復元されるのは、戦後になってからである。まずは昭和四十一年、焼失した五櫓★が復元され、平成七年（一九九五）には西の丸と山里丸を結んでいた廊下橋も復元された。

　現在「府内城跡」と呼ばれているのは、本丸と二の丸にあたる区域である。内堀は埋め立てられ、西の丸の城壁を壊して通用路がつくられている。西の丸跡にはかつて県庁庁舎があった。現在は城址公園として市民の憩いの場となっている。

　最後に、三の丸にあった藩士の屋敷についてふれておこう。「豊後府内三ノ丸屋敷間数覚」（「岡本家文書」）には、武家屋敷について一筆ごとにその広さと、竹中重義の代からの歴代居住者および知行高が記されている。これをみると、例えば大手門前の東広小路に面した家老木村蔵人の屋敷は、間口が二二間半、奥行が二七間半であったことがわかる。一般の藩士の場合は、間口、奥行ともに一五、六間前後の屋敷が多かったようである。

　また、江戸時代後期に作成された藩士宅の平面図をみると、家老屋敷の場合で、

▼宗門櫓
安政六年（一八五九）に再建された。城外からみると平櫓にみえるが、実際は二重櫓である。築城の際、櫓台を設けていなかったため、このような地階がつけられた。

▼人質櫓
文久元年（一八六一）に再建された。

▼五櫓
多聞櫓門（大手門）とその東にある着到櫓、北東・南東・南西の諸角櫓の五つである。

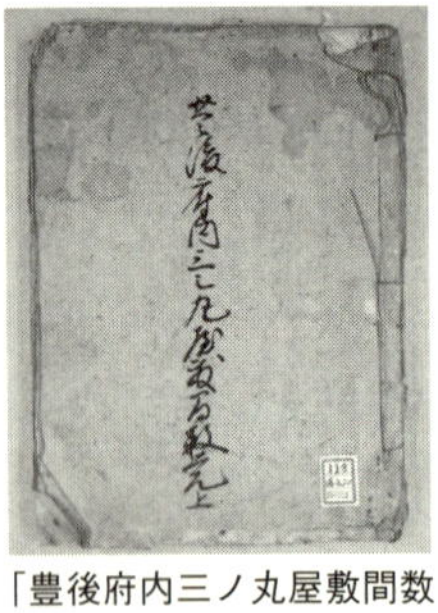

「豊後府内三ノ丸屋敷間数覚」（大分県立先哲史料館蔵）

床の間・押入れ付きの八畳座敷、客間八畳、玄関六畳、居間・次の間が六畳、納戸三畳、台所七畳という部屋数であった。徒士などの下士クラスになると、四畳半が三部屋、台所が四畳で、それ以外に雪隠《せっちん》（便所）などが付く程度であった。

家臣団の構成

府内藩における藩士の格は、上から順に、給人《きゅうにん》・中小姓《ちゅうごしょう》・徒士《かち》・足軽《あしがる》以下の四階層から構成されていた。

給人は五十石以上の知行取《ちぎょうどり》★、すなわち上級家臣である。中小姓は中級家臣、徒士は下級家臣に当たるが、両者とも切米取《きりまいどり》★で、「切符《きりふ》」とも呼ばれた。足軽以下は「士外」とされ、物頭の率いる四部隊に配属される以外に、水主《かこ》などのいろいろな雑務に従事した。

藩士の数はどのくらいであったのだろうか。元文五年（一七四〇）五月の記録をみると藩士の総数は二七九人となっている。同じ譜代大名である杵築藩（三万二千石）は四九八人という記録が残っている。★時代が異なる数字の比較ではあるが、石高の比率からすれば、府内藩の方が若干少ないといえよう。ちなみに、どちらの数字も江戸藩邸や大坂蔵屋敷にいた藩士の人数は含まれていない。

次に格と役職の関係についてみてみよう。格と役職は絶対的なものではない。

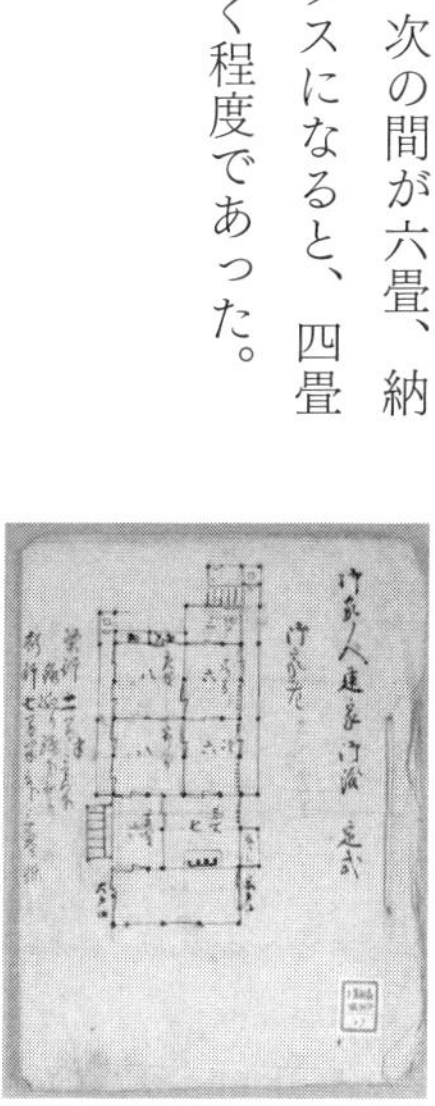

「御家人建家御渡定式」（大分県立先哲史料館蔵）

▼知行取
藩主から俸禄として土地（知行地）を分与されること。

▼切米取
知行地をもたず、藩主直轄地から収納される年貢米を切米として支給されること。切米の支給は通例、春（二月）、夏（五月）に四分の一ずつ、冬（十月）に残りの全部を渡すのを原則とし、このうち春、夏の分を春借米（はるかりまい）、夏借米と称し、冬の分を冬切米と呼んだ。

▼杵築藩の藩士数記録
慶応三年（一八六七）の「席順記」による。

例えば、中島信盈《のぶみち》は中小姓であったが、のち加増され、大目付や小姓頭、金奉行をつとめた。また、士外の足軽身分であった穐岡《あきおか》吉門は、足米により、のち徒士格の中間頭や山奉行をつとめている。

先に述べたように、大給松平氏は府内に入部するまで、本貫（出身地）の三河国大給から転封を重ねた。そのため府内藩の家臣の本貫も多岐にわたっている。

初代忠昭の府内入部から百年経った宝暦八年（一七五八）の「給人御奉公年数帳」には二八人の給人の名が記されている。そのうち「本国」が記されているのは一四人。その内訳は、三河が八人、上野が二人、信濃・甲斐・美濃・紀伊が各一人となっている。

最上級の家老職についてみてみると、寛永期（一六二四～四四）から天保五年（一八三四）までの間に家老に就任した六一人のうち、三河以来の譜代である岡本と太田の二家でその四割を占めている。

格ごとの藩士数

格		区　分	人数
給人	知行取	200石以上	8
		80石～150石	19
		50石	14
中小姓	切米取	小姓・近習・中小姓格まで	35
徒士		代官・徒士格まで	30
		御目見格	17
足軽以下		四組水主・足軽格共	109
		台所廻・露除・厩・中間・所々番人共	47

格と役職

給人格	年寄　列座　用人　列座格　旗奉行　物頭　鑓奉行　小姓頭　大目付　町奉行　江戸聞番　勘定奉行　大坂留守居　郡奉行　普請奉行　金奉行　宗門方
中小姓格	徒士頭　普請奉行　金奉行　宗門方　吟味方　井手奉行　鉄砲頭　天守預　大納戸　納戸　買物奉行　道奉行　祐筆
徒士格	代官　台所目付　目付　買物目付　銀札場目付　大坂目付　山奉行　道奉行　中間頭
足軽格以下	中間頭　大工頭　持小頭　四組小頭　旗小頭　用人共書役　勘定所手代　江戸勘定所勤人　玄関定番　船頭

『大分市史』中（1987年）より

藩主の転封に従った家臣が割合多く、その後も重用されていたことがわかる。

勤書にみる主従関係の実相

藩の家老をつとめた家の子孫宅に、勤書《つとめがき》という史料が残っている。藩士の職員調書に当たるもので、出生地や仕官以後の職歴などが詳細に記されている。

個人の調書ではあるが、内題は「〇〇家代々勤書」とあり、先々代や先代の調書を先につけて、最後に本人の経歴を記すという様式になっている。

ここでは、江戸時代末期に家老をつとめた岡本主米（一八〇六〜七八）の勤書をみてみることにしよう。

主米は岡本家の十代当主で、名前を安展《やすのぶ》といった。勤書は九代ののを先に付しているが、九代も主米（安尊）である。主米は岡本家の歴代当主がよく用いた通称である。勤書には記されていないが、十代主米（以下、主米と記す）は、九代の実子ではなく、娘婿である（藩士増田茂太夫の五男）。

岡本家歴代当主

代	諱	生没年	通　称	最終役職
	?	記載なし	弥左衛門	記載なし
	政直	記載なし	弥左衛門	家老
1	?	1580〜1631	主米	用人役
2	安次	1607〜1689	弥左衛門→隠居名　道徹	江戸留守居家老
3	安速	1639〜1686	勘右衛門→弥左衛門	家老
4	安親	1646〜1698	求女→新五左衛門→隠居名　道清	馬廻り
5	安益	1665〜1745	和気之助→門右衛門→和気右衛門→新五左衛門→忠兵衛→隠居名　安益（1731〜）	者頭
6	安縄（←安信）	1705〜1773	友八→新五左衛門→忠兵衛→弥左衛門	家老（1746　5/15）
7	安積	1739〜　?	兎毛→忠兵衛	江戸留守詰
8	安興	1745〜1807	恰→安宅→主米→弥左衛門	家老
9	安尊	1780〜1833	勘右衛門→主米	家老
10	安展	1806〜1878	雄之助→主米	家老
11	安茂	1823〜	友八→安宅	家老

「岡本家文書」（系図・勤書）より作成

主米は十八歳のときに仕官し、最初は中小姓格からスタートしている。九代が亡くなった天保四年（一八三三）に家督を継ぎ、天保十一年二月二十四日に家老に就任した。勤書には、「藩主の直書（任命書）をもって家老職を仰せ付けられた」とあり、同日の藩庁日記にもその旨が記されている。藩庁日記をみると、藩主（九代近信）は当時在府中で、この日に江戸藩邸から発せられた便が府内に届いたことがわかる。直書はそのなかに含まれていたのであろう。人事異動は主米以外にもあったようで、例えば吉田弾正という藩士が列座格を免じられ、大目付を仰せ付けられている。

このような勤書は、どのようなときに提出をもとめられたのであろうか。岡本家文書をみると、寛文十一年（一六七一）、貞享元年（一六八四）、宝暦八年（一七五八）、寛政四年（一七九二）、文化十三年（一八一六）、嘉永元年（一八四八）の勤書が確認できる。

これらの年になぜ提出がもとめられたのかはよくわかっていない。提出間隔もまちまちで、藩主の交代などとも関係がなさそうである。

主米の長男の勤書も残っており、その表紙に、嘉永二年の正月にこれを大目付へ提出したことが記されている。

藩では藩士から提出された勤書をもとに、その都度「御奉公年数帳」を作成した。その際、藩士を給人と切符（中小姓・徒士）とに分けて別々に作成している。

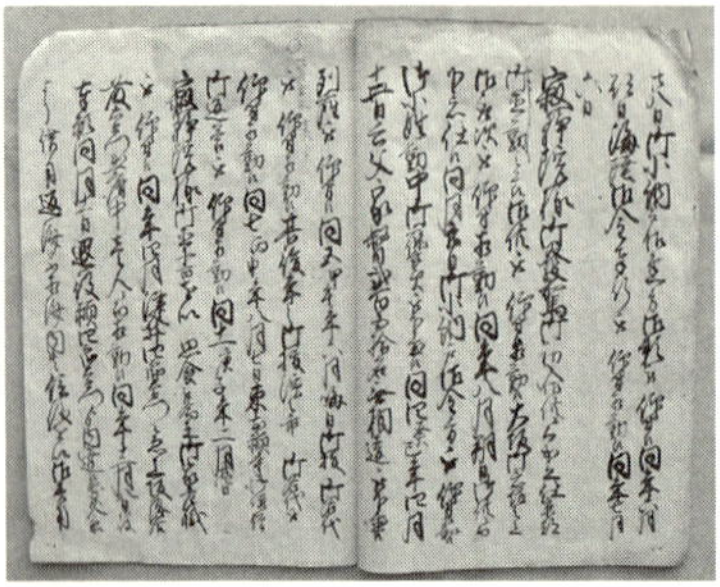

岡本主米の「勤書」
（大分県立先哲史料館蔵）

今日現存するのは、宝暦八年、寛政四年、文化十三年、嘉永元年の四回分である。❖
それでは足軽以下の藩士にはそのようなものはなかったのであろうか。彼らの勤書は残っていないが、服務の宣誓に関する史料はある。「起請文」という史料がそれである。

起請文前書には、「御頭様」の下知（指図）に必ず従うこと、弓や鉄砲の陣立てなどの軍法を守り、親子兄弟にも他言しないこと、下知に従わなかった際には手討ちにあっても文句をいわないこと、などが記されている。

前書の後には「右の条々、あい背くにおいては、梵天帝釈……」という、お決まりの神文《しんもん》が続く。

その後に、四組小頭や足軽など、足軽格以下の五九人が名を連ねている。誓約先の「御頭様」とは、足軽四組を率いた「物頭」をさす。

このような起請文は、徒士格以上の藩士も提出しており、一般に「藩士誓詞」と呼ばれている。万治年間（一六五八～六一）から文政年間（一八一八～三〇）までの府内藩士の誓詞をまとめた史料が残っている。これをみると、大目付の吉田与八郎は、正徳五年（一七一五）十一月二十二日に同職を命じられ、同年十二月七日に誓詞を提出しているので、就任後すぐに提出するようになっていたと思われる。

藩士らに誓詞を提出させた藩主も、誓詞を提出した。その提出先はもちろん幕

❖給人、切符の両方とも残っているのは寛政四年のみ。

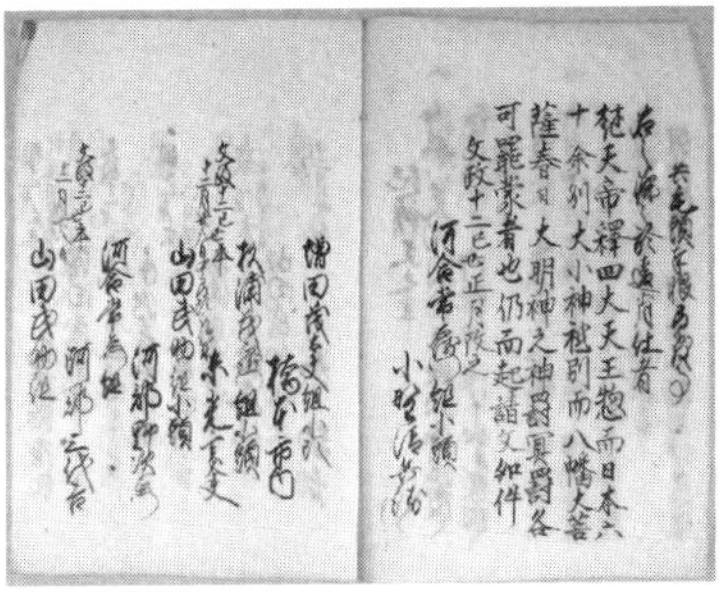

「起請文」
（大分県立先哲史料館蔵）

府である。将軍の代替わりごとに忠誠を誓う「代替誓詞」と、幕閣《ばっかく》に就役したときに拝呈する誓詞とがあった。

このように、身分の秩序を基礎に成り立っていた近世社会では、至る所で主君への忠誠や上下の別が求められたのである。

これも府内

山弥長者伝説

大分には、次のような「山弥《さんや》長者ばなし」という伝説がある。

「貧しい商人であった山弥之助が、ある日、友人と日向まで行商に出かけた。その帰り道、豊後との国境のとうろく山で休んだ折に、友人が不思議な夢をみる。その夢は蜂が黄金の在り処を教えてくれるというもの。山弥之助は友人からその夢を買い取り、夢の話を頼りに黄金を探し続ける。やがて大鉱脈を掘り当てて、西国一の富豪となり、府内城下に大邸宅を構えて栄華を極めた。ところが、ある日、城主日根野吉明が屋敷を訪れたとき、山弥之助の息子が、ガラス張りの天井の上で飼っていた金魚を、寝たまま足で指した。怒った吉明は、山弥之助および妻子一族を処刑し、財産をすべて没収した」

山弥長者逆修塔
（大分市大智寺）

山弥長者は、江戸初期に府内万屋《よろずや》町（現・大分市大手町）に住んでいた豪商・守田山弥之助氏定だといわれている。彼の家は周防の大内氏の支系で、府内藩主竹中重利に招かれて府内に来住したという。

井原西鶴の『日本永代蔵』では「風呂釜の大臣」として紹介され、貝原益軒の「豊国紀行」にも「日向の銀山にて銀を多く取りて大富人となり……城主の気にそむく事ありて殺され」たと記されている。

山弥之助の処刑は、幕藩体制確立後に切り捨てられた初期豪商の典型例といえる。伝説や昔話にとどまらず、「これも山弥のよいとこサ」「山弥のどっこい」などのかけ声が今も使われるほど、「悲劇のヒーロー」として人々に親しまれている。

大分市の大智寺には、彼が六十一歳のときに創建したといわれる逆修《ぎゃくしゅ》塔がある。

③ 幕府との関係

江戸の上屋敷は、筋違橋門内にあり、
参勤交代は、杵築藩と交互に参勤する「御在所交代」方式に従った。
歴代藩主は、譜代大名として、日光祭礼奉行をつとめることが多かった。

朱印改

江戸時代、将軍は大名や公家、寺社の所領を確定させるために文書を発給した。家康・秀忠の時代は黒印状で所領安堵を行い、書式は定まっていなかった。家綱の時代に書札礼《しょさつれい》（文書様式や儀礼・故実）が確立し、以後は将軍の代替わりごとに文書を出すのが慣例となった。

将軍が所領安堵のために発給した文書は二種類あった。それは、領知判物と領知朱印状の二つである。

領知判物は、将軍の花押《かおう》（書判《かきはん》とも）が据えられた文書のこと。十万石以上の領知をもつか、侍従以上の官職に叙任されている大名らに発給された。それ以外の大名らには、花押の代わりに朱印が押された領知朱印状が発給された。

朱印改《しゅいんあらため》とは、それまでの領知判物・朱印状および領知目録を確認し、新しい将軍の文書を発給する手続きのことをいう。

府内藩の石高は二万石余りであったので、領知朱印状が発給された。藩主の大給松平家や家老をつとめた岡本家に伝来した史料のなかに、領知朱印状の写しがある。両史料とも、全国一斉の朱印改が始まった寛文四年（一六六四）から、最後の朱印改となった安政七年（一八六〇）までの、一〇回分の領知朱印状および領知目録の写しがすべてそろっている。❖1

明治二年（一八六九）の版籍奉還後、明治政府は全国の旧大名らに対し、前政権の徳川氏が発給した領知朱印状などを提出するよう命じた。そのときの提出状況をまとめた「華族判物領知目録」（東京大学史料編纂所蔵）をみると、大給松平家は保持していた一〇通の領知朱印状をすべて提出している。ところが、提出した原本は明治六年の太政官（旧江戸城西の丸）の火災で焼失してしまい、現在残っていない。

写しの一〇通をみると、いずれも日付の下に「御朱印」と記され、宛所は朱印と同じ位置である。❖2 分知前の寛文四年のものは二万二千二百石で、それ以降はすべて「豊後国大分郡之内九拾七箇村、高弐万千弐百石」である。享保二年のものから文言の変更はなく、末尾は「依代々之例、領知之状、如件」となっている。★

朱印改は幕藩関係において重要な儀式であった。各藩では次の朱印改に備える

府内藩主大給松平家が受領した領知朱印状一覧

回	和暦	西暦	月日	将軍	受給した藩主
1	寛文４年	1664	４月５日	家綱	初代忠昭（48歳）
2	貞享元年	1684	９月21日	綱吉	二代近陣（47歳）
3	正徳２年	1712	４月11日	家宣	三代近禎（48歳）
4	享保２年	1717	８月11日	吉宗	三代近禎（53歳）
5	延享３年	1746	10月11日	家重	五代近形（24歳）
6	宝暦11年	1761	10月21日	家治	五代近形（39歳）
7	天明８年	1788	３月５日	家斉	六代近儔（34歳）
8	天保10年	1839	３月５日	家慶	九代近信（36歳）
9	安政２年	1855	３月５日	家定	十代近説（28歳）
10	安政７年	1860	３月５日	家茂	十代近説（33歳）

❖1 七代家継は在任期間が短かったため、十五代慶喜は就任した翌年に大政奉還したため、それぞれ発給に至らなかった。

❖2 府内藩主は従五位下であったので、宛所の位置はこのようになる（「貞享御判物御朱印記」）。

ため、その都度一部始終を詳細に記録した。延享年間（一七四四〜四八）の朱印改のことを府内藩役人が記録した「御朱印一件」という史料がある。これをもとに、朱印改の具体的な流れをみてみよう。

最初に朱印改のことを知るのは、延享二年（一七四五）十一月二十九日。老中松平能登守乗賢《のりたか》★の用人から江戸留守居の岡本勘之進に書付が手渡された。その内容は、朱印改を行うので、これまでの領知朱印状とその写しを、寺社奉行の秋元摂津守凉朝《すけとも》と奏者番の本多紀伊守正珍《まさよし》の二人に提出するよう命じるものであった。★朱印改の儀礼が実施される十カ月以上も前の頃である。

府内藩はその翌日、秋元・本多の両役宅へ使者の平井左太夫を派遣し、提出時期などの詳細を聞いている。

国元で書類を整え、これを提出したのは翌年二月二十三日。岩下祖兵衛と岡本勘之進の二人が足軽らを率いて、領知朱印状および領知目録と各々の写し、郷村帳を小長持に入れて、秋元の役宅へ届けた。そこでの朱印改の式（内容の確認）には、秋元と本多の他、林大学頭や右筆らが立ち会っている。この日は大給松平家を含む二三家が書類確認の対象であった。領知朱印状の原本は当日に、領知目録の原本は翌日に返却されている。

同年六月、五代近形は国元へもどったため、朱印改の名代（代理）をさがさねばならなくなった。当初は信濃高遠藩の内藤大和守頼由《よしゆき》を名代としていたが、所

▼朱印状文言の差異
官位や石高によって宛所の位置以外にも、書式・書止文言・敬語などの差が設けられていた。

▼松平能登守乗賢
乗賢は朱印改の御用掛。美濃岩村藩主で、大給松平家の遠戚に当たる。

▼朱印改の事前準備
領知朱印状の原物は確認後に返却するが、写しは留め置くこと、国郡郷村高辻注帳も合わせて提出すること、加増や所替えがあればその旨を詳しく書いて提出すること、などの指示があった。

用でできなくなったため、丹後田辺藩の牧野豊前守惟成《これしげ》に依頼した。十月四日に承諾の返事をもらい、その二日後に大目付・水野対馬守忠伸《ただのぶ》と目付・中山五郎左衛門に名代の名前を届け出ている。

名代の牧野が、領知朱印状を江戸城で受領したのは十月十二日。その二日前に、牧野邸に平井左太夫を派遣し、大目付からの廻状の写しや受領当日の座席位置を記したものなどを手渡し、最終確認を行っている。

十二日、牧野は熨斗目半上下《のしめはんかみしも》を着用して登城。江戸城本丸の黒書院下段の敷居外で、老中の堀田《ほった》相模守正亮《まさすけ》★から朱印状を受け取り、それを蘇鉄之間で平井左太夫に渡す。その後、牧野は西の丸に移動し、老中や若年寄らにお礼の挨拶を述べ、九つ時（正午）過ぎに府内藩邸に着いた。領知朱印状を受け取った平井らは、それをすぐに白木箱に入れ、浅黄服紗《あさぎふくさ》で包み、江戸城本丸の玄関前に用意していた長持に納め、一足先に府内藩邸にもどっている。

朱印箱を納めた長持を警護する行列は藩邸の表門から入った。家老の岡本忠兵衛や用人らが熨斗目麻上下を着用して白州でこれを待ち受ける。長持はそのまま「客之間」に移され、そこで鍵を開けて取り出し、浅黄服紗で包んだ状態で白木台に載せ、大書院の床に置いて、名代牧野の到着を待った。

牧野が到着すると、彼を大書院に案内。岡本が呼ばれ、箱から取り出された領知朱印状を牧野から直接受け取った。領知目録は、十月十六日に秋元の役宅で受

▼堀田相模守正亮
このときの朱印改の総責任者。

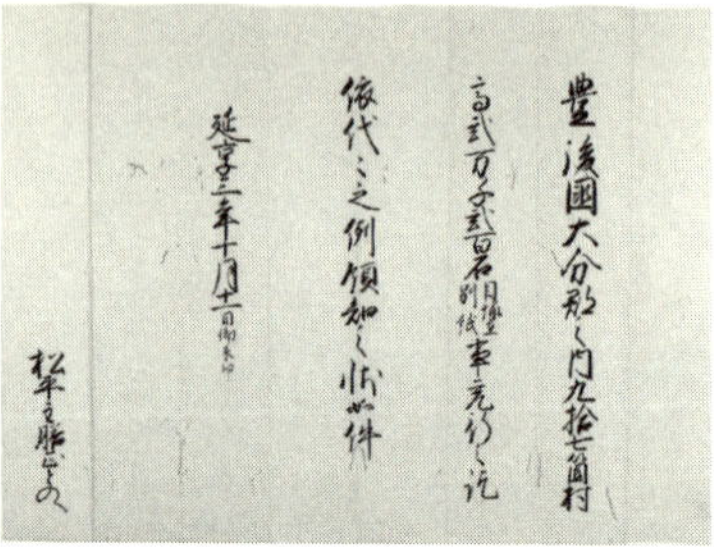

「徳川家重領知朱印状写」
（大分県立先哲史料館蔵）

領している。

その後も幕府関係者や名代らに渡す祝儀の準備で多忙を極めた。ちなみに老中の堀田正亮《まさすけ》には干鯛一箱と樽代金五〇〇疋を、名代の牧野には太刀一腰・馬代銀一枚・肴一折をそれぞれ贈っている。

領知朱印状と領知目録の原本は国元に送り、朱印箱に入れて厳重に保管し、次回の朱印改に備えた。また、その都度、江戸藩邸や国元で原本の写しを作成した。

このように、朱印改は膨大な時間と費用を要する一大イベントであったことがわかる。

参勤交代

江戸幕府の大名統制策の一つである参勤交代は、寛永十二年（一六三五）、三代家光のときに制度化された。大名は一年おきに江戸に滞在し、大名の妻や嫡子は江戸で暮らすことが義務づけられた。

それでは府内藩の参勤交代について、その交代時期・旅程・従者数・経費などをみてみよう。

まず交代時期である。外様大名は四月交代が原則であったが、譜代大名の場合は六月または八月が交代時期であった。譜代大名であった府内藩は、後者の時期

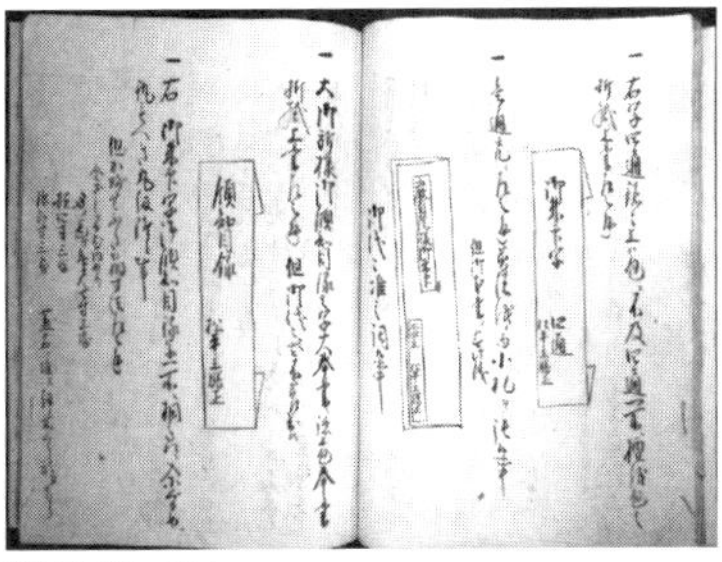
「御朱印一件」
（大分県立先哲史料館蔵）

に参勤することになっていたが、実際はこの時期以外に参勤することも多かった。それは「御在所交代」方式と呼ばれるルールに従わなければならなかったからである。

これは江戸幕府が支配地域のパワーバランスを考慮して設けたルールの一つで、豊後では、譜代大名の府内藩と杵築藩が参勤交代で同時に国元を留守にしないように定められていた。府内・杵築の両藩主は、外様大名を監視する役割を課せられていたことに加え、長崎御用を担っていたからである。

元禄十六年（一七〇三）二月九日、江戸幕府が二代近陣に参勤交代を命じた史料がある。四名の老中が連署で発給した「老中奉書」と呼ばれるこの史料に、「松平日向守がお暇を下され、在所到着以後、参府有るべく候」とある。「松平日向守」とは、杵築藩の二代藩主松平重栄《しげよし》のこと。杵築藩の帰国を確認してから参勤せよという内容である。

では実際はどうであったのか。「追遠拾遺」や「府内藩記録」をみると、同年六月十一日に杵築藩主に幕府から帰国の許可が出ている。そこで杵築藩主は七月九日に江戸を出立し、八月六日に杵築に到着した。それを受けて府内藩主は八月十日に参勤のため府内京泊（現・大分市）から乗船し、九月六日に江戸に到着している。参勤交代の命令は、かなり早い時期に下されていることがわかる。

年次は異なるが、杵築藩がこれから江戸へ向かうことを、府内藩へ告げた史料

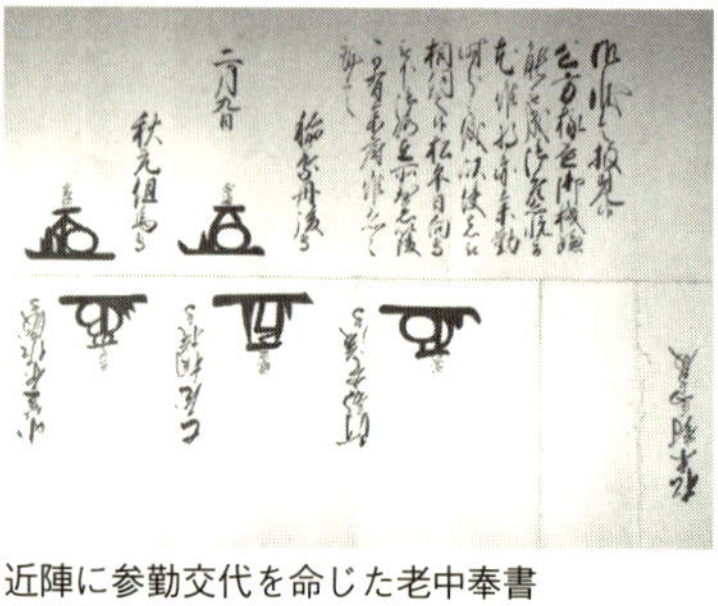

近陣に参勤交代を命じた老中奉書
（大分県立先哲史料館蔵）

も残っている。差出者の「松市正　親良（花押）」は、杵築藩の九代親良《ちかよし》のこと。日付は「閏七月廿一日」。彼の在任中で閏七月があるのは天保六年（一八三五）だけなので、同年のものだとわかる。宛名の両名（岡本主米・樋口正作）は府内藩の家老である。文中に「我等参勤のため、今日在所を乗船せしめ候。留守中、相替わる儀も候はば、前々の如く家来の者え通達頼入り候」とある。このように、両藩で連携しながら譜代大名としての任務を果たしている様子がよくわかる。

　次に参勤のコースをみてみる。幕府は、海路で紀伊半島を回って直接船で江戸湾に乗り入れることを禁じていた。そのため府内藩をはじめとする九州の各大名は、参勤・下向ともに、大坂までは瀬戸内海の海路を利用し、大坂から伏見までは川船で移動。その後は東海道や中山道などの陸路を通って江戸に向かうコースを取った。

　それでは、参勤または下向にどのくらいの日数を要したのであろうか。「府内藩記録」をみると、府内藩の場合は、片道に二十七～四十六日を要している。なぜ所要日数にこれだけの差があるのか。下の図は天保十年（一八三九）のときの、府内藩の参勤行程図である。これをみると、府内京泊で七日、深江湊（現・速見郡日出町）で十一日、伊予高浜（現・愛媛県）で五日、足止めをくっている。これは風待ち・潮待ちが原因である。前年の天保九年の下向記録をみると、八月十三日に江戸を出立し、九月十日に府内京泊に到着。所要日数は二十七日と約半分で

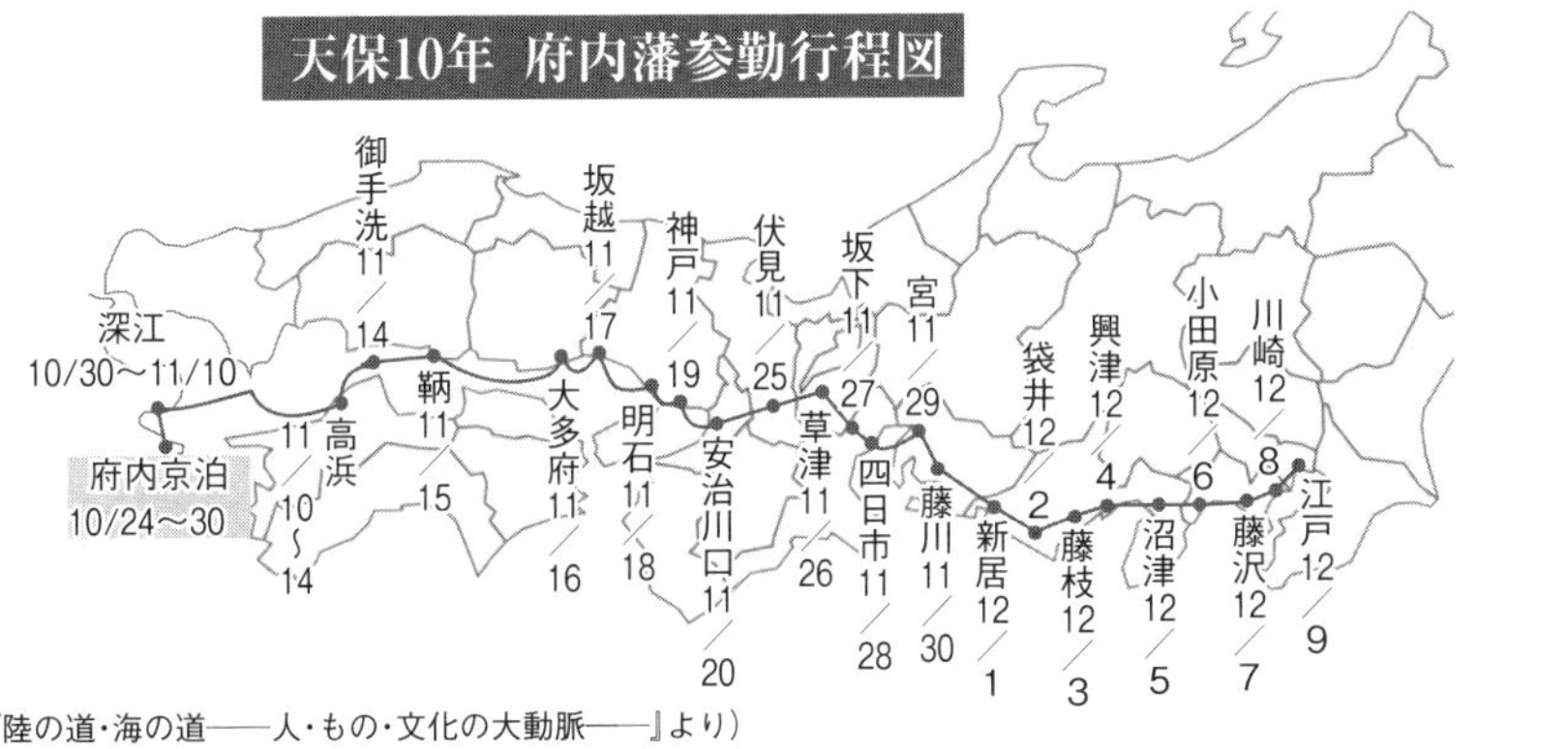

（『陸の道・海の道――人・もの・文化の大動脈――』より）

済んでいる。このときはかなり風に恵まれたようである。

　最後に参勤交代の従者数と経費についてみてみる。

　従者数は、大名の格式や行列の目的によって違っていた。享保六年（一七二一）十月に幕府が発した「在江戸人数之定」によれば、五万石に満たない大名は、馬上三〜四騎、足軽は二〇人、中間《ちゅうげん》・人足は三〇人と規定されていた。府内藩の天保八年の参勤従者数は一二二人、同十年は一五〇人であった。大名は互いに競い合って威勢を張る傾向があった。とはいえ、このように天保の飢饉で打撃を受けていた時期でさえ、制限を大きく上回る規模の行列を行っていたのであるから、借財が増えていったのは当然といえよう。

　参勤にかかる総経費は、天保十年のときの府内藩は、五〇二両余であった。同年に下向した臼杵藩の下向総経費が約一〇六九両余である。両藩の石高や江戸までの距離を考えると、府内藩の費用は若干高いといえよう。参勤交代および江戸藩邸の諸費用は、藩収入の七〇パーセントを占めたといわれている（蒲生君平『不《ふ》恤緯《じゅつい》』文化四年）。

江戸藩邸

江戸藩邸★とは、大名が江戸に構えた屋敷の総称である。江戸時代、大名の正室

「豊後国府内藩御座船版画」（大分県立歴史博物館蔵）
府内藩の御座船「万喜丸」を描いた版画。「左衛門尉様」と記されていることから、八代近訓か十代近説の代のものと思われる。帆や幕に「丸に釘抜」の家紋が描かれている。

▼江戸藩邸
藩邸は藩に与えられたものではなく、藩主家に与えられたもの。よって当時は「〇〇家屋敷」と呼ばれていた。藩邸は後世の造語。

と嫡子は人質として江戸に常住させられ、大名は一年ごとに江戸と国元を往復した。そのため大名は江戸での住居が必要であった。

江戸藩邸は幕府と藩をつなぐ政治的窓口としての役割を担った。幕府からの命令や連絡は必ず江戸藩邸を通じて国元に伝えられた。藩邸は、幕府の屋敷改《あらため》の支配を受けたが❖、藩邸内は幕府の統制区域外であり、犯罪者の捜査権などは及ばなかった。

江戸藩邸は幕府から与えられた拝領屋敷と、自ら購入した抱《かかえ》屋敷の二つに分類される。

拝領屋敷は、上屋敷・中屋敷・下屋敷の三つからなった。

上屋敷は、藩主とその家族が居住した邸宅。江戸藩庁として政治的機構も置かれた。そのため江戸城に近い屋敷が充てられた。藩主帰国後は、江戸留守居が藩主に代わってここで政務を執った。

中屋敷は、隠居した藩主や世子などが居住した屋敷。災害時には上屋敷に転用される予備邸でもあった。

下屋敷は、藩主の別邸。災害時の避難場所や国元から搬送された物資の貯蔵場として使われた。また、弓馬調練や狩猟場、庭園などもつくられ、大半は郊外に設けられた。

抱屋敷は、江戸市中の町屋敷や周辺の百姓地（代官支配地）を購入したもの。

❖辻番などの役を負担しなければならなかった。

私有地であるため、年貢や諸役などを負担する必要があった。

府内藩の江戸藩邸の概要をまとめると、下の表のようになる。

上屋敷があった筋違橋門内甲賀町は、現在の神田淡路町郵便局を中心とする一帯（現・千代田区神田淡路町二丁目）に当たる。

屋敷の構造についてはよくわかっていない。

天保十四年（一八四三）に廣瀬久兵衛・旭荘《きょくそう》の兄弟が、国元家老の岡本主米らとともに、府内藩の上屋敷を訪れている。このとき彼らは、現・霞ヶ関通りの虎ノ門から入り、西の丸下通りの神田橋門を出て、石町《こくちょう》（現・日本橋室町四丁目付近）の「みの新」という茶屋で身なりを整え、八つ時（午後二時頃）頃に、筋違橋門内の屋敷に着いている。久兵衛・旭荘の二人は屋敷内の後藤早太旧宅に仮寓。屋敷には家老二人（中里甚太夫・小林孫太郎）、用人二人（中里増蔵・中島唯右衛門）がおり、彼らに挨拶をしている。

翌日は藩主近説が四つ時（午前十時頃）過ぎに江戸城からもどるので、その頃に中ノ口から屋敷に入るよう指示され、奥座敷、次の間、書院などの部屋に通されている。敷地内には藩主の居館に加え、「御屋敷定府の衆」、すなわち江戸詰藩士らの居宅もあった。

江戸藩邸にはどのような職の藩士が詰めていたのであろうか。「役名留記・地」（「増澤家文書」）によると、次のような職があったことがわかる。

府内藩江戸藩邸概要

	場　所	屋敷種類	存在期間	坪　数	備　考
①	神田三河町付近	上屋敷	？～1687	？	
②	筋違橋門内甲賀町	上屋敷	1687～	5562	
③	小石川	中屋敷	？～1698	1039	
④	本所石原	中屋敷	1698～1841	1888	
⑤	麻布三軒屋	下屋敷	1841～？	700	
⑥	本所猿江	下屋敷	1698～1714	3111	
⑦	小日向水道端	下屋敷	1714～1730	3112	
⑧	代々木	下屋敷	1730～	3816→3016	
⑨	本所亀沢町	下屋敷	1847～	1500	のち中屋敷に
⑩	四谷	下屋敷	元文～延享年間	？	
⑪	巣鴨御駕籠町	下屋敷	1851～	100	
⑫	上駒込村染井	抱屋敷	1703～？	5120	伝通院領

（平井義人「売り払われた拝領屋敷――豊後府内藩江戸中屋敷放出の背景――」より）

江戸家老・隠居附家老・御側者（物）頭・給人番判改役・江戸者頭・元占役・江戸大目付・江戸留守居並びに城使・普請奉行・徒士頭・金奉行・宗門改役・宗門切扶・林奉行

江戸藩邸でも国元同様に業務日誌が作成された。幕府などとの対外的な折衝は留守居がつとめた。寛政二年（一七九〇）の留守居の覚書の写しが残っている。「江戸留守居覚書控」という史料で、寛政二年三月二十二日から四月二十五日までの覚書である。

この年の四月十七日、六代近儔《ちかとも》は「日光山祭礼奉行代」を仰せ付かっている。幕府との間でいろいろと重要かつ煩雑なやりとりが行われたので、後々のために必要な部分を書き留めたのであろう。三月二十二日、大目付の山田肥後守利寿《としひさ》から留守居へ書付が届き、内々の連絡と合わせて、藩主の身内に「服穢《ふくえ》并《ならび》に四月産婦人、其の外忌掛《いみがかり》候親類、危病人」がいないかどうかの照会があったことから始まっている。

最後に、上屋敷を来訪した珍客を紹介しよう。

正徳二年（一七一二）三月二日、「むるねれすらるでん」という甲比丹（カピタン）★ら四人のオランダ人が来訪している。彼はコルネレスラケンといい、新井白石が『采覧異言《さいらんいげん》』を著す際に聴取したオランダ人の一人である。

甲比丹が来訪したのは、三代藩主近禎が寺社奉行をつとめていたからである。★

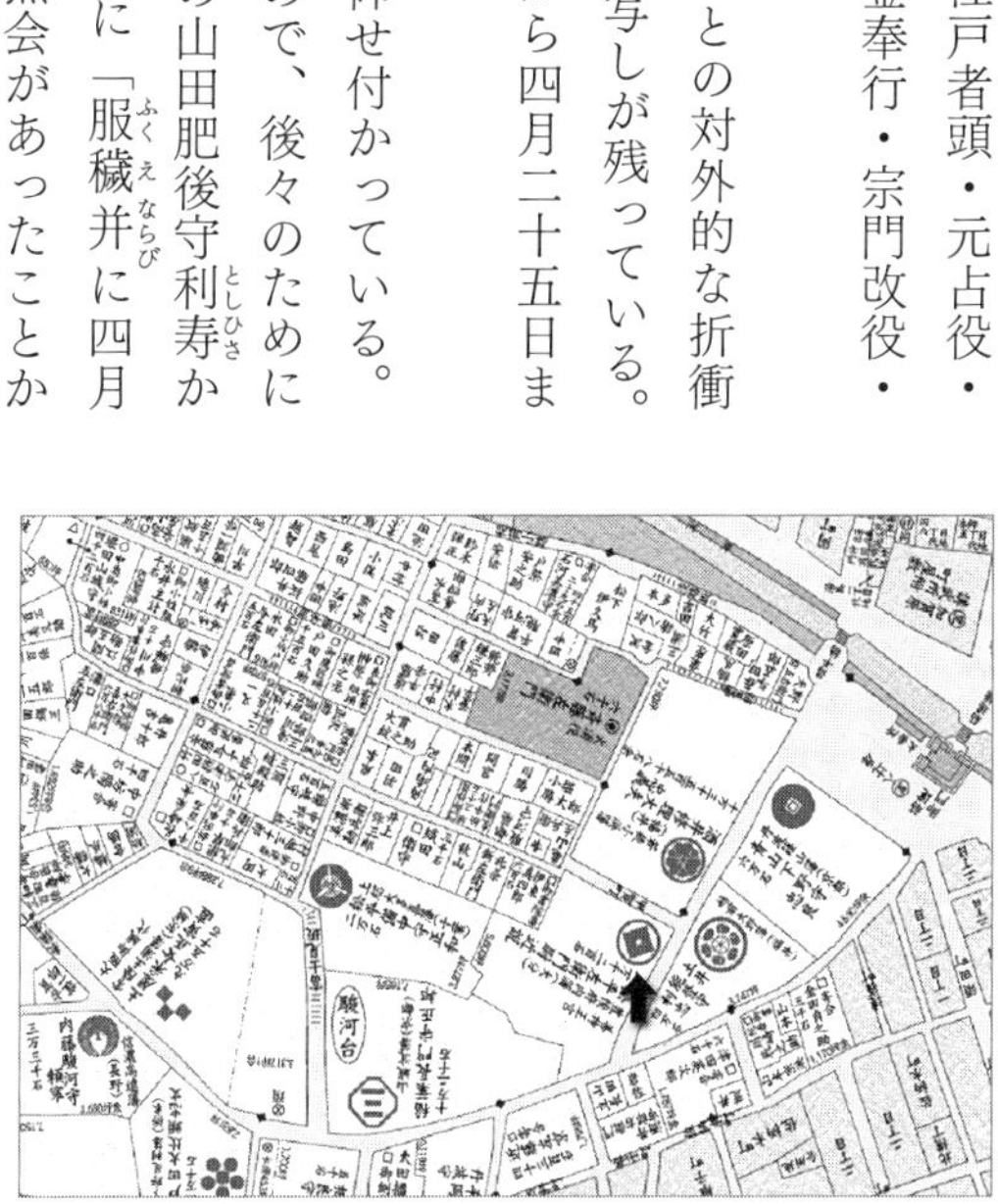
府内藩上屋敷（『分間江戸大絵図』安政６年）

▼**甲比丹（カピタン）**
オランダ商館長のこと。一六三三年〜一八五〇年までほぼ毎年江戸参府を行い、将軍に謁見した。また蘭船の入港ごとに「オランダ風説書」を幕府に提出した。

▼**寺社奉行をつとめる**
享保二年（一七一七）三月、評定所が火災にあったため、近禎邸で寺社奉行の会合が行われている（「大給家譜」）。

「評席次の間」に通し、茶やたばこをすすめた。甲比丹から「萌黄《もえぎ》大羅紗《らしゃ》」など六品が進呈された。

なお享保七年（一七二二）二月二十八日、同八年二月二十九日にも来訪があり、「例の通り」と江戸日記にあるので、恒例であったことがわかる。

幕府への勤仕

江戸時代、大名は幕府より領知を安堵されたので、幕府に奉公する義務があった。それを軍役《ぐんやく》という。大名は、幕府から出された軍役規定に従って、一定数の武器や兵馬を常備しなければならなかった。参勤交代も軍役の一つで、江戸城門番、火番、将軍御成《おなり》時の警備などをつとめることがその前提にあった。

大坂夏の陣以後は世の中が太平になり、軍役の中身も変化する。大坂城などの城番・加番、改易大名の城の受け取り、将軍上洛や日光社参の供奉、城郭普請や河川の改修の手伝、海防警備なども軍役として意識されるようになった。

府内藩は幕府に対して、どのような奉仕を行ったのであろうか。「大給家譜」に記された歴代藩主の幕府役職および軍役をまとめると、次頁の表のようになる。

府内藩主は譜代大名であったので、幕政に参与する資格があった。三代近禎《ちかよし》と十代近説は幕府の要職をつとめたので、二人の代は奉仕件数も多くなっている。

府内藩の歴代藩主たちは、日光祭礼奉行をつとめることが多かった。これはおそらく、元和二年（一六一六）に東照宮の造営が始まったとき、日根野吉明が副奉行を、大給松平成重《なりしげ》が御手伝をつとめたことが後々も影響しているように思われる。

「御祭礼奉行之方控」という、寛政二年（一七九〇）、六代近儔《ちかとも》が日光祭礼奉行をつとめたときの記録が残っている。近儔が、日光山輪王寺《りんのうじ》にある徳川家光を祀った大猷院霊廟《たいゆういんれいびょう》の警衛をはじめ、日光山の祭典や法会への参加、営繕などに関わったことの詳細を伝える貴重な史料である。

八代近訓《ちかくに》と十代近説《ちかよし》は大坂加番《かばん》をつとめている。大坂加番とは、正規の勤番である定番・大番に加勢して大坂城

府内藩歴代藩主の幕府役職および軍役

	初代 忠昭	2代 近陣	3代 近禎	4代 近貞	5代 近形	6代 近儔	7代 近義	8代 近訓	9代 近信	10代 近説
若年寄										○
寺社奉行			○							○
奏者番		○	○							○
大坂加番								○		○
日記御用掛			○							
江戸城普請手伝	○									
天草富岡城城番	○									
馬場先門番		○								○
竹橋門番		○							○	
一橋門番			○		○	○		○		○
外桜田門番				○	○	○				
和田倉門番				○	○	○		○	○	○
二の丸火番			○			○		○	○	
三の丸火番		○	○							
紅葉山仏殿火番		○								
猿江材木蔵火番							○	○		
根津権現祭礼御用掛			○							
日光社参・法事関係（日光祭礼奉行・御用掛・勤番など）		○	○		○	○	○	○	○	○
増上寺法事・警備関係			○		○	○	○	○	○	○
寛永寺法事・警備関係		○	○	○	○	○		○		○
朝鮮通信使関係（御用掛など）			○		○					

の警備にあたる役職である。定員は四人で、大名が一年交代で担った。加番の交替は通常七月から八月にかけて行われる。弘化三年（一八四六）八月から加番をつとめた近説は、青屋口の加番小屋を担当した。

その他では、三代近禎と五代近形が朝鮮通信使に関する役を負担している。「戊辰年朝鮮人来朝之節」という史料は、寛延元年（一七四八）に朝鮮通信使が来日したとき、府内藩が負担した役に関する記録である。通信使一行が、淀から新居まで通行する際、鞍皆具《くらかいぐ》（馬具一式）や人夫を差し出したことが記されている。

国絵図と郷帳

国絵図《くにえず》とは、江戸幕府が諸大名に命じて作成させた一国単位の絵図のこと。村々の所在、街道・航路などのルート、国境、郡境など、さまざまな情報が一国単位でまとめられている。付録として、国・郡・村の名称や石高を記した郷帳《ごうちょう》も同時に作成され、国絵図とセットで幕府に上納された。

幕府の国絵図事業は、慶長・正保・元禄・天保の各年間の四回にわたって行われた。その目的は、境界や道路などの変化のみならず、新田開発に伴う石高の増加を正確に把握し、貢納体制を確立することにあった。また、幕府は国絵図をもとに日本図をつくっていることから、全国の支配者としての権威付けの意味もあ

「戊辰年朝鮮人来朝之節」
（大分県立先哲史料館蔵）

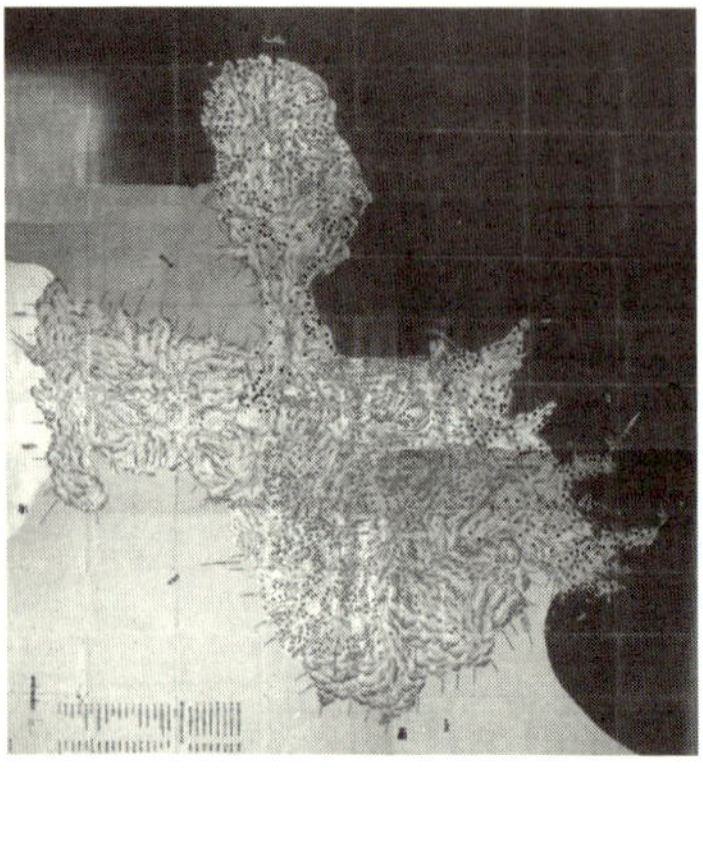

「豊後一国之絵図（正保）」
（臼杵市教育委員会蔵）

ったと思われる。

　豊後国絵図はどのようにして作成され、府内藩はこれにどう関わったのであろうか。元禄の豊後国絵図が作成されたときの様子を伝える史料が残っている。「国絵図之儀ニ付覚書」という史料で、幕府から命令が下され、国絵図・郷帳を提出するまでの一部始終が記されている。これをもとに一連の流れを追ってみよう。

　府内藩が国絵図作成のことを知るのは、元禄十年（一六九七）閏二月七日付の書状による。臼杵藩士の中西九兵衛と岡藩士の辻伝七の二人が、府内藩士の片田友右衛門に宛てたものである。

　幕府は国絵図・郷帳の編纂に際し、国単位に担当大名（絵図元《えずもと》）を任命し、作成に当たらせた。豊後国絵図は、正保・元禄の二回とも、岡藩と臼杵藩が絵図元をつとめている。豊後八郡のうち、日田・玖珠・直入・大野の四郡を岡藩が、国東・速見・大分・海部の四郡を臼杵藩が担当した。ともに外様大名であるが石高は豊後国内では一、二位であった。

　書状によると、国絵図作成の幕府担当が評定所と大目付であったことや、今回の作成は正保国絵図の不備を補うのが目的であったことがわかる。

　幕府から岡・臼杵の両藩に対し、国絵図改訂の指示が下されたのは同年の閏二月四日。公式の通達（四月二十八日）より三カ月ほど前のことである。

　正保国絵図の補訂作業は、岡・臼杵両藩の江戸藩邸を中心に、各藩の江戸藩邸

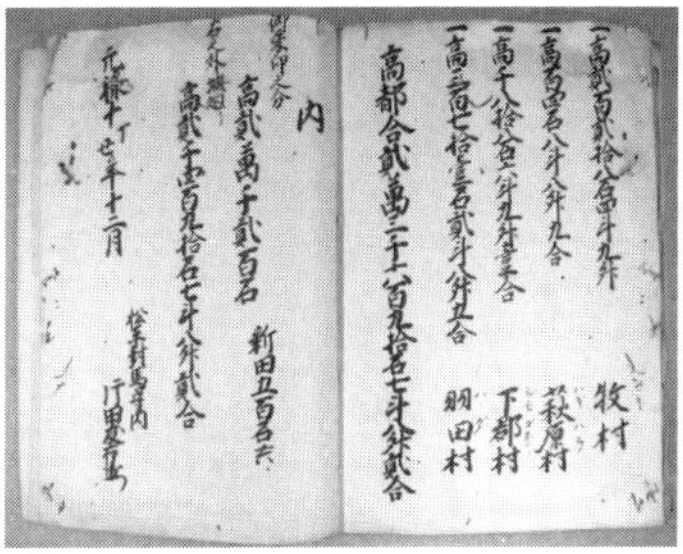
「豊後国府内領郷帳」
（大分県立先哲史料館蔵）

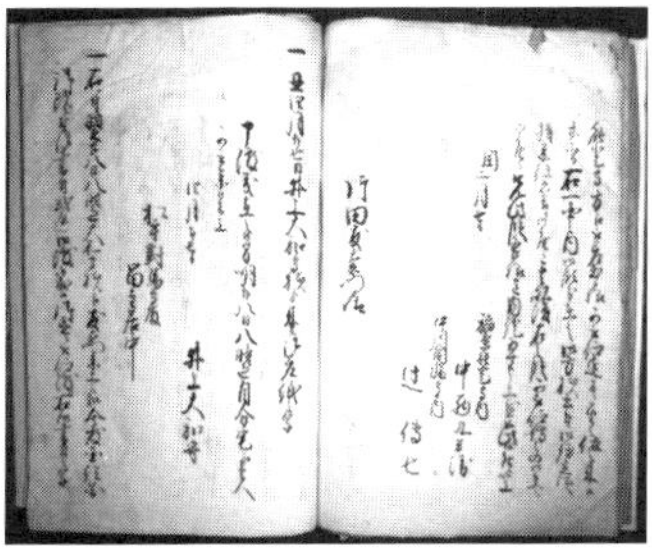
「国絵図之儀ニ付覚書」
（大分県立先哲史料館蔵）

との間で連絡を取り合って行われた。府内藩の窓口役であった片田友右衛門は、当時江戸留守居と城使を兼務し、「御者頭上座」をつとめていた。したがってこの史料は、彼ないしは江戸詰の府内藩士によって作成されたものと思われる。

同年四月二十八日には幕府評定所からも指令があった。絵図元である中川・稲葉両家の指図に従うこと、必要に応じて幕府が保管する正保国絵図を貸し出すことができること、村名や知行主名を記した「知行所附（領内各村明細）」二通を六月中に提出することなどが命じられた。

府内藩は指示どおり、六月晦日に寺社奉行の井上大和守（正岑《まさみね》）に「知行所附」を提出した。十一月十九日、豊後国内の「知行所附」を集約していた中川・稲葉両家から、「不明な点がある際は直接尋ねるので、その心掛けでいてほしい」という連絡が入る。案の定、それから年末にかけて片田友右衛門は三回ほど呼び出しを受け、照会に答えている。

翌元禄十一年三月、幕府の絵図作成要項が変更となり、四月中に新しい方針に基づいた資料を提出するよう命じられる。当初は領地領有関係の変更を主体とする調査であったが、新田開発によって生じた新村（変地）や、親村と枝村の関係、国郡境争論の有無なども、調査の項目に追加された。

同年三月十七日、府内藩は片田友右衛門を臼杵藩邸に派遣し、日根野吉明時代の新村や境論争についてはよくわからないので、どの程度吟味（調査）したらよいかなどの質問を行っている。

同年七月一日、府内藩は臼杵藩邸に関係書類・郷帳・領内絵図を提出した。しかしその後も、日根野時代の新村である五福村と野田村の小絵図の提出や、籠高《こみだか》（込高）や分知を除いた郷帳との差し替えを命じられるなど、やりとりは続く。郷帳については村高の合計が合わなくなるとの理由で抗議をしたところ、そうした事情を説明する証文を添えるよう指示され、三種類の証文を提出することで決着がついた。

しかし江戸本郷にあった幕府の御絵図小屋に提出した後も、臼杵藩を通じて幕府から書類の訂正をもとめられている。

元禄の豊後国絵図が完成し、幕府に上納されたのは元禄十四年七月四日。作成命令が下されてから実に四年半近くの年月が経っていた。

豊後国絵図を含む元禄国絵図の原本は、全国揃ったものが国立公文書館（内閣文庫）に所蔵され、国の重要文化財となっている。また臼杵市にその控図（「元禄年中御改豊後国絵図控」）が残っている。それらをみると縮尺は正保国絵図と同じ一里六寸。正保図との違いは、知行領主の区別は示されず、国・郡・村のみにて描かれている点である。総高は三十六万九千五百四十六石七斗九升一合六勺で、正保図より約一万二千石増加している。元禄図では、隣国との国境証文の取り交わしが必要であったので、豊前国との国境を確認する端《へり》絵図なども残っている。

この後、天保国絵図の作成のときは幕府主導で行われ、岡・臼杵両藩は直接関わっていない。

幕府への許可願

江戸時代、諸大名は幕府の法令によってさまざまな統制を受けた。それは、家督や縁組、城の修復など多岐にわたるものであった。

それでは、城の修復の場合をみてみよう。

寛永十二年（一六三五）、三代家光により発せられた武家諸法度の第三条では新たな築城を禁じるとともに、居城の堀・土塁・石垣などが破損した場合は、奉行所に申し出て指示を受けること、櫓・塀・門などは元のとおりに修復することが規定されていた。

そのため、天災や老朽化によって居城が破損し、修復が必要になった場合、諸大名はその許可を得るため、修復願と普請箇所の絵図を提出する必要があった。

府内城も何度か被災し、修復願を出している。そのなかで最も被害が大きかったのは、寛保三年（一七四三）に起きた大火災である。「寛保の大火」と呼ばれるこの火事によって、府内城はその大半を焼失した。被災してから修復が認められるまでの経過を追っていくことにしよう。

寛保三年四月七日の午後二時頃、下柳《しもやなぎ》町（現・大分市都町二・三丁目の内）の市兵衛宅から出火し、本丸天守など城内の大半が焼失した。町人町は四二町が被害を受け、焼失家屋は一〇七九軒に及んだ。★

翌日の四月八日、府内藩は直ちに被災状況を幕府に報告し、復興のための資金援助を要請した。その結果、同年閏四月四日、在府中の藩主嗣子近形《ちかのり》は、幕府から金二〇〇〇両の貸付を受けている。

また、近隣の諸藩や領内の有志から人的支援や見舞金がおくられたこともあり、復興は順調に進んだ。同年十二月、府内藩は幕府に城の修復願を提出している。「府内御城再築御願一件」という史料にその一部始終が記録されている。申請から許可が下りるまでの経過は次のとおりである。

十二月十二日　幕府の表右筆組頭・大橋藤九郎のもとに、使者の岡本勘之進を派遣し、修復願と絵図を提出する。

十二月十五日　岡本勘之進と権藤安野右衛門★の二人が大橋を訪ね、直接指示を受ける。

十二月十六日　昨日のお礼として金三〇〇疋を大橋におくる。

十二月十七日　訂正した修復願と絵図を大橋にみせ、承諾を得る。

十二月十九日　月番老中の松平信祝《のぶとき》（伊豆守）に修復願と絵図を提出する。★老中首座の松平乗邑《のりさと》（左近将監）にもその旨を報告する。

▼寛保の大火
昼間の火事であったので、死者は三人と少なかった。

「府内御城再築御願一件」
（大分県立先哲史料館蔵）

▼権藤安野右衛門
被災状況に詳しい者を一人連れてくるよう、大橋から命じられたので、彼が同行した。当時、小姓頭をつとめていた。

▼絵図の提出先
直接には用人の堀江忠右衛門に提出した。

十二月二十二日　老中松平信祝から呼び出しがあり、岡本勘之進を派遣。用人の関根孫市から直接指示を受ける。

十二月二十四日　訂正した修復願と絵図を二部ずつ、老中松平信祝に提出する。用人の堀江忠右衛門から、修復願の末尾の文言を削るよう指示を受ける。

十二月二十五日　再訂正したものを老中松平信祝に提出する。老中首座の松平乗邑にもその旨を報告する。

十二月三十日　老中松平信祝から呼び出しがあり、岡本勘之進を派遣。用人の奥村祖父右衛門から城普請許可の老中奉書を渡される。予め用意していた請書をその場で提出。同日、四代藩主近貞《ちかさだ》が松平信祝を訪ね、お礼の挨拶を述べる。

修復願の提出から許可が下りるまでに十九日を要している。その間の交渉過程をまとめると、次のようになる。

①幕府の表右筆組頭に修復願と修復伺絵図をみせ、指示を受ける。
②訂正した修復願と修復伺絵図を月番老中に提出し、指示を受ける。
③指示を受けたうえで、正式な修復願と修復伺絵図、下絵図、控絵図、絵図袋を作成し、月番老中に提出する。
④老中による決裁を経て、修復が許可され、老中奉書が渡される。
⑤老中奉書の請書を作成し、提出する。

史料の末尾には、許可申請に関わった藩士の名前が記されている。家老の手嶋

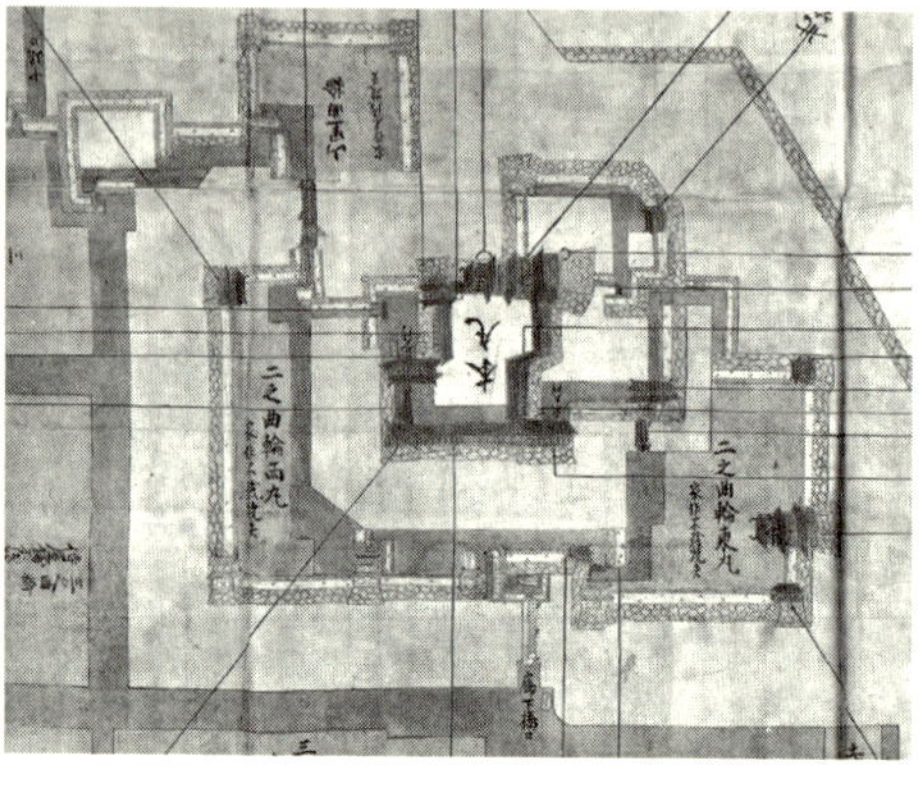

「豊後国府内城絵図」（大分県立先哲史料館蔵）
寛保三年（一七四三）の大火による被害状況をまとめ、幕府に提出した図面の控え。三の丸までの被害が記されている。

善太夫、江戸留守居兼城使の岡本勘之進、絵図御用の権藤安野右衛門・小畑豊左衛門・堀園右衛門、筆者の中里甚平の計五人で、彼らを「御再築御用掛」と呼んでいる。城の普請は幕藩関係における最重要事項の一つであったので、こうした厳格な手続きが幕末に至るまで一貫して行われた。

次に、養子をとる場合をみてみよう。

天保三年（一八三二）六月十八日、九代近信《ちかのぶ》が老中に宛てた仮養子願が残っている。当時近信は二十九歳。近信はこの二年前に養子として府内藩主家に迎えられ、その翌年に家督を継いだばかりであった。仮養子は遠戚にあたる三河西尾藩主松平乗寛《のりひろ》の三男壮之助。この時点で近信には実子がいなかった。そこで近信の身に何かあったときのために、仮養子をとったわけである。

その後、近信は二人の男子に恵まれるが、いずれも早世する。そこで天保九年八月に、肥前福江藩の九代藩主五島盛繁《ごとうもりしげ》の二男近章を養子に迎える。しかし近章は病身であったため、天保十二年正月に離縁された。

すると近信が五月に急逝したため★、急養子《きゅうようし》★を桑名藩から迎え、家督を継がせた。それが近説である。

近信の仮養子であった壮之助（忠恭《ただゆき》）は、近章とほぼ同じ頃に越後長岡藩の十代藩主牧野忠雅《ただまさ》の養子となっている★。したがって最初から本気で養子に迎えようとは考えていなかったことがわかる。

「老中宛大給松平近信書状」
（大分県立先哲史料館蔵）

▼近信の急逝
実際の死去は同年の三月二十八日。享年三十八歳。

▼急養子
跡継ぎのない武家が、死に臨んで急に養子を決めること。

▼忠恭、長岡へ
天保九年十二月。長岡藩の十一代藩主となった牧野忠恭（一八二四～七八）はのちに老中となり外交事務を担当した。

近信はすでに末期養子《まつごようし》★が認められる年齢であったが、改易（取り潰し）を免れるため、このような安全策を講じ、周到な準備を行っていたことがわかる。

巡見使への対応

江戸幕府は、幕藩体制を維持するため、巡見使を派遣して、領内の政治や人々の生活の実情を視察した。巡見使とは、幕府が臨時に任命した役人のことで、巡見の語は、「所領の監察」を意味する。

巡見使は、所領の区別なく巡見する「諸国巡見使」と、幕府領のみ巡見する「御料巡見使」の二つからなる。二つの巡見使はいずれも三人一組であるが、随行者は一〇〇名近くに及んだ。ちなみに、寛政元年（一七八九）に府内を訪れた巡見使一行は、総勢九八人であった。

「諸国巡見使」の方は、旗本の使番・書院番・小姓組番といった、将軍側近の番方から任命され、「御料巡見使」の方は、勘定奉行配下の役職から任命された。

それでは、府内藩がどのように巡見使へ対応したのかをみてみよう。府内藩では、巡見使のことを上使と呼んでいた。巡見使が府内を訪れたのは、下の表に示すように、計九回であった。

これをみると、巡見の時期は春が多いことがわかる。また、天和元年（一六八

▼末期養子
慶安四年（一六五一）の由井正雪の乱（慶安事件）を機に、十七歳以上五十歳以下の当主に末期養子が認められた。

豊前・豊後に派遣された巡見使

将軍名	発令	出発	巡見使
家光	1633.1.6	1633.2.8	小出吉親・城信茂・能勢頼隆
家綱	1667.閏2.18	1667.閏2.28	岡野貞明・井戸幸弘・青山正康
綱吉	1681.1.28	1681.3.1	駒井昌勝・小田切直利・水野守重
家宣	1710.3.1		宮崎成久・筧正尹・堀直方
吉宗	1716.7.18	1716.9.1 1717.2.15	津田正房・駒井正周・大久保忠恒
家重	1745.10.28	1746.1.15	富永泰代・酒衣信道・神谷清俊
家治	1760.7.11	1760.8.28他	大河内政與・市岡美喬・遠山景義
家斉	1787.3.27	1788.4.1他	池田政貞・諏訪頼達・細井勝村
家慶	1837.7.16	1838.2.19他	平岩親仁・片桐靭負・三枝平左衛門

（『大分県史』近世篇Ⅳより）

一）から、九州の巡見は二コースに分けられ、九州のうち豊前・豊後だけが四国の巡見と統合されるようになる。それは幕府が、南蛮・中国・朝鮮・琉球との外交や貿易に関わる西南九州地域の監察を強化するようになったからである。東九州・四国の巡見は、下の表に示すようなコースであった。

巡見使の派遣が決まると、幕府から派遣先の藩に連絡が届く。例えば、延享三年（一七四六）のときは、巡見使筆頭格の富永泰代が、江戸の豊後諸藩の留守居役を集めて、巡見の申渡しをしている。その際、過剰な接待を禁じるなどの命令を出しているが、巡見使の報告如何によっては、藩の存亡をも左右しかねないため、府内藩に限らず、巡見使を迎える諸藩は、その接待に細心の注意を払った。

宝暦十一年（一七六一）の巡見では、巡見使一行が小倉に到着した報を受けると、府内藩はすぐに同地へ挨拶状を差し立て、宿舎や接待役、火事の場合の避難場所などの確認を行っている。このときの宿舎は、伊丹屋、俵屋、光西寺の三カ所で、各宿舎に医師二名と鍼医一名を置かせている。一行が日出に着いた時点で、迎えの使者を派遣し、三月二十日午後六時に巡見使は府内に到着。藩主近形は、吉田十蔵と落合藤右衛門の二人を宿舎に派遣し、口上書を呈上させた。一行は翌二十一日午前八時過ぎには早くも府内を出立し、次の巡見先に向かっている。

家老が、支配方や庄屋に伝達した注意書が残っているが、それをみると、飲酒を禁じることや、火の取り扱いを厳重にすることが記されている。さらに、巡見

諸国巡見使（豊前・豊後・四国）の旅程

享保２年（1717）

1月27日 江戸——2.13 大坂…………2・晦～3.2 小倉——3.2 苅田——3.5 香春——3.6 添田——3.7 彦山——3.9 椎田——3.10 中津——3.11 樋田——

3.2 四日市——3.13 宇佐——3.13 高田——3.14 竹田須——3.16 木付——3.17 立石——3.18 日出——3.19 別府——3.20 府内——3.21 赤野——

3.22 並柳——3.24 玖珠——3.25 日田——3.26 おごう——3.27 湯原——3.28 堤——3.29 竹田——4.1 宇田枝——4.2 宇目——4.3 佐伯——4.4 臼杵

——4.5 鶴崎——4.6 嵯峨関………伊予三机——4.16 三島——松山——宇和島——5.3 土佐——海部——

徳島——池田——5.29 讃岐井関……淡路……大坂——江戸

……は海路、——は陸路
（『大分県史』近世篇Ⅳより）

使が通行する際は、笛太鼓や鳴り物を禁じ、物陰から、あるいは簾越しにこそこそと見るのではなく、行儀よく拝見するよう指示している。巡見使が到着した日は、葬儀も延期された。

　巡見使を接待する庄屋の方も、服装や食事の献立から夜具に至るまで、事前に藩の役人に尋ね、万全の準備をした。巡見使からの質問に答えられるよう、「巡見手鑑」と呼ばれる模範回答を扇子に書き留めた庄屋もいたようである。想定外の質問を受けた場合は、何を聞かれても「一向に存じ申さず候」と答えるように指示されていた。

「諸覚扇面」
（大分県立先哲史料館寄託）

これも府内

この人も府内人

阿部淡斎

（一八一三〜八〇）

　府内藩の儒官。幼名は犀之助、鉄蔵。淡斎は号。父は国学者で、藩の用人として仕えた阿部六郎兵衛。幼い頃、藩儒の竹内豊洲に学び、天保二年（一八三一）、日田の廣瀬淡窓の私塾咸宜園に入門した。在塾二年で帰藩し、再び豊洲に学んだ。

　その後、藩に出仕し、江戸詰となった際、昌平黌儒官の佐藤一斎に経書を学んでいる。天保十三年、「学問所日学諸生訓導方」となり、府内藩十代藩主近説の侍講をつとめた。

　安政四年（一八五七）、遊焉館と改称した藩校の教授となった。さらに咸宜園から廣瀬青邨や島維精を迎えるなど、藩の文教面に大いに力を尽くした。

　淡窓や旭荘と親しく交流し、招聘や出版の際には頗る労を尽くした。自らが紹介して、咸宜園への入門に導いた府内藩出身者は三〇名以上にのぼる。著作に府内藩領内の寺社・名所旧跡の由緒をまとめた「雉城雑誌」がある。

　維新の際には大監となり、藩政に参与して刑賞のことを管理した。廃藩置県後は学校の教官をつとめ、その傍らで家塾「緑《りょく》漪園《いえん》」を開いて、子弟三〇〇人余りの教育に当たった。

第三章 人々の暮らし

倹約に努め、災害にもめげず、特産品の生産に励み、祭りを楽しんだ。

①町方の暮らし

総人口に占める城下町人口の割合が高かった府内藩。
町人の間にも五人組が設けられ、計屋をはじめとする、多くの職人が暮らしていた。
浜の市は藩主が城下振興のため保護した祭礼市。最盛期には八万人を超える人出があった。

町の人口

府内藩の人口統計は、十八世紀初頭から記録が残っている。武士階級を除く府内藩の総人口は、正徳二年（一七一二）の四万人余りが最高で、その後は漸次減少し、天保十三年（一八四二）には二万八〇〇〇人余りまで落ち込んでいる。

下の表に示すように、とくに城下町の中核にあたる曲輪《くるわ》内の五町（府内・松末・千手・笠和・同慈寺）の減少率が高いことがわかる。

府内藩の城下町は、中世後期に繁栄した大友時代の町を移して建設された。したがって、もともと二万石余りの城下町にしては分不相応の規模であった。

例えば、享保六年（一七二一）の中津藩の城下町人口は五一六六人である。中津藩の石高は十万石で、府内藩の約五倍である。ほぼ同じ頃の正徳二年と比べる

府内藩の人口推移

	正徳2年（1712）	安永9年（1780）	寛政10年（1798）	文化2年（1805）
曲輪内人口	5591（100）	4049（72.4）	3722（66.5）	3652（65.3）
町組人口	14096（100）	12132（86.1）	11621（82.4）	11458（81.3）
領内人口	40170（100）	35414（88.2）	32357（80.6）	31614（78.7）

（　）は正徳２年を100とした指数　　（『大分市史』中 1987年より）

と、府内藩は曲輪内人口だけでそれを上回っている。

府内藩の人口密度は、正徳二年で千石当たり一七四六人。江戸時代は千石当たり一〇〇〇人が平均であったので、高密度であったといえる。

さらに、府内藩の場合、総人口に占める城下町人口の割合が高く、常に三五パーセント前後で推移している。近世城下町の人口集中率は一般に一〇パーセントといわれている。府内藩は曲輪内人口だけで絶えず一〇パーセントを超えている。ちなみに、中津藩の城下町の人口集中率は五パーセントほどであった。

三大飢饉などの災害に見舞われたとはいえ、九州の他地域では享保期（一七一六〜三六）以降人口は増加している。府内藩の人口が減少していったのは、石高に見合った数に落ち着くまでの過程であったとみることもできよう。★

町の年貢

延享二年（一七四五）、府内城下の町四カ所（五町）の年貢高は、千三百九十・五二九石であった。そのうち、田方《たかた》の年貢（米納）は千二百五十三・五百三十七石、畑方《はたかた》の年貢（大豆納）は百三十六・九九二石。年貢率は、田方が約七四パーセント、畑方が約二四パーセント、全体で約六一パーセントであった。★

十八世紀半ばから十九世紀にかけての領内四行政区（町組・里郷・中郷・奥郷）

▼人口減について
嘉永六年（一八五三）の段階でも、人口密度は千石当たり一一二七人と、全国平均を上回っている。

▼年貢の内訳
「豊府指南」による。

町人の生活

の平均年貢率とほぼ一致する数字である。このときの町四カ所の石高は二千四百八十五・〇四四石、そのうち年貢の対象となった田畑の石高は二千三百三十七・九四八六石となっている。

しかし実際には、町割がなされ、町人屋敷が建ち並び、田畑は存在しなかったはずである。おそらく、町人は屋敷地の面積に応じて、地子《ちし》を上納したと思われる。町人の収入から考えると、村方並みの税負担は決して高いものではなかった。ところが、十七世紀後半から十八世紀半ばにかけて、毎年のように四五〇軒前後の地子不納者が出ている。

それは運上★や夫役《ぶやく》などの負担に加え、藩から幾度となく献納の要請を受けたことが影響しているかもしれない。

例えば、安永九年（一七八〇）八月から翌年八月までの一年間に、町人たちが献上した額は、金九八三両余り、正銀二七四貫余り、銀札一三四貫余りであった。元文三年（一七三八）の年貢銀納相場が、米・大豆ともに一石につき八七匁であったことから考えると、延享二年の年貢高の二〇〇倍にあたる、とてつもない額であったことがわかる。

▼運上
江戸時代の雑税の一つ。商・工・漁・運送業者などに賦課された。

江戸時代、府内城下の町人たちは、どのような生活を送っていたのであろうか。町方に布達された触書などをよむと、町人も多分に生活の規制を受けていたことがわかる。一方で、そこに記された禁制事項は、完全に守られていない実態が前提にあって存在しているのも事実である。そうすると、禁制事項をつぶさにみていくことで、生活の実相を垣間見ることもできる。★

まずは衣食についてみてみよう。

町人の衣服は、庄屋や医師などを除き、男女ともに麻や木綿が原則で、絹布の着用は禁じられていた。越後帷子《かたびら》や堂島下駄、蛇の目傘などの使用も認められていなかった。平素の食事は不明であるが、振舞（饗応）は「料理一汁三菜、酒三献」に限られていた。

町人の屋敷はどうであったか。城下の景観を損なわないよう、普段から家の修理や清掃をこまめに行わねばならなかった。ところがなかには、城内の堀にゴミを捨てたり、土居（土塁）で薪を取ったりする不届き者がいたようである。屋敷の売買は、町奉行へ届け出れば認められた。家を貸す場合は、身元の確かな請人（保証人）を立てる必要があった。

農民と同じように、町人の間にも五人組がつくられた。連帯責任・相互監察・相互扶助が課された最末端の行政組織で、藩はこれを利用して治安維持や争議の解決、年貢の確保、法令伝達の周知徹底などを図った。借銀を返済できない者が

▼触書の条々
明和七年（一七七〇）十二月付で城下の町人に布達された「条々」、「府内藩記録」の寛政元年（一七八九）二月二十六日の条に記された「御町方御触書」の「覚」、寛政四年（一七九二）に町奉行から出された「組合心得之事」（「岡氏旧記」）、「衣食制度」（「岡本家文書」）を参考にした。

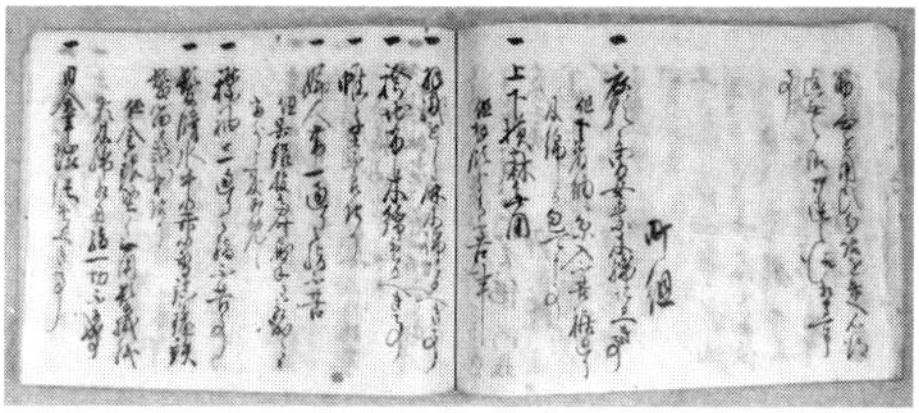
「衣食制度」
（大分県立先哲史料館蔵）

出た場合は、組内で世話をし、その旨を親類に知らせることを禁じるなど、血縁関係以上の結束がもとめられた。

町内で喧嘩や口論があった場合、その場に居合わせた者が必ず、検分したことを当事者が属する組に知らせ、組同士の話し合いで解決する決まりになっていた。傷を負わせる事態に至ったときは、奉行所へ届け出なくてはならなかった。喧嘩に荷担した者は、当事者よりも重い刑罰を受けることもあった。

町人が学問に励んだり、囲碁や将棋などの娯楽に興じたりすることは、商売に差し支えがない範囲で認められた。学問や知識などを身につけた結果、物知り顔で人を侮り、「御政事の妨」となるような不遜な態度をとる者がいた。そのため、藩は手放しで学問を推奨してはいない。

寛政年間（一七八九～一八〇一）にはすでに、城下は「商売躰不繁昌」となり、商家は表向きで、農業に励む町人がかなりいた。城下町が在町《ざいまち》★同様になることを危惧した藩は、町人らに専ら商売に励み、余力があれば田畑を作ってもよいと命じている。

▼在町
農村にありながら商業活動を許された村のこと。在郷町（ざいごうまち）とも呼ぶ。

さまざまな職業

府内城下町（曲輪内・町四カ所）の町名をみると実に多様である。とりわけ、鍛冶屋町、革屋町、大工町、魚町、茶屋町、白銀町、塗師《ぬりし》町、紺屋《こうや》町、市町、万屋町、小物座町、米屋町、細工町などの町名をみると、商人や職人の同業者が集住する町を思い浮かべてしまうが、必ずしもそういうわけではなかった。大工町に鍛冶屋が、塗師町に酒造業者がいるなど、町名に縛られることなく自由に居住していた。

もちろん、町名の業者が多数いた町もあった。魚町の魚屋一八人は明和元年(一七六四)まで城下の塩を独占的に販売していた。また、鍛冶屋町には城下の鍛冶職人の大半がそこに住んでいた。なかでも富田氏は大友氏の家臣・渡辺久左衛門盛重の子孫といわれ、応永年間(一三九四~一四二八)に鍛冶職を始めた由緒ある家柄であった。同家は慶長十一年(一六〇六)にこの鍛冶屋町に移り住んで以来、竹中・日根野・大給松平の各時代を通じて、御用細工に任じられている。★

延享三年(一七四六)の府内城下には、下の表に示すように、二三種類の職業がみられた。最も多かったのは計屋《はかりや》★で、桶屋や揚酒屋《あげざけや》、家大工がそれに続く。

その他もみな庶民の生活に関係の深い業種ばかりである。

ただ職業がわかる二四五軒は、総家数一一一〇軒の二割強に過ぎない。実は他に風呂屋や酢屋などもいた。藩に登録されれば運上(営業税)や夫役を負担しなくてはならない。それでも営業を届け出たのは、城外の村々の商業活動が活発となり、深刻な打撃を受けるようになったからである。

城下の職種と軒(人)数

質　屋	6	鍛冶屋	17	針　医	3
計　屋	34	革　屋	3	外　療	1
塗師屋	15	揚酒屋	23	茜　屋	2
金具屋	4	魚　屋	16	造酒屋	5
研鞘屋	11	柄巻屋	2	蠟燭掛	2
仕立屋	4	紺　屋	12	計	245
油　屋	7	家大工	21	総家数	1110
檜物屋	11	船大工	8	外町家数	233
桶　屋	31	医　師	7		

(『大分市史』中より)

▼御用細工師
明和五年(一七六八)に藩の普請方に鍛冶職が置かれるまで、御用細工をつとめた。

▼計屋
問屋・金融業を営む町人のこと。

享保七年（一七二二）計屋三三人は、門外店★の営業を取り締まるよう藩に要請した。藩は何度も禁令を出したが、城外での活動はやまなかった。そこで藩は宝暦三年（一七五三）、城下の問屋・仲買・計屋などに商売札（許可証）を発行し、営業者を指定した。営業権を独占できる代わりに税を負担するというしくみは、その後、質屋や醬油屋など他の業種にも広がっていった。

なお酒については、幕府や藩によって当初より厳しく管理・統制されていた。表中にある「造酒屋」は酒造業者、「揚酒屋《あげざけや》」は酒の小売店をさす。他に今日の居酒屋にあたる「猪口場《ちょこば》」などもあった。造酒株（酒造の営業権利）は幕府が各藩に一定数を割り当て、藩はそれに従って業者を決めるようになっていた。販売や店の営業についても藩から株を取得しなければ認められなかった。

揚酒屋で販売される酒は地酒以外に、大坂から持ち込まれた「下り酒」などもあった。しかし正貨（銀・銭）が領外へ流出することで藩札の発行に支障がでたため、下り酒は禁止となった。その後は城下で俵屋が唯一の造酒問屋となり、領内の揚酒屋への卸しを独占した。

天保十三年（一八四二）の町奉行の「御用留記」に、大工町の太四郎が商事で瀬戸内へ行くことの許可をもとめた文書が書き写されている。本人・同町の宿老・府内庄屋の連名で、町奉行の手代に宛てている。文面をみると、途中で唐物抜荷（中国との密貿易）などの商事に手を染めないこと、新宗門や類族でないことを誓

▼門外店
本来は商売を認められていない城外の農村につくられた店のこと。

わせるなど、あらゆる場面で服務規律の遵守がもとめられていたことがわかる。

浜の市の賑わい

浜の市は府内藩最大の祭礼市で、由原《ゆすはら》八幡宮★の仲秋祭にあたる。寛永期（一六二四〜四四）に、当時の府内藩主日根野《ひねの》吉明《よしあきら》が城下振興のために「新市」を立てたのがその起こりといわれている。当初市が開かれたのは、祭りの中心である放生会《ほうじょうえ》★をはさんだ八月十一日から十七日までの七日間であった。嘉永二年（一八四九）八月二十三日の「廣瀬久兵衛日記」★をみると「浜の市、昨年までは十一日より二十日までに候処、当年より十四日より二十三日までと相成……日延願これ有り候へ共、相叶わず候事」とあり、この頃は通常十日間の開催であったことがわかる。その後、期間延長の要望が受け入れられた年もあったようで、万延元年（一八六〇）は九月十九日まで市が開かれている。

浜の市が開かれる御旅所《おたびしょ》一帯は「生石浜御殿原《いくしはまごてんばる》（現・大分市生石）」と呼ばれた。東西・南北各二丁（約二一八メートル）の敷地内に、釜屋町・魚町・京町・穀物町・堀川町・桶屋町・田町など東西に通じる六つの町筋がつくられ、他国の商人を含む約三〇〇軒前後の出店が軒を並べた。❖

市では、米・大豆・蕎麦・小麦・粟・ごま・こんにゃく・たばこ・七島莚《しっとうむしろ》な

▼由原八幡宮
現在の柞原八幡宮。大分市上八幡（かみやはた）に鎮座し、宇佐神宮の分霊を祀る古社。豊後国一宮を西寒多（ささむた）神社と争っていたが、八幡信仰の隆盛で平安時代には同社が一宮とされた。本殿など一〇棟が国の重要文化財に指定されている。参道入口には、国指定の天然記念物で樹齢三千年以上の大楠の巨木がある。

▼放生会
仏教の不殺生の思想をもとに、捕らえた生き物を山や河海に放す儀式のこと。通常、陰暦の八月十五日に催される。

▼「廣瀬久兵衛日記」
廣瀬資料館所蔵。廣瀬家は掛屋を営む日田の商家の一つ。府内藩の御用達をつとめた。久兵衛は六代当主で、天保期（一八三〇〜四四）から府内藩の藩政改革に尽力した。

❖
市の期間中、城下町商人は米や日用品以外の店頭販売が禁じられ、浜の市に出店することが義務づけられた。小屋割は町奉行が行い、期間中は藩主代理の詰所が設けられ、藩役人や足軽などが交替で警備に当たった。

どが商品として扱われた。なかでも七島莚は取引高全体の半分以上を占めた。市での商取引には運上が免除され、藩から毎年銀二貫目が貸与された。その代わりに市が終了すると、惣宿老と生石・笠和・千手堂・松末・府内の庄屋たちは連印して藩に「寄目録《よせもくろく》」と呼ばれる営業報告書を提出しなければならなかった。

また、普段は禁止されていた遊女屋や芝居などの営業が許可された。但し、これらの興行には冥加★を納める必要があった。遊女は近松門左衛門の浄瑠璃作品で「豊後国、浜の市の遊君《あそびぎみ》」と紹介されるほど有名であった。

芝居については、芝居請方《うけかた》が毎年四月から六月にかけて遠方に赴き、芸団と来演の契約を結んだ。七月になると請方はその年の芝居内容を藩に報告し、諸方面に「辻札」を立てて、芝居の開催を知らせた。江戸・大坂・阿波・中津・杵築の芸団が多かったようである。芝居小屋は三カ所あり、それぞれ「大芝居」「竹田《たけだ》代《がわり》芝居」「於山地《おやまじ》芝居」と称した。ちなみに前述の廣瀬久兵衛は、お半と長右衛門の心中物や桶狭間物語の上演を注文し、見物した後、寛之助という役者に花代として金一〇〇疋を贈っている。

文化十年（一八一三）に刊行された「浜之市細見絵図」をみると、八景になぞらえた歌や「諸国より浜之市へ道法《みちのり》」が書き込まれ、浜の市が観光名所として捉えられていたことがわかる。事実、最盛期には八万人を超える人出があり、「豊後の人市」「天下市」と呼ばれ、讃岐金毘羅《こんぴら》の金市や安芸宮島の舟市とならぶ祭

「御城下絵図」に描かれた浜の市の様子（大分市歴史資料館蔵）

▼冥加
江戸時代、幕府や諸藩からとくに営業を許された商工業者などからの上納金。のちには運上と同じように定率で年々賦課され、一種の租税と化した。

礼市として活況を呈していた。

　しかし、十八世紀後半以降、他国からの入船数や出小屋の数が減り、浜の市は次第に衰退していく。これは江戸・大坂の全国市場と結びついた城下町経済が確立したことにより、浜の市で商売する必要がなくなったからである。

　収益を維持するため、市の開催期間を延長する願いが度々出された。また市の活気をとりもどすため、花火興行も頻繁に行われるようになった。

　安政六年（一八五九）には、町方から浜の市で富くじを行いたいという要望書が出された（「岡本家文書」）。藩主近説や家老らは富くじを「不実の義」として、開催に反対であった。しかし世話方らの執拗な申し立てにより、結局富くじは興行されることになった。幕末になると、富くじは藩政改革の一環として西日本一帯で広く行われた。府内藩の場合は藩営の市で賭博を公認することにためらいがあったようである。その後も、町人たちに富くじ開催の是非を問う投票をさせようとするなど、富くじをめぐる藩の苦悩ぶりがうかがえる。

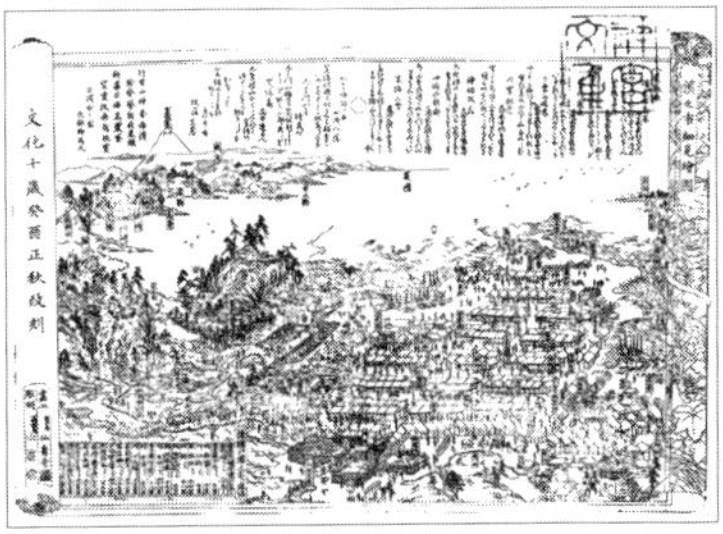
「浜之市細見絵図」（神宮文庫蔵）

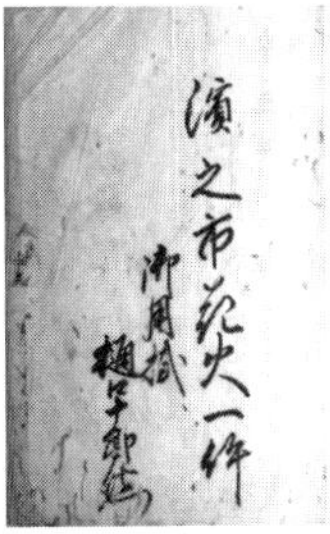

「浜之市花火一件」
（大分県立先哲史料館蔵）

② 村方の暮らし

里・中・奥の三郷に、一〇の村組と八九の村が存在した。
村組に大庄屋が、各村に庄屋・組頭が置かれ、年貢や諸役は村単位で請け負った。
宝暦十一年、幕府領農民との間で村境をめぐって争う事件（銭瓶石騒動）が起きた。

村の社会構成

近世社会を構成した最大の要素は村と農民である。府内藩領下の村々における農民の階層はどのようになっていたのであろうか。

嘉永六年（一八五三）七月二十四日、藩から出された触書のなかに、農民の序列や待遇を定めた箇所がある（「府内藩記録」）。それをまとめたのが次頁の表である。

村の寄合や祭礼の席次、宗門人別改帳の順番は、この序列に基づいて決められた。古来より由緒ある家であっても、その時点で持高が少なければ下席に甘んじなくてはならなかった。但し、相応の持高を有していても、町人の真似をして商売を行う者、酒宴遊興に明け暮れる不心得者などは、末席を申しつけられることもあった。

村役人の長である庄屋は、「惣百姓」の入札《いれふだ》（選挙）や推薦によって選ばれた人物を、藩が任命した。例えば、享保十一年（一七二六）の羽田村庄屋の後任入札では、所右衛門という人物が勝利し任命されている。★推薦の場合は、前庄屋の息子を後任にするケースが多かった。しかし享保十二年の六坊村では、病死した庄屋の後任に組頭の庄兵衛を推薦する願書を、同村の他組頭や古国府の大庄屋が連名で、手代（郡方役人）に提出し、認められている。

庄屋の給料はどのくらいであったのか。元禄七年（一六九四）橋爪村の庄屋給は大豆五石で、他領の庄屋も米三石前後であったという。しかしそれ以上に、年貢納入など村の運営・管理に伴う出費が多かったので、庄屋のなかには逼迫する者もいたようだ。元禄四年、萩原村や生石村の庄屋が藩から米銀を無利子で貸与され、援助を受けている。

一般の農民は五人組に編成された。寛政四年（一七九二）二月に藩が発した「五人組割方心得之事」（「岡氏旧記」）をみると、「五軒ニ不足いたし候ハバ、最寄の組割付、六軒組ニも致すべき事」とあるので、六人組もあったことがわかる。

また、五人組のなかのリーダーを「手頭」と呼び、古老家筋の者がこれをつとめるようになっていた。さらに、五人組同士でも相互に助け合わねばならなかった。その場合、相互扶助の関係にある五人組を「向組」と呼んでいたことも同史

▼庄屋の後任入札
このときの入札は二人。結果は、所右衛門が六四枚、源左衛門が一八枚であった。

府内藩農民の階層

持　高	呼称	待　遇
100石以上	大庄屋格	独礼が許される
71～100石	長百姓	独礼・御目見・帯刀が許される
31～70石	頭百姓	年始八朔に限り、一同の御目見が許される
16～30石	高持百姓	重立った節に、上下・袴・脇差が許される
1～15石（小作高4石～）	小前百姓	上下・袴の着用は許されるが、上下は婚姻葬式のみ可
屋敷高のみ（～小作高3石）	水呑	上下・袴の着用は不可。袴は婚姻葬式のみ許可

「府内藩記録」による

料からわかる。

五人組は連帯責任を負う運命共同体であった。組内に不良な者がいた場合は共同でこれに忠告を加えた。しかしその忠告に従わず、組内で対応できないときは、庄屋に指導してもらう。それでもだめなときは代官に願い出て、藩から処分してもらうというしくみになっていた。例えば享和元年（一八〇一）正月、萩原村の久治郎が、不良者として告訴されている。理由は、本業そっちのけで塩仲買や諸商売に熱中し、そのうえ多額の負債を出しながら、周囲の忠告を聞き入れなかったためである。五人組の他のメンバーおよび組頭と庄屋が、手代に告訴している。その結果、久治郎は「打捨手鎖」を仰せ付けられている（「府内藩記録」）。

農民の負担とその生活

江戸時代、農民の租税や諸役は村単位で請け負い、村の責任で全額納入した。これを村請制という。

農民が負担する税は、大きく二つに分けることができる。一つは本途物成（本年貢）、もう一つはその他の雑税である。

本途物成は、田畑に課せられた年貢のことで、最も基本的な租税である。村の石高に免（年貢率）を乗じて年貢量が決まる。例えば、延宝八年（一六八〇）の里郷の古国府村の年貢は次のようになっている。

一　高七百弐拾九石三斗九升五合　古国府村
　　内　三百拾六石九斗六升　永捨
　残　四百拾弐石四斗三升五合　有高
　　此取　米・大豆　弐百四拾三石八升壱合　高ニ三つ三分三厘弐毛
　　　　有高ニ五つ八分九厘四毛

古国府村の当時の村高は、七百二十九石三斗九升五合とされていた。免は三つ三分三厘弐毛（三三・三二パーセント）であったので、石盛に免を乗じて、年貢量は二百四十三石八升一合となる。永捨とは耕作不能地のこと。よって有高（毛《け》付《つけ》高とも。耕作可能地高のこと）からすると、免は五つ八分九厘四毛と高率になる。

年貢率は、村の生産力や諸条件を考慮して定められた。なお府内藩では、田方は米納、畑方は大豆納を原則とし、本米・本大豆と呼んでいた。

免の決定方法は検見法★と定免法★の二つがあった。府内藩でははじめ検見法が採用されていた。しかし享保十九年（一七三四）から定免法が採用され始め、十八世紀前半に領内一円で定免法が採用されたほかは、村によって年貢率決定の形態はまちまちであった。

代官から各村へ「年貢割付状」という、その年に納入すべき年貢量が示されると、庄屋が村内農民に対し持高に応じて割り付けを行っていく★。農民は自分の分

▼検見法
米の収穫前に藩役人を派遣して収穫量を検査させ、その年の年貢率を定める方法。

▼定免法
年貢率を固定し、ある一定期間、豊凶にかかわらず納めさせる方法。

▼年貢の割り付け
大分郡平良石村（現・由布市庄内町）の庄屋をつとめた麻生家に伝わる「麻生山之助文書」の中に、村内の「御免割帳」や「御物成名寄帳」が残っている。

担量を庄屋に納める。それを庄屋がとりまとめて年貢を納入すると、代官から「年貢皆済目録」という領収書が渡され、農村の一年が終わる。

その他の雑税としては、小物成《こものなり》・夫役《ぶやく》・切銭《きりぜに》などがあった。

小物成とは山林・原野・河海の用益や産物などに課税される雑税のことで、銀納と現物納があった。延宝八年（一六八〇）の小物成をみると、銀納分としては「荷馬運上」「魚札運上」などの一九種があった。現物での納入は、椿実・塩・茶・渋柿・葛・蜜柑・梅・昆布苔など二八種が挙げられている。

夫役には、千石夫・普請人夫・さんない（参内）などがあった。千石夫は村高千石につき一人の割合で徴発され、参勤交代に随行し江戸藩邸での奉公に従事するもの。普請人夫は各郷からの願い出によって、井手・川・道・橋などの工事のために動員される人夫のこと。さんないは庄屋への労働奉仕のこと。庄屋は一年のうち、田植えや稲刈りなどで、村中の農民を年二回使役することができた。★

最後に切銭であるが、これは村入用（村の運営費）などに当てられる経費である。★諸帳面の仕立て経費や、藩に届け出をしない道・橋・井手の小修理費などに充てられ、庄屋・組頭などの村役人はある程度免除された。

宝暦二年（一七五二）七月二十九日、藩は一五カ条からなる「定」を領内の村々に発した。★これは、領内の農民に出された最初の本格的な生活統制令であった。一五カ条のうち六カ条が年貢上納に関するものである。よって「定」のねらいが、

▼農民の使役
労働奉仕の代わりに米を納める場合もあった。これを「さんない給」と呼ぶ。

▼切銭の負担
十九世紀前半の蛇口村（現・由布市庄内町）では、一石につき九～一二匁程度の負担であった（『庄内町誌』）。

▼生活統制令
郡奉行の赤石武右衛門、中村市右衛門がこれを携えて、太平寺村を皮切りに各村の庄屋宅を訪ね、そこに参集した農民に直接伝達した。

年貢完納による藩財政の立て直しにあったことがわかる。

期限内に年貢を上納できなければ、「城下へ召し出され、数日逗留」のうえ、厳しく説諭されたようであるが、それでも遅滞者が絶えなかったという。最後の第十五条では、年貢の納入期限を例年より早めて、「十月中」までに完納するよう指示している。同年七月、藩主近形が江戸から国元へもどるようになっていたので、その経費を確保するため、期限を例年より早めたのである。★

結局、年貢上納は遅れ、参勤交代の経費支払いに支障が出た。そのため、里郷と中郷の大庄屋・庄屋らは処分を受けている。なお、年貢未進の場合、その代償として農民は藩庁や家中（藩士）に奉公することが義務づけられていた。★

その一方で、条文を見ると「百姓ニ似合ざる食物を給《たべ》候」「奢《おごり》ケ間《がま》敷《しき》儀仕候」などの「不勝手」な農民もいたことがわかる。第一四条では、かなりの長文でもって、農民の無礼さを咎めている。侍や諸役人に道中で会っても笠や手拭いを着けたままであるばかりか、見て見ぬふりをする者もいる。普段から、藩役人の名を呼び捨てにして会話していることは女童にまで及んでいる。その無礼さは庄屋や組頭に対しても同様であり、御法度が軽んじられ、上意下達が機能しない現状をひどく憂えている。無礼不届きな振る舞いが露見した場合は、手鎖《てぐさり》や入牢《じゅろう》を仰せ付けるとまで言っているので、かなり秩序が緩慢になっていたのであろう。

天保十三年（一八四二）六月に倹約の達し★が出されている（「麻生山之助文書」）。

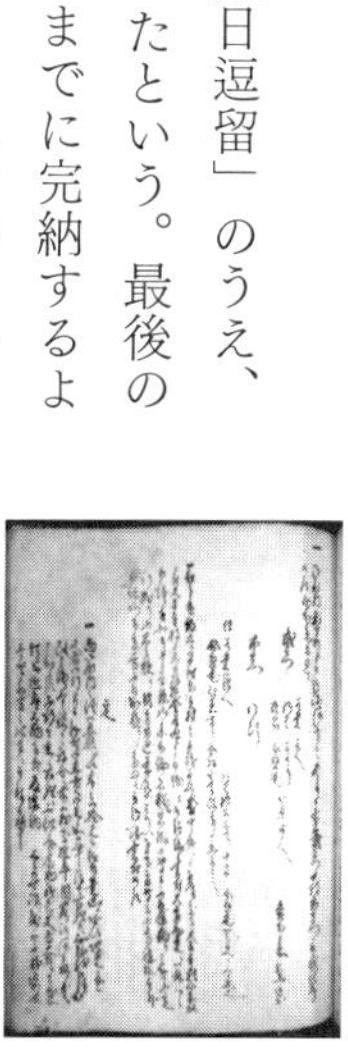

農民の生活統制令
（大分県立先哲史料館蔵）

▼年貢の期限
天明七年（一七八七）の年貢の納入期限は十一月二十九日であった。

▼家中の奉公人
元禄四年（一六九一）の規定では、中小姓格の家中までは男一人、女一人ずつの奉公人の使用が認められている。

▼倹約令
五カ年を年限とし、二一カ条で構成されている。

家作が近年ぜいたくになり、藩に無許可で瓦家を建てる者がいるが、必ず届け出ること、衣服はすべての者が素木綿を用い、襟・袖口に至るまで絹を用いてはいけないこと、金・銀・鼈甲《べっこう》・象牙の髪飾りの使用は禁止であること、親類間の寄合は茶漬のみで済ませ、酒を出してはいけないこと、などが禁止および遵守事項として挙げられている。どの程度遵守されたかはわからないが、当時の農民の暮らしぶりがうかがえて興味深い。

宗門改

江戸幕府は、はじめキリスト教を放任していた。しかし、キリスト教の布教がスペインやポルトガルの侵略を招来し、信徒が信仰のために団結することを恐れ、慶長十八年（一六一三）全国に禁教令を発した。

幕府や諸藩はキリシタンを根絶するため、民衆の信仰する宗教を調査するようになった。これを宗門改という。慶長十九年、京都所司代板倉勝重が転びキリシタンから寺手形を取ったのが、その最初である。

やがてキリシタンではないことを寺院に請け負わせてそれを証明させる寺請制度がつくられた。民衆は必ず寺請証文を受け、寺院の檀家となったため、寺檀制度とも呼ばれている。

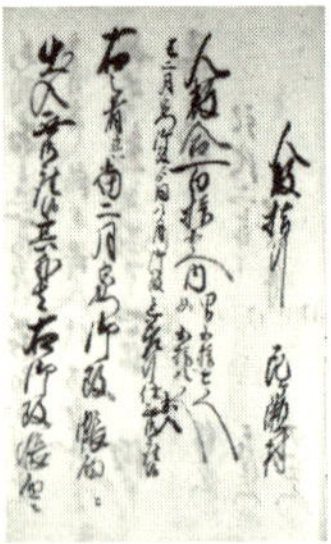
「宗門御改人数指引帳」（大分県立先哲史料館蔵）

寛永十二年（一六三五）、幕府は諸藩にキリシタン宗旨改を下達し、明暦三年（一六五七）に宗門改役を正式に設置した。寛文四年（一六六四）、幕府は諸藩にも同職を設置し、毎年宗門改を実施するよう命じた。★

そして寛文十一年、幕府は諸藩に対し、人別帳をもとに宗門改を行うことを命じた。戦国時代から行われていた戸口調査のことを人別改という。領主は領民の把握と夫役徴発のためにこれを実施した。江戸時代に入るとさらに進展し、幕府代官所や諸藩は村・町ごとに家数・人馬数などを調査した。その際に作成されたのが人別帳★である。この人別帳に宗旨を記載したものを宗旨人別改帳という。これ以降、人別改と宗門改が結びつき、原則として毎年、宗旨人別改帳が作成されるようになった。★改帳には家ごとに全員の名前・年齢・続柄などが記され、★末尾で寺院住職がすべて自分の檀家でキリシタンではないことを起請している。

府内藩では毎年春と秋の二回、宗門改を実施した。春は家中（家臣）・寺社方・町人・農民ら領内の全住民に、秋は町人・農民のみに絵踏《えぶみ》★をさせた。春は二月、秋は八月に実施することが多かった。藩から宗門奉行と目付が、中間に踏絵の入った箱などの所用品を持たせて出張巡回した。

尼ヶ瀬村★庄屋家文書に、「宗門御改人数指引帳」という史料が残っている。大庄屋・庄屋・組頭・五人組年頭が連名で、宗門改の内容に間違いがないことを藩の宗門奉行らに誓約した文書の写しである。これにより天保十二年（一八四一）

▼宗門改帳
宗門改の際に作成された台帳が宗門改帳である。

▼人別帳
人畜改帳、家並帳、家数人馬書上帳（いえかずじんばかきあげちょう）ともいう。

▼宗旨人別改帳による人口調査
宗門改は、明治六年（一八七三）キリシタン禁制の高札撤廃まで続けられた。その一方で、享保十一年（一七二六）から宗旨人別改帳をもとにした全国的な人口調査が子・午年の六年ごとに行われた。

▼改帳の記載事項
持高や所有する牛馬などが記される場合もあった。

▼絵踏
マリア像などを踏ませるもので、熊本藩細川忠利の発案によって寛永十一年（一六三四）頃から全国で実施されたといわれている。

▼尼ヶ瀬村
現在の大分市荏隈（えのくま）・尼ヶ瀬。

春から弘化四年（一八四七）秋までの同村の人口動態が把握できる。

ちなみに弘化二年二月をみると、村の人数は男五七人、女五八人の計一一五人。前回（前年八月）以降、子どもが二人（男女各一人）生まれ、縁付（結婚）により他村から二人の女が転入し、他村へ二人の女が転出。さらに男一人、女三人が死去。よって全体で女が二人減っている。史料には性別以外に、名前や転出先なども記されている。なお寺中《じちゅう》や中半《ちゅうはん》（奉公人）は別に集計されている。人口の出入りがないときは、これまでの改帳面に決して間違いはなく、もしキリシタン宗門の者がいると訴える者が出た場合はどんな曲事（処罰）を仰せ付けられても構わないと誓っている。

「府内藩記録」のなかに、宗門奉行が藩全体の宗門改の結果を集計した「宗門改寄目録」という史料がある。文久元年（一八六一）二月に実施した宗門改の結果をまとめたもので、作成は翌月となっている。一町三郷別の人口と、宗旨別の人口を書き上げているが、それをまとめたのが下の二つの表である。

全体の人口は三万六二九人。男女の人口はほぼ一緒である。また、町方の人口が全体の約四割を占めていることや、村方では中郷の人口が多いこともわかる。宗旨は浄土真宗の門徒が最も多く、全体の約六割を占めている。

農民が他村へ移動する際は、庄屋および檀那寺が出した証文・手形が必要であった。また旅行する際には必ず庄屋や檀那寺が発行した往来手形（身分証明書）

一町三郷別人口

	男	女	僧	山伏	尼	計
町4カ所	1681	1693	0	0	0	3374
西3カ村	2173	2110	0	0	0	4283
東5カ村	2029	1918	0	0	0	3947
町方寺中	7	56	108	10	2	183
里郷	3318	3159	0	0	0	6477
里郷寺中	0	0	33	15	8	56
中郷	4144	3979	0	0	0	8123
里郷寺中	5	13	46	11	0	75
奥郷	2045	1998	0	0	0	4043
里郷寺中	1	25	38	4	0	68
計	15403	14951	225	40	10	30629

を携行した。これには本人の名前、宗旨名、旅行目的の他、行き倒れた場合の旅宿先や、病気・死亡の処置に関する依頼が記されていた。

他領との交わり――交流と紛争

近世期の大分県域は幕府や諸藩の領地が混在していた。府内藩の場合は、幕府や熊本藩、臼杵藩などの領地と接していた。府内藩の領民は、政治・文化・慣習の異なる近隣他領の人々とどのようにつきあっていたのであろうか。

領主の許可を得ないまま、故郷の村を離れ他領へ移住することは当然禁止されていた。とはいえ、境界に関所があって出入りを厳しく制限され、互いに疎遠で孤立していたわけではない。むしろ領域をこえた人々の交わりは盛んであった。その一例として挙げられるのが、結婚や養子などの縁組である。

安政二年(一八五五)三月、熊本藩領馬場村(現・大分市佐賀関)の庄屋が、府内領蛇口《しゃくち》村(現・由布市庄内町)の庄屋に宛てた「証文」が残っている(「三重野喜津夫文書」)。

馬場村の善作(当時三十二歳)が蛇口村の直平の「跡養子」になるため移動を申し出たのでそれを庄屋が証明したもので、一般に「人別送手形」と呼ばれるものである。このような藩域をこえた移籍はごく普通に行われていた。

宗旨別人口

	僧	山伏	盲僧	男	女	計
浄土宗	31	0	0	2726	2609	5366
禅宗	46	0	0	3012	2896	5954
浄土真宗	97	0	0	9033	8951	18081
法華宗	6	0	0	291	299	596
律宗	5	0	0	149	153	307
天台宗	17	22	7	129	125	300
真言宗	3	20	0	0	0	23
曹洞宗	2	0	0	0	0	2
計	207	42	7	15340	15033	30629

しかし領主が違えば政治・文化・慣習なども違ったので、他領農民との軋轢や紛争もよく生じた。そして時には大きな事件に発展することもあった。宝暦十一年（一七六一）に起きた銭瓶石《ぜにがめいし》騒動はまさにその代表例といえる。

この騒動は、府内藩と幕府領住民とが村（藩）境をめぐって争った事件である。高崎山西南麓にある銭瓶峠★から別府湾に流れる鳴川の谷間は、府内藩田浦《たのうら》村（現・大分市）と幕府領赤松村★（現・別府市）の境界にあたり、従来から争いの絶えない場所であった。

宝暦十一年三月十四日、幕府の巡見使を迎えるため、通行路にあたるこの峠付近で道普請（道路工事）を行っていた府内藩の役人や農民を、赤松村の農民が鉄砲や槍で襲い監禁した。かねてより境界線に不満を抱いていた赤松村の農民らが、巡見使の下向を好機ととらえ、府内藩領側に豊前道をずらして芝土手を築き、峠で様子をうかがっていたのである。府内藩側がこれを壊し、道を元にもどそうとしたことから、事件は起きた。

ところが、赤松村を統治していた西国筋郡代が、府内藩に確認をせず、幕府の勘定奉行に事件を報告した。そのため幕府の評定所で裁きを受けることになった。府内藩からは家老や普請に参加していた農民らが、一方の赤松村の農民らも江戸へ呼び出され、取り調べを受けた。

評定所はこの事件を吟味筋（刑事裁判）として取り扱った。同年十二月、評定

▼銭瓶峠
県道五一号線で、別府市と由布市挾間町が接するところにある峠。名前の由来は、大友氏が高崎山の陣を囲まれたとき、銭を瓶につめて埋めたという伝承による。

▼赤松村
浜脇村の枝村。

銭瓶石
「かんかん石」と呼ばれ、古くから境界の石として置かれていた。

所は赤松村の農民に非があることを認め、鉄砲などの武器を用いた農民八人を遠島処分にした。八人の遠島先はいずれも伊豆諸島（現・東京都）で、新島に三人、三宅島に三人、八丈島に二人であった（石倉均『銭瓶石騒動について――豊後国速見郡赤松村八名の遠島先を追って――』）。

ところが被害を受けた府内藩も、藩主をはじめ家臣や村民など計一六名が処分を受けた。なかでも藩主近形《ちかのり》は逼塞《ひっそく》（謹慎刑）という厳しい処分であった。農民が他藩の役人を襲うという、身分制度を揺るがすような事件であったにもかかわらず、喧嘩両成敗になったことは、府内藩にとって到底納得がいかなかったと思われる。

なお幕府の評定所は、両村の境界問題については何も決定を下さなかった。そのため赤松村の本村である浜脇村が幕府に民事訴訟を起こした。評定所は双方で協議して解決するよう命じたが、府内藩の農民は、浜脇村の言い分をほぼ認める内容で示談書を取り交わしている。

こうした一連の出来事で、幕府領との争いに懲りた府内藩は、翌宝暦十二年四月、領民に対し幕府領との交際を禁じる法令を出している。

遠島八名の塔

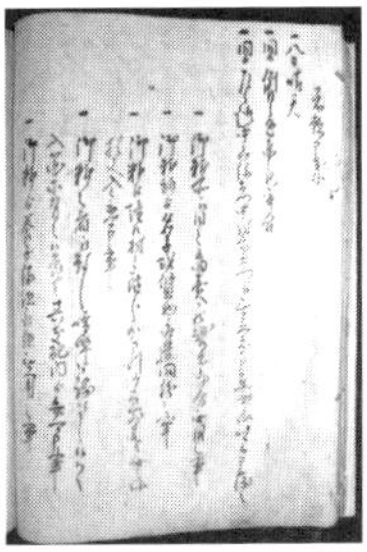

事件の顚末を記す「府内藩記録」（大分県立先哲史料館蔵）

③

産業・交通の発達

畳表の材料である七島藺を、藩の特産品として江戸や大坂へ売り出し、藩収入を増やした。城の西北隅にある堀川は商船の出入り用に掘られたもので、入口の港を京泊と呼んだ。府内城下から他の城下などへ通じる脇街道は五つほどあった。

特産品――七島藺

府内藩における最も代表的な特産品は、七島藺《しっとうい》である。この七島藺（カヤツリグサ科の宿根草）の茎を細かく裂いて織った敷物を七島莚《むしろ》（豊後表）という。藺草に比べると、肌触りは荒いが丈夫であったので、畳表・莚・莫蓙《ござ》として重用されていた。

七島藺の原産地は東南アジア。琉球にも野生のものがあるが、豊後へ伝来したのはトカラ列島（現・鹿児島県鹿児島郡十島村《としまむら》）からのもの。同列島は大小あわせて一二の島からなるが、古来より「七島」と呼ばれ、藺名の由来となっている。

七島藺が豊後へ伝来したルートは二つあり、いずれも伝承による。

一つは、万治三年（一六六〇）、日出《ひじ》藩士の長谷川伝兵衛《でんべえ》が農民四人を連れて薩摩に渡り、栽培や製織の方法を学び、翌年に苗と莚織機を持ち帰ったというもの。当時の日出藩主は三代木下俊長。俊長は、日出で栽培された苗を、自らの病気平癒祈願で功のあった杵築藩八坂村（現・杵築市）庄屋の森永五郎右衛門に与えたことから、杵築藩にもすぐに伝わった。

もう一つは、府内の商人橋本五郎左衛門が伝えたというもの。府内城下町の桜町で荒物商を営む五郎左衛門は、商用で薩摩に赴いた際、そこで初めて七島莚を見る。府内の茅莚より色艶が良く堅牢であることに驚き、帰国後、兄の八郎右衛門に相談し、苗を持ち帰って生産・販売することを考える。彼は寛文三年（一六六三）二月に再び薩摩に入り、そこから琉球へ向かう。ところが途中で暴風雨に遭い、七島（トカラ列島）に漂着する。幸いにもここが七島藺の産地であったので、彼はたいそう喜んで、島民に苗を分けてくれるよう頼んだ。しかし国禁ということで分けてもらえなかったため、苗を竹筒のなかに隠して持ち帰ったが、栽培に失敗する。あきらめない彼は、再び七島に上陸し、今度は数十日間ほど滞在して栽培や製織の方法を学び、苗数株を得て帰国。五郎左衛門は自家の雇人である内《うち》成村《なりむら》（現・別府市・由布市）の源六と小平村★の長七の二人に命じて、二村で試験栽培をさせた。これが成功し、以後領内に栽培が広まったという（『大分県人物志』）。

次に大蔵永常★の『広益国産考』をもとに、七島藺の栽培から加工までの様子を見てみよう。毎年五月頃に苗の植え付けが行われる。稲と比べて苗間が狭く、肥

七島藺の刈り取り
（くにさき七島藺振興会提供）

▼**小平村**
内成村に隣接する小野小平村（現・別府市）のことか。

▼**大蔵永常**
江戸後期の農学者（一七六八〜一八六〇）。豊後日田の出身。

料も多く用いた。七島藺は藺草に比べ生長が速いため、★中元前後（八月）には収穫となる。農民の背丈以上に育った七島藺を、かがんで根本から刈り取り、束ねて運ぶ。一抱え分が莚一枚に相当。豊凶にもよるが、田一反から五、六〇〇枚分の莚がとれたらしい。刈り取った夜に、裂台《さきだい》を使って七島藺を二本に裂いていく。翌朝それを戸外に出して干す。晴天なら一日、曇天なら三日ほど干して乾かす。その穂先を鎌で切りそろえ、棚にかけてさらに二日ばかり干す。干した七島藺は織機を使って莚に織る。縦糸に莔麻《いちび》（アオイ科の一年草）を用い、幅は三尺二寸（約九七センチ）、長さは六尺五〜七寸余り（約一九七〜二〇三センチ）の莚に仕上げられていく。莚一枚の重さは五〇〇目（約一・九キログラム）。農家では一人一日三枚（昼二・夜一）のペースで織ったという。

府内城下町には、延宝期（一六七三〜八一）頃、橋本屋などの莚問屋が四軒あった。十八世紀に入ると、「計屋《はかりや》」と呼ばれる三五軒ほどの莚問屋が「大坂七島惣仲間問屋」と取引を行っていた。織機で仕立てられた七島莚は、まず最初に莚問屋に持ち込まれた。一〇枚を一束とし、品質によって等級がつけられ、問屋の屋号をあしらった商標印がここで押される。七島莚は港から船に積まれ大坂で一旦水揚げされ、そこから最大市場の江戸へと送られていった。

府内藩は当初、莚問屋から一定の手数料をとる間接専売制をとっていた。ところが文化元年（一八〇四）に莚会所を設立し、専売制に乗り出した。文化四年に

▼藺草の生長
藺草の場合は十一月中旬〜十二月中旬頃に苗を植え付け、翌七月頃に収穫が行われる。

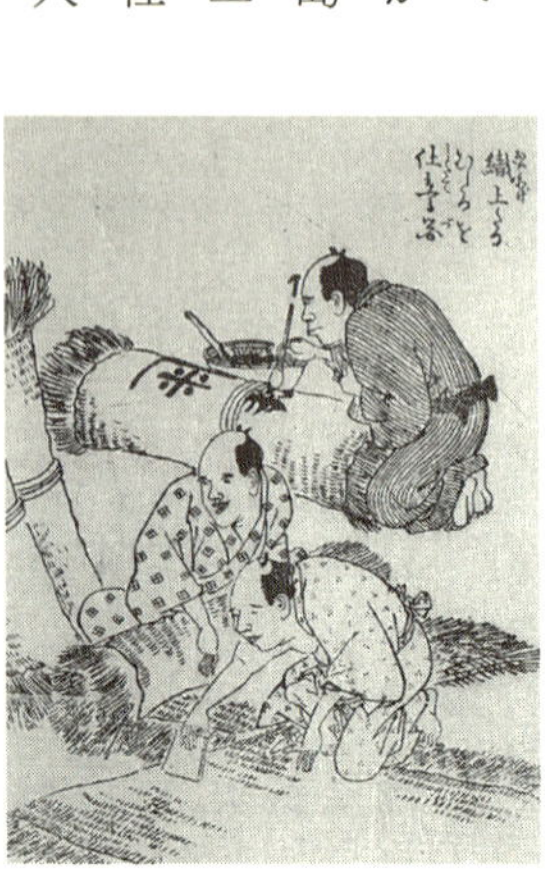

「織上たるむしろを仕立る図」
（大蔵永常『広益国産考』）

は仲買を許し、買い付けの強化を図った。文化末年頃になると、他所売り禁止令を頻繁に出し、隠目付や莚見回を設けて、他所売りの防止につとめた。

天保十三年（一八四二）から始まった廣瀬久兵衛による財政改革では、困窮農民に七島藺の苗代《なえだい》を貸与し、なるべく高値で七島莚を買い取るなどして、莚会所への全量集荷と七島莚の増産を図った。さらに久兵衛は、大坂問屋の中間マージンを排除するため、七島莚の江戸への直接販売制を推進した。

七島莚は、七島藺の栽培から加工まで大変な重労働を必要としたが、反当たりの収入は米の三倍ともいわれた。そのため国東半島東部から別府湾沿岸地域を中心に盛んに生産され、「豊後の青莚とも表とも云」（『広益国産考』）われるほど、豊後を代表する特産品となった。莚の生産量は「府内五万束、杵築なる国東郡の高田をかけて二一万束、此外日出、横灘所々の数を集て七八万束」で、なかでも「府内なるを上品と定む」といわれていた（「豊後国速見郡鶴《つる》見《み》七湯《しちとう》廼《の》記《き》」）。

昭和三十年代初頭までは年間五百万枚ほど生産され、昭和三十九年（一九六四）の東京五輪では日本武道館の柔道会場に七島藺の畳が敷かれるなど、この頃まではよく利用されていた。ところが安価な中国産の畳表や生活様式の変化に伴う需要の減少により、現在では全国で国東市の七戸のみが年間二〇〇〇～三〇〇〇枚を生産するにとどまっている。

青島神社（大分市三芳）
七島藺を府内にもたらした橋本五郎左衛門を祀った神社。藺業関係者が明治十四年（一八八一）に浜の市の柞原八幡宮御旅所内に同社を建立したが、明治二十三年に現在地に移された。なお五郎左衛門は、杵築の青莚神社（昭和十一年〈一九三六〉創建）でも祭神となり、その功績が讃えられている。

瀬戸内海航路

大量の物資を運ぶには水上輸送が適している。近世期に入り、政治・経済が成熟するにつれ、大坂と江戸を中心とする全国的な海上交通網が次第に整備されていった。

瀬戸内海に面し、長い海岸線を持つ豊前・豊後地域には数多くの良港があった。下の絵図は、臼杵から大坂までの瀬戸内海航路を描いたものである。現在の大分市域の沿岸部をみると、高崎山の麓から佐賀関の東端にかけて順に「白木、田ノ浦、イクシ、ダノ原、セイケイ、府内、今つ、萩原、ミサ、家島、鶴崎、北村、大サイ、王ノ瀬、原村……」といった、今も残る地名が確認できる。

萩原までが府内藩領である。ミサ（三佐）は岡藩領、家島は臼杵藩領、鶴崎は熊本藩領で、藩主の参勤交代、年貢米・物資の集散、船旅の往来などで賑わった。府内城下の堀川口（京泊《きょうどまり》）は、物資移出入の重要な港であった。また沖浜町には大分川沿いにある臼杵藩領の村の年貢を積み出す港が設けられていた。安政五年（一八五八）には、直入郡の幕府領一二カ村が、原浦★に代わる年貢積出港として「勢家村内沖浜」を要求することもあった（「田北家文書」）。

安芸国忠海《ただのうみ》港の廻船問屋浜胡屋《はまごや》（荒木家）の「客船帳★」をみると、次頁下の表

「瀬戸内海航路図」（臼杵市教育委員会蔵）

▼原浦
原浦は正徳二年（一七一二）より日向延岡藩領。原浦湊からは大分郡と直入郡の幕府領で集められた年貢米が積み出され、年貢米を貯蔵する「浜御蔵所」が設けられた。

▼客船帳
廻船問屋が、船籍地別に、積み荷を売りに立ち寄った廻船の寄港年・船主・積み荷などを記録したもの。

に示すような特産品が府内の港から運ばれていたことがわかる。

嘉永四年（一八五一）に大坂から海路で府内を訪ねた廣瀬旭荘★の日記から、当時の船旅の様子をみてみよう。

旭荘は府内藩蔵屋敷留守居の谷口宗助の紹介で、同年六月十日、安治川沿いの「第三街」から上流へ数町ほど離れた場所で「府内舟」に乗船。船の名は「灘吉丸」で、二百石船。積載物の量は夥しく、船倉にまで客席を設けるなど、中は混雑していた。十一日、一〇町（約一〇九〇メートル）ほど進んだ所で、強い西風のため停泊。十三日の午前になって、ようやく出発。午後、一ノ谷の南畔を通過し、午後四時頃明石に到着し、停泊。十四日、小豆島南畔の観音崎を通過。左岸に五剣山や遠く屋島を見ながら進行。十五日午後、多度津に入港、上陸。この日は福山の南海上で停泊。十六日午前に鞆の浦に入港、上陸。その後、百貫島《ひゃっかんじま》（現・愛媛県越智郡上島町）のそばを通過。十七日の夕暮れ、忠海に至り停泊。十八日から二十一日までは大崎下島（現・広島県呉市豊町御手洗）に滞在。二十一日夜出発、二十二日は、北条岬、鹿島を過ぎ、太山寺《たいさんじ》（現・愛媛県松山市）の麓下に停泊。二十三日、三津浜を過ぎ、午後になりようやく豊後諸山が見え始める。この日は伊予長浜付近に停泊。以後、悪天候のなかを西進し、強まる風雨の様子をうかがいながら、二十五日、府内城下から一〇町ほど離れた海上に停泊。そこから艀《はしけ》（小舟）で「細路如帯」という幅二丈の渠《きょ》中に入り、ようやく港口に達し上岸した。

▼**廣瀬旭荘**
日田の儒学者廣瀬淡窓の末弟（一八〇七〜六三）。旭荘は当時、大坂で開塾。この年、淡窓の古希を祝うため帰郷を決意。次弟の久兵衛が府内藩の藩政改革に従事していた関係もあり、府内経由で日田に帰郷した。

忠海「浜胡屋」への廻船

年	廻船	問屋	商品
文化12年		木崎屋文三郎	不明
文化14年		浜屋喜三右衛門	不明
文政９年		板屋利助	たばこ
天保３年		梅屋政五郎	かつおぶし
年不詳		ぬしや兵助	不明
年不詳	住吉丸	伊七	肥後米
年不詳	泰宝丸	兵蔵	小麦・大豆
年不詳	天力丸	岩田屋林平	椎茸・糠米

（『大分市史』中より）

海からみた府内の港は「湾口青松横列、遠眺絶佳」と、旭荘は記している。★

旭荘は安政四年（一八五七）三月にも府内を訪れた。そのときは府内から海路で大坂にもどっている。乗船した船は「観音丸」という名の百五十石船。三月二十日に府内を出帆し、深江や多度津などを経て、四月一日に大坂にもどっている。

城下と村をつなぐ道

江戸時代は全国支配が確立したことから、交通路の整備がすすんだ。陸の道である街道のうち、五街道は道中奉行が、それ以外の街道である脇街道（脇往還）は勘定奉行が、それぞれ管理・支配した。豊前・豊後ではとくに、城下町を起点とする中小の脇街道が整備された。

府内城下から他の城下などへ通じる脇街道は五つほどあった。

その第一は、永山布政所路。道の呼称は、目的地の名称をとってつけられるのが一般的である。この街道は大分郡高松陣屋（代官所）から府内・森を経て、日田の永山布政所（日田代官所）に通じる道である。

第二は、肥後街道。鶴崎から府内・野津原・久住・直入を経て、熊本城下まで至る道である。肥後熊本藩は久住・野津原・鶴崎の三カ所に宿場町を設け、参勤交代でこの道を利用した。

▼灘吉丸の乗船者
旭荘および同行した門人三名以外の乗船者は次のとおりであった。
（旅客）
西願寺泰順（河内長田村僧）・威徳寺達性（府内僧）・帯屋惣八郎（府内人）・甚右衛門（府内庄内人）・米屋道太郎（萩原人）・橘屋万蔵（伊勢桑名人）・日野屋佐吉（大坂島内下大和橋北畔人）・万助・播磨屋定七（南堀江人）・佐吉（大坂客）
（船主）
源吉
（舵工）
新五郎・茂作・卯市

第三は、日向道。府内から戸次市《へつぎいち》・三重市を経て、祖母《そぼ》・傾 山《かたむきさん》系を越え日向の延岡まで達する道である。

第四は、豊前道。古代の西海道東路の一部で、府内と豊前大里《だいり》（現・福岡県北九州市門司区）を結ぶ道である。府内から別府までは、銭瓶峠《ぜにがめとうげ》を越える山道と、危険ではあるが近道となる海沿いのがけ道の二コースがあった。

第五は、伊予街道。府内から鶴崎を経て、佐賀関や伊予（現・愛媛県）に通じる道である。江戸時代は「海部郡《あまべぐん》佐賀関路」と呼ばれた。

この他にも、府内から臼杵や佐伯、岡に通じる道があった。

府内藩の御用達であった日田の廣瀬久兵衛が、天保三年（一八三二）の九月から十月にかけて、府内・臼杵・竹田を所用で訪ねている。そのときの行程は次のようなものであった（「廣瀬久兵衛日記」）。

まず、九月二十六日の明四つ時（午前十時頃）、日田の自宅を出立。戸畑村（現・玖珠郡）で人馬を継ぎ替え、夕七つ時（午後四時頃）森（現・玖珠郡）に着き、同地で宿泊。翌二十七日の明六つ時（午前六時頃）に森を出立。並柳《なみやなぎ》（現・由布市湯布院町）で人馬を継ぎ替え、昼食をとる。夕六つ時（午後六時頃）に赤野（現・由布市挟間町）に着き、同地で宿泊。二十八日の明六つ時に赤野を出立。賀来村（現・大分市）で人馬を継ぎ替え、明四つ時（午前十時頃）に府内に到着。日田を出立してから府内に到着するまで、丸二日を要している。府内では塩屋善五郎宅に三泊した。

　十月一日の明六つ時、府内を出立。犬飼（現・豊後大野市）で人足を継ぎ替え、夕六つ時（午後六時頃）原田村（現・豊後大野市千歳町）に着く。同村の大庄屋大津留研蔵宅に同月十九日まで宿泊。

　十月二十日の明六つ時、原田村を出立。野津市（現・臼杵市）にて昼食をとり、人足を継ぎ替える。夕七つ時に臼杵に到着。臼杵では六泊した。

　十月二十六日の明五つ時（午前八時頃）、臼杵城下を出立。行きの道と同じく、野津市にて昼食をとり、人足を継ぎ替える。夕方、三重市（現・豊後大野市）に着き、庄屋多田善左衛門宅に宿泊。翌二十七日の明六つ時、三重市を出立。岩戸（現・豊後大野市）を経て上自在（現・豊後大野市）で人足を継ぎ替える。片ケ瀬（現・竹田市）で昼食をとり、ここでも人足を継ぎ替え、夕九つ時過ぎ（正午頃）に岡城下の客屋に到着。

　現代の交通手段に慣れた我々の目からすると、何ともその健脚ぶりには驚かされるばかりである。

豊前・豊後の近世交通図

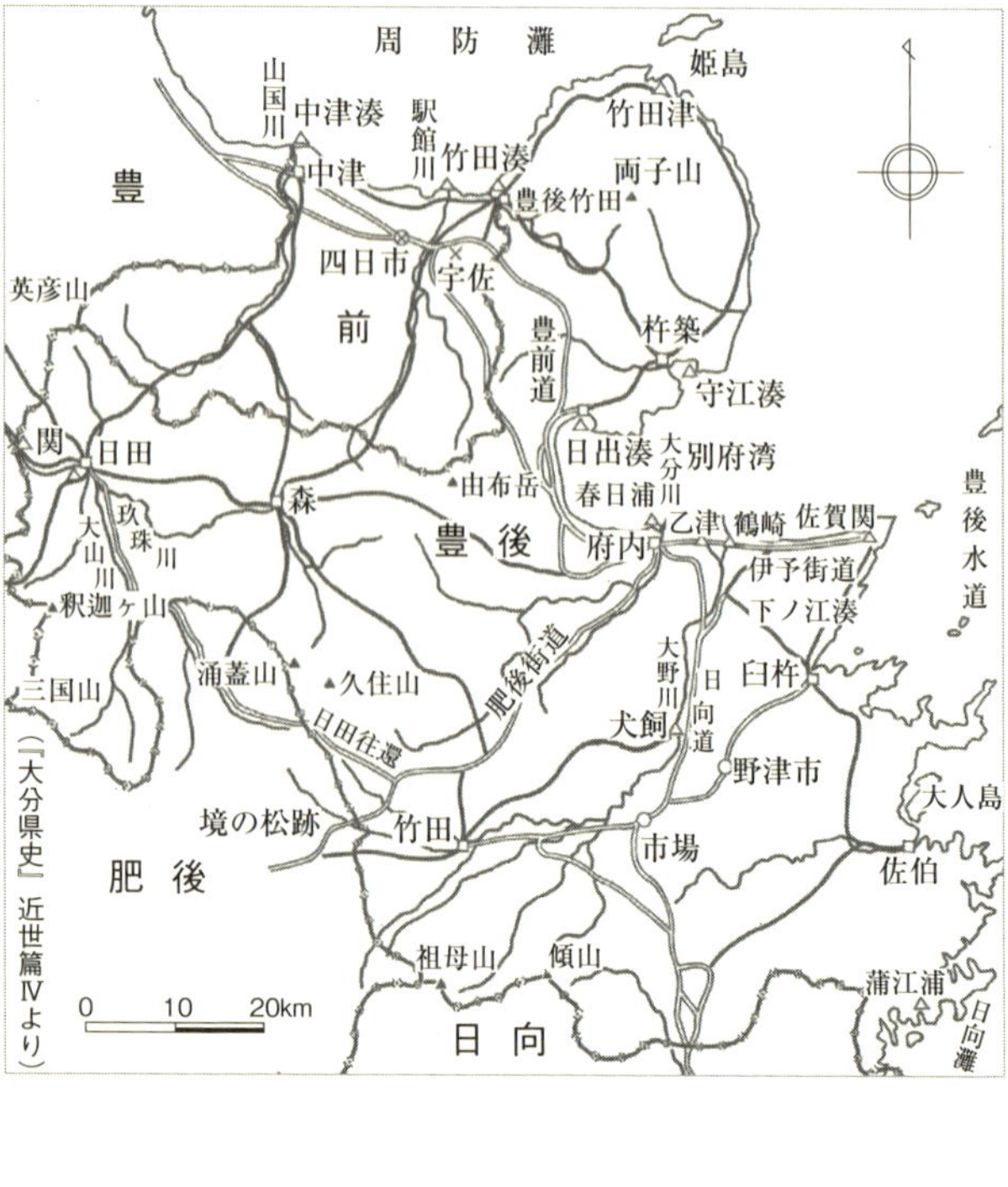

（『大分県史』近世篇Ⅳより）

◆4

災害に立ち向かう

享保飢饉の惨事を教訓に、凶年に備えて食糧を備蓄する制度が設けられた。

安政地震の際、藩は被災者の救援や食糧の配給など、迅速かつ的確な初動対応をとった。

疱瘡（天然痘）の予防接種は、家老の息子が最初に受けたことで、普及していく。

飢饉

江戸時代の飢饉といえば、享保・天明・天保の三大飢饉が有名である。府内藩の場合もやはりこの時期に凶作や災害が多発している。なかでも、享保十七年（一七三二）、天明六〜七年（一七八六〜八七）、天保六〜七年（一八三五〜三六）の飢饉による被害は甚大であった。

被害が一番大きかったのは、享保十七年の飢饉である。この年の年貢収入は四千六百石で、平年の三分の一にも及ばなかった。不作の原因は、ウンカ★の異常発生であった。六月頃から「田方《たかた》虫気強く御座候」（「府内藩記録」）といった報告が村々からなされるようになった。そこで害虫を追い払うための祈禱や神楽が行われた。鯨油による注油駆除法なども試みられたが、すでに手遅れであった。

▼ウンカ
稲などの茎や葉から液を吸って枯死させる害虫。

十一月になると、藩から飢人《うえびと》に食糧が支給されている。その数は府内城下の近辺だけで六〇〇人近くに及んだ。翌享保十八年三月になると、府内藩領で一万一四四〇人もの飢人が確認されている（「虫付損毛留書」）。当時の藩人口の三割近い人々が飢餓状態にあったことになる。

事態を重くみた幕府は、被災地に所領をもつ大名らに対し、高一万石につき一〇〇〇両の割合で「拝借金」を貸し与えた。府内藩はこのとき三〇〇〇両を拝借し、大坂から二百五十石余の米を購入して救助米に充てた。さらに幕府は、各地の城米《じょうまい》★などを救助米として回送したので、府内藩は千四百石ほどの米を得ることができた。

この享保飢饉の惨事を教訓に、幕府や府内藩は凶年への備えを強化した。

幕府は、宝暦三年（一七五三）に囲籾の制度を諸藩に命じた。これは、高一万石につき籾一〇〇〇俵を蓄えるというもの。早速これが功を奏し、宝暦五年の凶作では、翌六年の二月に囲籾の払い下げが行われた。

寛政四年（一七九二）には府内藩も義倉という独自の救済制度を設けた。これは藩内すべての者が身分や格式に応じて大麦・粟を供出するものである。毎年、夏と秋の二回に分けて集め、各郷におかれた備蓄用の倉庫に蓄えた。ところが義倉は人数に応じての供出であり、貧しい農民ほど負担が大きかった。そのため、文化九年（一八一二）の一揆で農民から廃止の要求があり、藩もこれを認めている。

▼城米
幕府や譜代諸藩などに備蓄された米のこと。御城米、城付米とも。豊後では杵築と府内に備蓄された。

府内藩における義倉の負担

負担者＼負担量		男 大麦・粟	女 大麦・粟
藩士	120石以上	5（合）	3（合）
	120石未満給人格	4	2.5
	中小姓以下徒士	3	2
	その他	2	1
農民・町人	上	5	3
	中	3	2
	下	2	1
	孤独者	1	0.5

（「府内藩記録」より）

天明六〜七年の飢饉は風雨洪水や虫害が原因で、享保のときと同じく、城下に近い町組や里郷で被害が大きかった。

天保期の飢饉は、とくに天保六年がひどく、損毛は一万五千四百三十八石余と、享保十七年に次ぐ被害を記録した。原因は低温と風雨洪水であった。享保、天明とは異なり、生産性の低い中郷から奥郷にかけての地域に被害が集中した。

幕府・藩による救助米や救荒用食物の配給だけでは足りず、寺院や富者によって粥などが施されることもあった。それでも足りず、人々は山に入り、口にできる食物を手当たり次第に探した。そのなかには毒に当たって命を落とした者も多かったと思われる。

地震・火災

古今を問わず、最も怖い天災（自然災害）の筆頭にいつも挙げられるのが地震である。平成二十三年（二〇一一）三月に起きた東日本大震災は、死者の数が一万五〇〇〇人を超える大惨事となった。死因の九割は津波による水死であった。このように地震が怖いのは、津波や火事、建物の倒壊などの二次災害で命を落とす人が出るからである。

大給府内藩の成立以降で、府内に被害をもたらした地震は、一三三頁の表に示

ヒガンバナ
秋の彼岸の頃、赤色の花をつける。鱗茎（りんけい＝地下茎・球根）にデンプンが含まれるため、飢饉食として利用された。ただ、食用とするには、すりつぶし、十分に水でさらして毒抜きをする必要があった。

虫除け祈願の銘が刻まれた鳥居（大分市弥栄神社）
「畎畝（けんぽ）不蝗（ふこう）の年は嘉穀（かこく）を錫（たま）う」の文字から、虫害に遭わず、豊作を願う人々の切なる思いがうかがえる。

すように少なくとも七件が確認されている。そのうち府内に津波による被害をもたらしたのが宝永四年（一七〇七）の地震である。この地震は東海道沖から四国沖の広い範囲を震源とする、日本最大級の大地震であった。★この地震によって府内城や家臣らの屋敷が壊れる被害が出た。そして津波が二回押し寄せているが、それほど大きなものではなかったようだ。それでも家中の妻子や町人らは上野原に避難している（「府内藩記録」）。

府内藩に最も大きな被害を与えたのは安政元年（一八五四）の地震である。★このとき地震は十一月四日・五日・七日と連続して起こっている。震源は、四日が遠州灘沖、五日が紀伊半島沖から四国沖にかけて、七日は豊予海峡であった。とくに五日の地震はマグニチュードが八・四、府内の震度は五～六と推定されている。府内では潰れた家が勢家《せいけ》・生石《いくし》・駄原《だのはる》で約二〇〇軒、即死は六人、怪我人は数知れず、柳町では潰れた家二軒が焼失、萩原では長久寺が大破したという（「廣瀬久兵衛日記」）。府内城の「御殿」も破損したため、藩主一家は野外で過ごし、六日未明から廊下橋前に仮御殿を建て始め、同日午後二時過ぎに完成した。

地震が発生した「申の中刻」（午後四時前後）は、夕食の支度で火を使う時間帯であったため火災が多く発生し、住む家を失った人が多かった。そこで、藩は五日夜から領民への炊き出しを始めた。その際、炊き出しの「黒米」（玄米）を領民だけでなく、当時府内に滞在していた旅人にも配っている。また七日からは、

▼宝永地震
南海トラフのほぼ全域にわたってプレート間の断層破壊が発生したと推定されている。江戸時代、南海トラフを震源とする巨大地震はこの他に、慶長地震と安政地震がある。

▼安政地震
同年十一月二十七日に「安政」と改元された。したがって地震が発生したときは嘉永七年であった。

近隣の諸藩だけでなく小倉にまで飛脚を送って情報収集に努めた。地震発生から約一カ月が経過した十二月十二日、藩主近説は廊下橋の仮御殿前で被災した人々に対し、言語に絶する非常事態ではあるが、この苦難を乗り越え、質素倹約に励むよう演説した。被災者に手当を支給する旨も伝えている。このように府内藩は、地震発生直後から被災者の救援に迅速に対応していることがわかる。

次に火災についてみてみよう。府内藩では元禄〜安政年間に二四件の大火が起きている（「府内藩記録」）。そのなかで府内城下最大の火災といわれるのが、寛保三年（一七四三）の大火である。この年の四月七日、夕八つ時（午後二時頃）、城下下柳町《しもやなぎ》（現・大分市都町）の市兵衛宅から出火し、強風にあおられ、町四カ所の家数の約七割に当たる一〇七九軒が焼失。昼間の火災であったので、死者は三名と少なかったが、城の天守閣をはじめ、城内の大半の建物が焼失した。焼失した諸櫓は再建されず、これ以後の府内城は天守閣を欠く城となった。

また、府内城下は幕府領の高松代官所に隣接していたので、「公料火事番」を設け、常に出動に備えていた。寛政七年（一七九五）に「鶴崎・三佐・高松・千歳・乙津出火之節心得」が出されているので、火災の場合は他領にも駆けつけたことがわかる。

府内藩に被害をもたらした地震

和暦	西暦	損害等
元禄11年９月21日	1698年10月24日	「所々破損」
元禄16年11月23日	1703年12月31日	府内藩に地震被害（「楽只堂年録」）
宝永４年10月４日	1707年10月28日	「御城中御天守櫓・土塀・石垣并御家中屋敷、町家迄大破に至る」
寛延２年４月10日	1749年５月25日	「千石橋大破」
明和６年７月28日	1769年８月29日	「城中櫓残らず破損」、潰家271
安政元年11月４～７日	1854年12月23～26日	「城中過半破潰、御家中町在共大破」
安政４年８月25日	1857年10月12日	諸城破損。震源は大分ー三崎半島線東

（『大分県史』近世篇Ⅱ、平井義人「古文書に見る大分の地震・津波」をもとに作成）

疫病

疫病とは流行病・伝染病のことである。江戸時代を代表する疫病として、ここでは疱瘡《ほうそう》とコレラについてみてみよう。

疱瘡とは天然痘の俗称で、痘瘡ともいう。天然痘ウイルスを病原体とする感染症の一つで、非常に強い感染力を持ち、全身に膿疱《のうほう》を生じる。治癒しても痘痕《あばた》を残すことから、世界中で不治、悪魔の病気と恐れられてきた。★

その疱瘡が嘉永二年（一八四九）に大流行した。府内藩領でも多くの死者が出た。当時家老をつとめていた岡本主米《しゅめ》の娘二人も、これに感染し亡くなった。事態を打開するため、主米は藩医の堀恕庵《ほりじょあん》に命じて、種痘の導入を図ろうとした。当時、長崎で楢林宗建が牛痘接種に成功していたが、その効果を疑う、あるいは危険視する者が多かった。そこで同年、主米の子や恕庵の孫ら三人に領内で最初の種痘を行った。これによって、種痘は普及した。嘉永五年、恕庵の建白により医学館が開設され、医学臨床教育と合わせて、ここで種痘が行われた。

次にコレラである。コレラは元来、インドのガンジス川流域の風土病である。潜伏期間は一〜五日。発病すると、米のとぎ汁のような下痢と嘔吐を繰り返し、脱水症状に陥る。筋肉の痙攣なども引き起こし、早ければ発病から三日以内で死

▼天然痘
ＷＨＯは昭和五十五年（一九八〇）五月八日に根絶宣言を行った。天然痘は世界で初めて撲滅に成功した感染症である。

亡する。感染者の死亡率が高かったこともあり、民衆のあいだでは「虎狼痢《ころり》」「コウロリ」「三日コロリ」などと呼ばれ、恐れられていた。

日本で初めてコレラが発生したのは文政五年（一八二二）である。感染経路は朝鮮半島や琉球などといわれているが明らかでない。このときは西日本が中心で、江戸には達していない。その後は、安政五～六年（一八五八～五九）、文久二～三年（一八六二～六三）、明治十二年（一八七九）などに大流行した。

文久二年の府内藩の記録をみると、「八月九月コロウリ流行、人多ク死、牛馬同」（「府内由来日記」）、「虎狼痢ト称ス下痢性流行」（即願寺「過去帳」）などとある。この年は夏から秋にかけて麻疹や疫痢が、続いてコレラが流行した。由布市挾間町にある即願寺「過去帳」をみると、この年の死者の合計が四三人であるが、七、八月の二カ月で二二人と、年間の半分以上を占めている。しかも死者の大半は子どもか壮年の男女であったことから、いかに猛威を振るったかよくわかる。

府内藩で最初に種痘を受けた岡本英太郎
（『大分の医療史』より）

大給府内藩ゆかりの史蹟

浄安寺墓苑（上野墓地公園内）

府内城三の丸の浄安寺にあった墓の一部が、戦後この墓地に移された。大給家合葬墓に加え、近禎・近形・近義・近訓の墓が建つ。他に岡本、玉置など旧府内藩士家の墓もある。

松栄神社

大給松平家の遠祖である近正・一生を祀る神社。江戸時代は松栄山（現・大分市護国神社付近）にあったが、明治十九年（一八八六）に堀川（現・大分市都町付近）に移り、明治三十三年に現在地に移転した。同社には藩主家旧蔵資料が多数伝わる。

福寿院

大給松平家の祈禱所。真言宗寺院。江戸時代は三の丸東側（現・大分県庁舎新館付近）にあった。藩主は当院で五穀豊穣や雨乞いの祈禱を行い、家臣たちも武運長久・家内安全の祈願を依頼した。明治三年（一八七〇）、現在地に移転。

福寿院

浄安寺

大給松平家の菩提寺。浄土宗寺院。一生が、慶長五年（一六〇〇）に伏見城で戦死した父・近正の冥福を祈って、下野国板橋（現・栃木県）に創建。その後、松平家の転封とともに移動し、万治二年（一六五九）以降は府内城三の丸（現・大分銀行本店付近）にあった。江戸時代は、国元で亡くなった忠昭・近陣・近信の霊廟があった。戦後、現在地に移転。その際、近貞の墓のみが境内に移された。

浄安寺

第四章 日田廣瀬家との関わり

藩政改革を担った六代久兵衛の頃から、府内藩と廣瀬家の関係は緊密さを増した。

① 藩の御用達・廣瀬家

天領日田の豪商で、代官所出入りの掛屋を営んでいた廣瀬家。歴代当主は家業の傍ら、俳諧や小説を嗜み、文事に優れていた。四代月化のときに、廣瀬家は府内藩の御用達となる。

廣瀬家の出自

廣瀬家の祖先は、甲斐の戦国武将・武田信玄の家臣であった廣瀬郷左衛門の弟将監正直といわれている。その二代後の五左衛門（一六五六～一七四二）が延宝元年（一六七三）に筑前博多から豊後日田郡豆田魚町《まめだうおまち》（現・日田市豆田町）に移り、農業・商業を営んだのが廣瀬家の始まりである。九州の真ん中に位置する日田は、「水郷《すいきょう》」と呼ばれ、古くから交易の地として栄えた。近世に入ると、幕府の日田代官所（のち西国筋郡代役所）が置かれ、その支配地は十万石を超え、九州の幕府領支配の中心であった。廣瀬家は屋号をはじめ「堺屋」、のちに「博多屋」と称

廣瀬家略系図

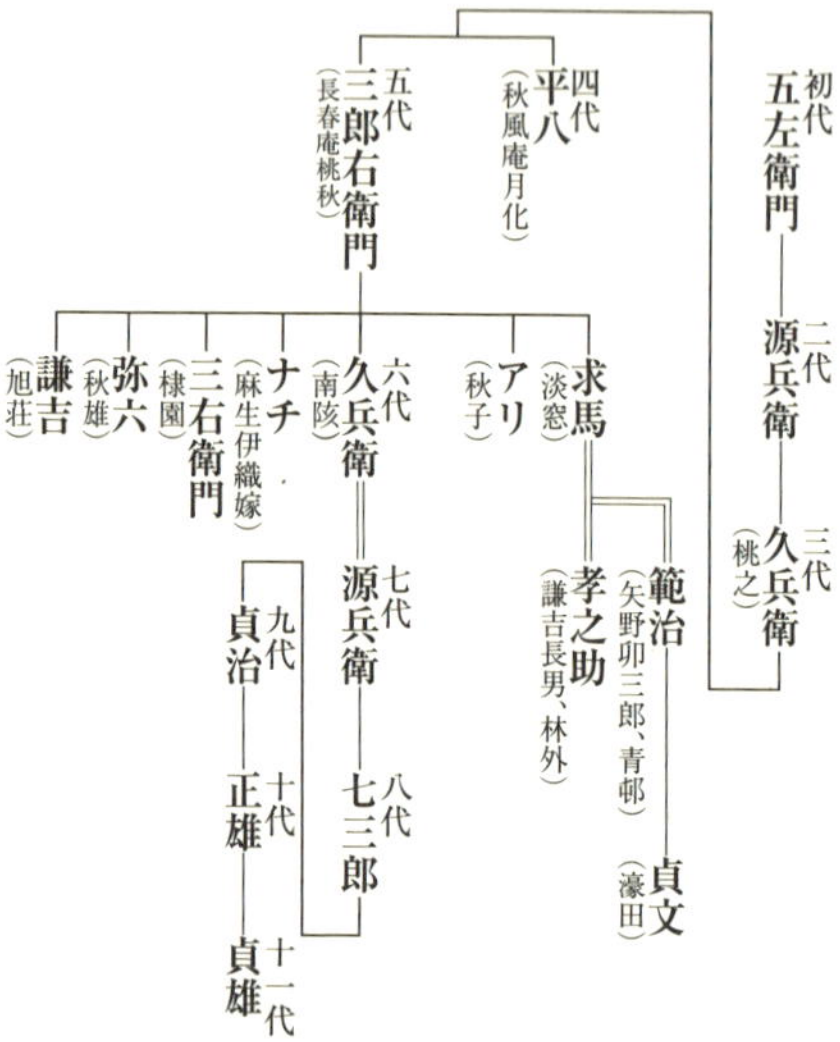

（「廣瀬家譜」「廣瀬氏略系譜」などをもとに作成、二重線は養子）

した。代官所へ出入りを始めたのは二代源兵衛（一六七九～一七六六）のときからで、この頃から商いを本業とするようになった。

三代久兵衛（一七一四～九三）の代に家業は大いに発展した。生涯のうち三〇回も大坂と日田の間を往復するなど、商品の販路拡張に熱心に取り組んだ。また利殖の才に長け、蓄財ができると少しずつ田畑、山林、家屋を購入して財産を増やしていった。その一方で、貸付金の取り立てに執着せず、弱者に寛容で慈悲深かったため、徳望があった。久兵衛が遺した教訓「心高身低（志は高く身は低く）」は、廣瀬家の家訓とされている。また久兵衛は俳諧が得意で、俳号を桃之と称した。

府内藩の御用達となる

廣瀬家が府内藩と関係をもつようになったのは四代月化《げっか》（一七四七～一八一二）のときからである。明和六年（一七六九）、二十三歳のとき、代官所に命じられ、岡（竹田）・杵築・府内三藩の御用達《ごようたし》となった。廣瀬家が諸藩の御用達をつとめるようになったのはこのときからで、その後、肥前蒲池藩や対馬藩田代領の御用達も命じられた。さらに、月化の頃から代官所の公金取扱を認められた掛屋の仕事を担うようになった。

「心高身低」扁額
（廣瀬資料館蔵）

廣瀬月化肖像
（廣瀬資料館蔵）

月化は幼少の頃から俳諧を嗜み、俳号を桃潮、のち月化、秋風庵と称した。

天明元年（一七八一）に家督を弟桃秋に譲り、堀田村（現・日田市淡窓）に新居「秋風庵」を建て夫婦で移住し、そこで俳諧の宗匠として隠居生活を送った。

月化は安永二年（一七七三）四月八日に、大給府内藩六代藩主近儔《ちかとも》に謁見した。月化が府内藩の御用達をつとめていた頃の業務の詳細はよくわかっていないが、隠居後は府内藩関係者と文化交流を行っていたという記録が残っている。弟の長男で、私塾咸宜《かんぎ》園を創った廣瀬淡窓《たんそう》（一七八二～一八五六）の日記をみると、文政元年（一八一八）十二月三日、府内藩士の芝岡物集女《もずめ》が秋風庵を訪れ、月化と二更（午後九時～十一時頃）まで酒を酌み交わしたことが記されている。彼は芝岡家五代孝繁のことで、当時三十六歳。金奉行と勘定奉行・郡奉行助役を兼務していた。学問所助教を二度つとめるなど、文事に長けた人物であったので、月化との俳諧談義も盛り上がったことであろう。★

月化のあと、廣瀬家の家督を継いだのが弟桃秋《とうしゅう》（一七五一～一八三四）である。五代当主となった桃秋は本業の商いとともに、府内藩を含む各藩の御用達の仕事を引き継いだ。桃秋は少年の頃から読書を好んだ。父が、学問に凝って世事に疎くなることを心配して、読書を禁じたほどである。後年、『小説箒木《ははきぎ》』など数種の小説を著している。その後、体が弱かった長男の淡窓には学問を続けさせ、弟の久兵衛に家督を継がせている。六代当主となった久兵衛の代に、廣瀬家はめざ

▼芝岡物集女と廣瀬家
このとき頼山陽が日田に滞在中であったので、その関係で来訪した可能性もある。ちなみに芝岡は文政八年に、府内藩士子弟の守田尚賢を咸宜園に入門させている。

廣瀬桃秋肖像
（廣瀬資料館蔵）

ましく発展し、とりわけ府内藩との関係が大いに深まっていった。

六代当主久兵衛

久兵衛★は、寛政二年（一七九〇）、五代当主桃秋の三男（二男は早世）として生まれた。本来は長男の淡窓が、廣瀬家を継ぐのが筋であったが、病弱であったことに加え、学問を好む性格であったため、父桃秋は、弟の久兵衛に家督を継がせることにした。そのため久兵衛は、幼い頃から桃秋に随って日田代官所に出入りしていた。兄淡窓が合原ナナと結婚した文化七年（一八一〇）、久兵衛は家督を相続し、六代当主となった。当時二十一歳であった。

久兵衛は文政元年（一八一八）十二月十五日、藩主近訓《ちかくに》に謁見し、二人扶持を加増されて五人扶持となっている。同日の「府内藩記録」をみると、「日田博多屋久兵衛儀、この節銀札一件に付き、ひと通りならず精勤いたし候につき」とある。「銀札一件」とは、この年の七月頃に始まった銀札崩れ騒動のことである。

同年夏、藩の銀札場で銀貨への交換に応じられない事態が起きたため、「銀札崩れ」の風評が広まり、銀札を銀貨に換えようとする人々が銀札場に殺到し、大恐慌となった。財政が破綻する寸前まで追い込まれた藩は、凶作などの備荒用に蓄えていた囲米を財源に充てたり、町方の有力者に銀を借りたりしながら急場を

▼**久兵衛**
名は嘉貞（よしさだ）。字は子礼。久兵衛は通称で、ほかに南陔（なんがい）・扶木（ふぼく）などの号を用いた。

廣瀬久兵衛肖像
（廣瀬資料館蔵）

切り抜けた。廣瀬家は府内藩の御用達であったので、このとき久兵衛は多額の出銀はもちろんのこと、いろいろと東奔西走した。したがってその働きに報いる意味での加増であったと思われる。久兵衛はこの日、藩主近訓から羽織や時服などの諸品も賜っている。さらにその翌年には、六代藩主近儔《ちかとも》（不騫《ふけん》）から「松鶴画賛」が贈られている。❖1

　天保三年（一八三二）には、五人扶持を加増されて十人扶持となった。その前年に、府内藩が掛屋の丸屋幸右衛門から銀二〇貫（約金三二五両）を借用した際、久兵衛が請人となったことなどが影響しているのかもしれない。

　久兵衛は天保元年に家督を養子の源兵衛に譲っているが、その後も各藩の御用達の仕事は父子連名で行った。しかし、財政コンサルタントとして久兵衛を招聘しようとする藩が多かったため❖2、天保七年に掛屋職を、同八年に庄屋職を源兵衛に譲り、家業から完全に身をひいた。そして同九年から対馬藩の財政に関与するようになった。

　この久兵衛を府内藩が財政顧問として招聘したのが、天保十一年。久兵衛は同十三年から本格的な藩政改革を実施した。そして明治三年（一八七〇）十二月まで府内に居を構え、財政改革や殖産興業に尽力し、かなりの成果をあげた。

　府内での久兵衛の事績に触れる前に、まずはそれ以前に行われた府内藩の藩政改革についてみてみることにする。

「松鶴画賛」（廣瀬資料館蔵）

❖1 同年（一八一九）三月三日、淡窓は廣瀬宗家を訪ね、これをみたことを日記に記している。

❖2 久兵衛は、小ヶ瀬（おがせ）井路（現・日田市）の開削や、久兵衛新田をはじめとする周防灘沿岸（現・宇佐市・豊後高田市）の新田開発など、西国筋郡代・塩谷大四郎の計画する公共事業を推進する中核として活躍した。

②藩政改革と廣瀬久兵衛

病弱な兄淡窓に代わって家業を継いだ六代久兵衛。
郡代のもとで新田開発などの公共土木事業にも才能を発揮し、活躍する。
家老の岡本主米は、その人物才覚を見込んで、久兵衛に財政改革を依頼した。

初期の藩政改革

府内藩の財政悪化はすでに二代近陣《ちかのぶ》の代から始まり、町人らに借銀しながらやりくりしていた。四代近貞《ちかさだ》の代に享保の大飢饉や寛保の大火★などの災害に見舞われ、借財は膨らみ、財政事情はさらに悪化した。

五代近形《ちかのり》の代の宝暦四年(一七五四)、府内藩で初めて藩札(銀札)が発行された。藩札は、領内の貨幣不足を補い、通貨量を調整するために発行されるのが本来の目的である。ところが実際は藩札の発行で藩内の正貨を藩庫に吸収し、対外支払いに対する財源を確保する手段となっていた。当時の財政状況は悪化の一途をたどっていた。

▼寛保の大火
寛保三年(一七四三)の大火で、府内城は天守閣などを焼失した。

藩では赤字財政を補うために、しばしば倹約令を発布した。また、前述したように町人らに出銀を何度も要請した。藩士に対しても扶持米の借り上げを実施している。さらに府内藩の特産品である七島莚を藩の専売制して赤字の補填に充てるなど、赤字解消のために懸命の努力を重ねたが、赤字は増える一方であった。

銀札の取り付け騒ぎが起きた文政元年（一八一八）、危機感を覚えた府内藩は、ついに藩政改革に着手した。当時の府内藩主は八代近訓《ちかくに》。まだ二十歳と若かったので、江戸で隠居中の不騫《ふけん》（六代近儔《ちかとも》）が中心となって改革は進められた。

同年十二月、不騫は改革の内容を府内の近訓に伝え、具体的な方策を指示した。近訓は家老らと相談してこれを実行したが、目立った成果をあげることはできなかった。

業を煮やした不騫は、文政十二年二月、江戸から府内にもどり、翌天保元年（一八三〇）正月から、自ら先頭に立って、改革を推進した。

借財銀は、文政二年の段階で三二七〇貫余。これは一年間の年貢収入（売却できる分）の約八年分に相当した。★ 改革は、七島莚の収益を担保に、鴻池伊助を中心とする大坂銀主からの借銀を長期にわたって返済していくものであった。銀札を発行し、藩士への俸禄米を削減するなど、返済計画の遂行につとめたが、天保七年には三五〇〇貫余の借財となり、思うように改革は進まなかった。

そしてついには、小口の資金調達に手を出す始末であった。

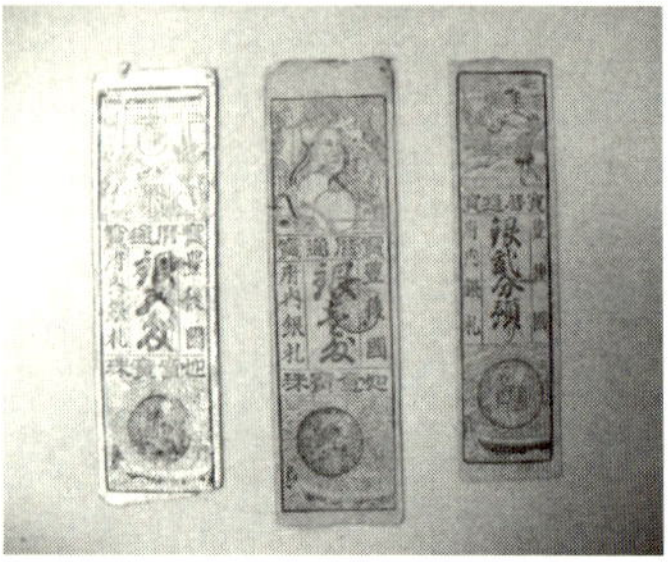
府内藩の藩札
（大分県立先哲史料館蔵）

▼年貢八年分の借財
文政十一年十月から文政十二年九月までの積書（つもりがき＝予算書）が残っている（「府内藩記録」）。これによると、米・大豆などの年貢収入一万五千石のうち、必要経費を除いた販売分は六千六百十七石で、その代銀は四一九貫余であったことがわかる。

例えば、天保六年冬に、有力な町人や農民らに金銀の献上を命じた。これを「お頼み銀」といい、五カ年の分割納付とした。天保九年二月、畑中村の秦伊右衛門がこれを完納し、二代限りの大庄屋格と苗字帯刀に加え、独礼御目見（藩主が上段之間に着座して下段に控える拝謁者一人ひとりの挨拶を受けること）が許されている。

また、天保六年十二月には、須田宇兵衛という人物が、「勝手方改革」のために銀五貫目を献金した功績で、永代にわたる二人扶持が認められている。

もちろん借財整理のため、藩主自らも生活を質素にするなど努力した。近訓は、天保元年四月、越中富山藩の九代藩主前田利幹《としつよ》の二男を婿養子（のちの近信《ちかのぶ》）に迎え、翌年二月に隠居した。しかし、このとき近訓はまだ三十三歳で、実子を嫡子にすることも可能な年齢であった。★後年、近訓（閑山）が藩政改革を行った際、富山城が火事で全焼したため、近信の養子持参金の半分を辞退した旨を領民に伝えている。★早々と養子をとったのは、この持参金が目当てであった可能性も考えられる。

こうした努力にもかかわらず、天保年間には災害が続いたこともあり、財政の立て直しは思うように進まなかった。そして不騫は天保十一年二月二十日、★八十六歳で亡くなり、改革は中断した。

▼近訓の隠居
三十代で隠居した藩主は近訓だけである。

▼近信の養子持参金
養子持参金六〇〇〇両のうち三〇〇〇両がまだ支払われていなかった。

▼近儔（不騫）の死
「大給家譜」によれば実際の没月日は二月十六日。

天保十一年の藩政改革

不騫の死後、九代近信《ちかのぶ》が改革を引き継いだ。近信は、家老の落合藤右衛門を江戸へ、同じく家老の津久井四郎右衛門を大坂へ向かわせ、各々に改革案をつくらせた。一方、国元では家老に就任したばかりの岡本主米《しゅめ》（安展《やすのぶ》）が独自に改革案の作成に取り組んでいた。

そして最後は、大坂銀主に全面依存する「大坂厳法」と、日田の廣瀬久兵衛の協力を得ながら年貢増徴による「手賄《てまかない》仕法」（自主再建）のどちらの改革案を選択するかで対立した。

後者の改革案を企画した岡本主米は、天保十一年（一八四〇）七月、国元で家中一同を招集し、二つの改革案の内容と今までの経過を知らせ、評議を行った。その結果、国元案を支持する声が多かったので、主米は藩主近信の下知（決定）を待たずに改革を始めようとした。

ところが同年十月、江戸から藩主の直書《じきしょ》が届き、「大坂厳法」で改革を進めるよう命令が下された。藩主近信は大坂銀主に頼る改革案を選択したのである。

岡本主米以下、国元での改革案に関わった人物は同年十月と翌年八月の二回に分けて、「差控《さしひかえ》」を命じられた。またこの決定に従わない者は「勝手次第暇《いとま》を取

岡本主米の墓
（上野墓地公園）

るべし」と達せられ、批判は一切許されなかった。

国元改革案の中心人物であった主米は、天保十一年十二月、家老職を召し上げられ、列座に降格、さらに「慎」（謹慎）処分を受けた。翌年の八月には家禄百石を削減され、隠居蟄居を命じられた。

一挙に奈落の底に突き落とされた主米であったが、家老職を罷免される前（天保十一年十一月二十八日）に、久兵衛からの借財をすべて返済している。その信義の厚さに久兵衛は感動したという。

主米が久兵衛に藩の財政事情を打ち明けたのは、天保十一年五月であった。このとき主米は改革を成就させるため、身命を賭する覚悟で臨むとの強い決意を示した。同年七月には、「当秋よりの収納は勿論、米金出入繰巻《くりまき》の儀は、一切其許へ委任致し候条、相違これ無く候」との墨付きを久兵衛へ渡し、藩主に代わって自分が一切の責任をとることを伝えている。

当時の久兵衛は、西国筋郡代・塩谷大四郎正義の計画する公共土木事業を推進する中核に抜擢されるなど、その手腕は高く評価されていた。廣瀬家は府内藩の御用達であるとはいえ、これだけの有能な人物を逃したくないとの思いから、主米もそれなりに礼儀を尽くしたわけである。同年十二月、主米や府内藩の行く末を案じながら、久兵衛は失意のなか日田へもどっていった。

結局、翌年の天保十二年には鴻池ら大坂銀主にも見捨てられ、改革は失敗に終

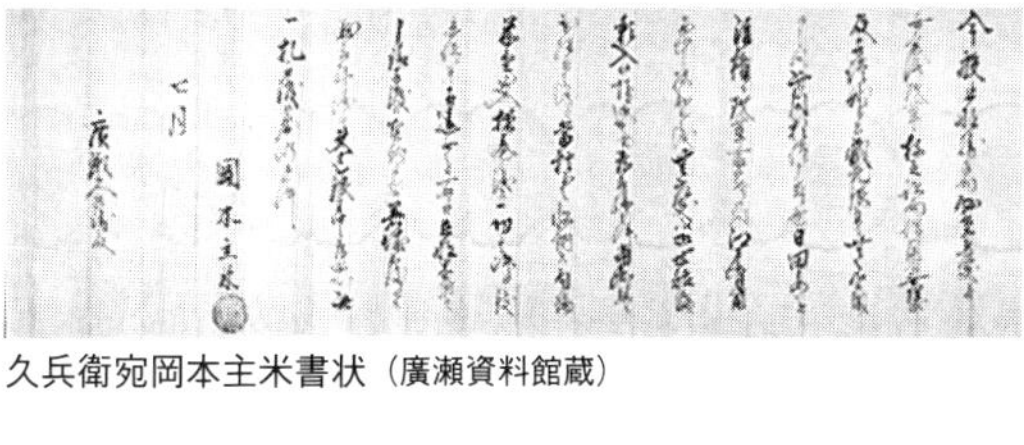

久兵衛宛岡本主米書状（廣瀬資料館蔵）

わる。そして藩主近信も同年三月に死去し、改革は新たな段階に突入した。

天保十三年の藩政改革

九代近信《ちかのぶ》が死去した後、養子の近説《ちかよし》が十代藩主となった。そのため藩政の実権は隠居していた閑山（八代近訓《ちかくに》）が握った。閑山は藩政改革を決意し、天保十二年（一八四二）十一月末に江戸から帰国した。その際、本所石原（現・墨田区）にあった江戸藩邸（中屋敷）を二八〇〇両で売却した。その一部は借財の返済に充てられたといわれている。❖1

府内にもどった閑山は、罷免中の主米を「御雇家老」として復職させ❖2、藩政改革をすべて彼に委任した。

翌天保十三年正月二十三日、閑山は城内の大書院に家中一同を集め、改革の号令を発した。

この日の日付で、閑山が久兵衛に宛てた墨付きが残っている。これをみると、久兵衛が一昨年の無礼を厭わず、昨年十二月に「当家危急」を察し、府内まで「即時出張」してくれたことへの礼が述べられている。さらに「米金の繰巻ならびに銀札場、莚会所の取計向《とりはからいむき》」をすべて久兵衛に任せるので、主米と申し合わせて改革に尽力してほしいと懇請していることがわかる。

❖1 平井義人「売り払われた拝領屋敷——豊後府内藩江戸中屋敷放出の背景——」によると、売却の意図は別にあったようである。

❖2 その際、隠居料百石を与え、家禄を元に戻した。

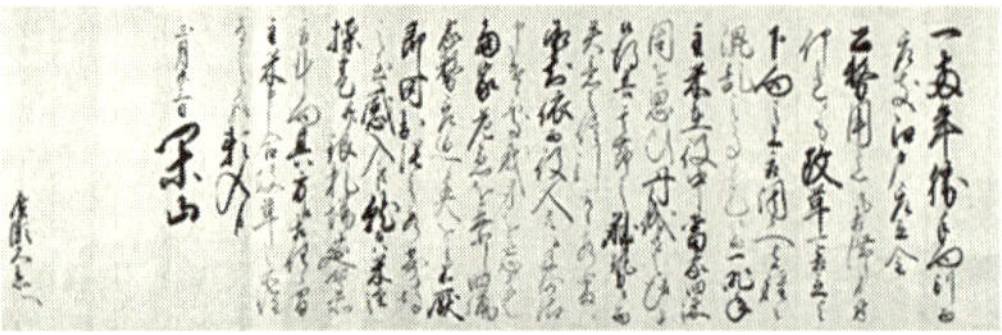
廣瀬久兵衛宛閑山書状（廣瀬資料館蔵）

主米の熱意や能力、誠実さを高く評価していた久兵衛は、これを受け、後述するように改革を推進していくわけであるが、実はこの一週間前に主米に本音をぶちまけた書簡を送っている。それは「乍憚《はばかりながら》御《ご》内密《ないみつ》奉申上候《もうしあげたてまつりそうろう》」で始まる、かなり長い書簡であった。

久兵衛は、主米が家老に「帰役」したことを喜びながらも、今度の改革が失敗すれば、わざわざ下向した「御隠居様（閑山）」の顔をつぶすことになるのはもちろんのこと、直接関係のないこれまでの諸政策を含めたすべての責任を、主米が取らされることになるので、「容易には御請」しないほうがいいと、忠告している。それでも受けるのであれば、万事において「深淵薄氷《しんえんはくひょう》を踏《ふ》」むような気持ちで慎重に対処し、万が一のときは「御身命《ごしんみょう》御抛《おんなげうつ》の御覚悟《ごかくご》」をもってのぞみ、「言行ともに諸人の規則（模範）」となるよう心がけ、「御家御長久《おいえごちょうきゅう》の御台《おだい》」を築けるよう、是非とも改革を成就してほしいと述べている。末尾に「恐れを顧みず、愚意の有《あ》り丈《たけ》」を申し上げるとあり、これだけのことが話せるほどに、両者は深い絆で結ばれていたことがわかる。

主米の決意は変わらず、久兵衛もその信義に応じ、いよいよ藩政改革の幕が切って落とされた。まずは同年三月十日、町奉行・郡奉行・勘定奉行・勝手方・吟味方に対し、収支勘定帳を期限どおりに作成・提出することを義務づけた。そして翌四月十五日から八日間、家老の岡本主米をはじめとする用人以下一〇名が領

岡本主米宛廣瀬久兵衛書簡（大分県立先哲史料館蔵）

内を廻村し、改革の趣旨を領民らに直接説明し、五年の改革期間中の協力を求めた。翌天保十四年三月、主米は久兵衛らとともに、八カ月にわたる大坂・江戸の視察旅行のため、府内を出立した。目的は大坂と江戸の勘定を掌握するためであった。

それでは主米と久兵衛はどのような内容の改革を行ったのであろうか。改革がスタートした天保十三年の時点で、借財は、江戸・大坂・国元の三カ所で合わせて一八万五〇〇〇両（銀一万一〇〇〇貫）に及んでいた。

そのためまず支出を抑制することから始めた。具体的には天保十三年六月十八日、家中一同に対し、五年間の倹約令を発し、日常生活を厳しく規制した。続いて藩士の俸禄を四〇パーセント削減した。[1] さらに、すべての支出は年貢米で賄うこととし、出納を勘定所に集中させて、支出の無駄を排除しようとした。

その一方で、収入を増やすための政策を行った。

まずは年貢の増徴である。米・大豆などの年貢収入一万五千石を確保するため、領内全域で定免制を実施した。その際、凶作の年を除いて平均免（年貢率）を算出することもあった。「当捨《とうすて》」（年貢の減免）も一切認めず、逆に「五升掛《かかり》」（村高一石につき米五升の献米）を上納させるなど、農村事情を考慮しない厳しい内容であった。

さらに増収のための積極策として、特産品である七島莚（青莚）の専売制を再

❖1 それまでは五〇パーセントの俸禄カットを実施していた。久兵衛はカット率を下げることで藩士の士気を高めようとした。弘化四年（一八四七）には、二七パーセントカットまで緩和した。

興した。以前の専売制は、正銀の裏付けのない藩札による買い取りを嫌って、抜け売りが横行したため頓挫した。そこで今回は、四月に苗代《なえだい》を農民に貸し付けることで、❖2七島藺《しっとうい》の植え付け面積の拡大と抜け売りの防止を図った。そして府内城下町の莚会所への全量集荷を徹底させた。そのため七島莚の買い入れに当たっては、農民から安定した高値で購入する方針を採った。集荷した七島莚は、直接問屋へ送った。蔵元を通さないことで流通マージンを減らし、高く売れるところで自由に販売できる体制を目指した。その結果、相場の高い江戸市場への直送体制が嘉永期（一八四八〜五四）以降定着し、収益は増加した。

この改革の前提は、借財の返済や藩札の引き替えを一時棚上げすることであった。借財を返済するため、久兵衛は薩摩藩の調所広郷《ずしょひろさと》に倣って、長期にわたる年賦返済の方針を採った。莚販売❖3と貸付事業から生み出される莚会所の利益の一部を、藩機関の備方★と勝手方に分配した。前者では藩札の引き替えと借財の返済に、後者では藩の一般会計の赤字補塡に充てられた。藩札については、日田金の借入れを担保に発行された莚札（加印札）が藩札の代役を果たしていたが、藩は嘉永四年（一八五一）に新たな藩札を発行し、それまで閉鎖していた銀札場❖4を府内城下の米屋町に新築した。藩札の発行を可能とする正銀の貯えができたわけである。

その他、莚会所の利益をもとに、農村構造の変化に見合った年貢収納体制を築くため、「買田法★」や「段式★」、「御褒段式★」などの政策も実施した。

❖2
一反につき藩札一五〇匁の貸与。

❖3
莚販売は毎年三〇〇貫前後の利益をあげた。

▼備方
備方独自の収入は「五升掛」や庄屋役料の借り上げ、藩士・町人・農民らからの献金など。借財返済と藩札の回収を行った。

❖4
天保十年（一八三九）に閉鎖した。

▼買田法
他領に質入れした土地を藩が買い上げ、元の地主に低い税率で小作させた政策。

▼段式
農民の土地保有高を基準に帯刀などの格式を認めた政策。

▼御褒段式
献金額によって格式を与えた政策。

主米・久兵衛の改革は一応の成果をあげ、弘化年間（一八四四〜四八）頃には単年度収支は赤字を出さないところまで改善された。その後、廃藩置県時の藩債額は約九万円（一両＝一円）と、改革開始時の天保十三年に比べ半分以下に減っている。

このように改革はある程度の成果を収め、当初予定の五年が経った。弘化四年（一八四七）正月十五日、藩から恩賞として、家老の主米に百石の加増と「代々家老」役が、久兵衛に永々二百石の知行が与えられた。しかしまだ改革の途中であるとの理由から、両者ともこれを辞退している。

翌年の嘉永元年（一八四八）四月、改革が一段落したため江戸にもどることになった閑山は、再度両者へ恩賞を与えた。主米には五十石の加増と「代々家老」役が、そして久兵衛には次のような恩賞が与えられた。

㈠永代にわたる三〇人扶持

㈡永代にわたる莚会所と銀札場の管理

㈢時計と小袖

改革は五年の延長となり、主米と久兵衛は嘉永五年まで改革に尽力した。その間には、岡本治部右衛門らの改革反対勢力が久兵衛の命を狙うという不穏な動きもみられた。藩主近説は改革遂行のため断固たる決意で久兵衛を守ることを伝えたが、兄淡窓は府内藩役人の藤田廉平ら二名に、久兵衛の退役・帰郷を請願して❖1いる。しかし久兵衛は怯むことなく、改革を断行した。

❖1 「淡窓日記」の嘉永三年（一八五〇）六月三日の条。

藩政改革は嘉永五年十二月で終わり、久兵衛も退任した。その際、藩主から永々三〇人扶持を支給されている。しかし、安政元年（一八五四）十一月の大地震によって再び招聘され、文久元年（一八六一）正月まで藩財政の管理を任された。同年二月七日、藩主近説が、二度目の退任となった久兵衛に直接手渡した墨付きが廣瀬家に残っている。❖2

安政元年（一八五四）十一月に起きた大地震以来、一度引退したにもかかわらず、老骨にむち打って、藩の復興に尽くしてくれた久兵衛に対し、礼を述べたものである。この墨付きの後半に、「兼て差し遣わし候扶持方、辞退に及び候程の心腹につき」とあり、これまで久兵衛が俸禄をほとんど受け取らなかったことがわかる。このとき、隠居料として一五人扶持が久兵衛に与えられているが、末尾に藩主の書き判（花押）がないことから、ここでも報酬を辞退し、墨付きの写しは記念のため残したように思われる。

後述するように、久兵衛は退任後も府内藩の開拓事業などに尽力した。結局、改革がスタートした天保十三年から、亡くなる前年の明治三年（一八七〇）まで、ほぼ三十年近くの間、久兵衛は府内に居を構え、時折日田に帰郷するという生活を送った。一方、主米は文久二年（一八六二）に家老を引退するも、引き続き大年寄（相談役）として藩政全般を統括した。隠居後は「松翁」と号し、養老扶持五十石が与えられた。

❖2 「久兵衛日記」の同日条に、府内城で藩主から直接これを賜ったことが記されている。

隠居料につき府内藩主墨付き（廣瀬資料館蔵）

開墾・灌漑事業

藩政改革の一環として、主米《しゅめ》と久兵衛は殖産興業を推進した。七島藺の栽培や櫨《はぜ》・楮《こうぞ》の植え付けなどを奨励したほか、開墾・灌漑事業にも力を入れた。

真っ先に挙げられるのが、吉兆原《きちょうばる》（机張原）や庄《しょう》ノ原《はる》の開墾である。吉兆原は別府湾にのぞむ高崎山の東部山麓に広がる丘陵地で、現在の大分市八幡地区にあたる。ここは原野であったが、植栽開墾によって藩の財政窮乏を救うため、久兵衛が開拓した土地である。❖1 高崎《たかさき》村・由原《ゆすはら》村・金谷迫《かなやさこ》村の三カ所であわせて六一町歩ほどあったこれらの土地は、すべて府内藩主によって買収されたものである。

開拓の世話掛《せわがかり》（責任者）は久兵衛と、高崎村庄屋の佐藤弥治右衛門《やじえもん》の二人。讃岐屋喜兵衛（喜平）ら府内町の豪商八名が出資者として世話人となった。

安政二年（一八五五）から開拓は始まった。高台にあって水が足りないため、安政三年から六年にかけて新村焼野《しんむらやけの》に溜池を築造し、用水の確保につとめた。❖2 この溜池は吉兆原だけのために築いたので、吉兆原堤（栄豊池）と名付けられた。竣工の翌年から田植えが始められた。溜池の合理的な利用を図るため、久兵衛と佐藤弥治右衛門の指導のもとで、「田方開墾引水取締」がつくられた。それには、水番などを統括する「惣世話掛」を一名おくことや、田反別一畝歩《たたんべついっせぶ》以上の作人が

吉兆原詰所の図（廣瀬資料館蔵）

❖1
最初の候補地は「七蔵司字ミボタ」（現・由布市挾間町）であった。

❖2
人夫六五七人を使用。賃金は一人一日米六合六勺。費用は藩がすべて負担した。

順番で水番を行うこと、吉兆原地内の土地はできるだけ田地にすることなどの取り決めがなされている。

それでも水不足は解消されなかったので、慶応元年（一八六五）に放生《ほうじょう》池と御《ご》神田《しんでん》池が築造された。❖3 明治元年（一八六八）には吉兆原堤と放生池の土手の嵩上《かさあ》げ工事が行われた。さらに同三年には、久兵衛の資金援助により、新たに吉兆原堤の下に約二反歩の溜池が築造された。これは小堤（焼野池）と呼ばれている。

吉兆原への入植が始まったのは安政四年八月からである。「久兵衛日記」によると、同年に一六名の入植者があったことがわかる。最初は単身で入植し、その後家族を呼び寄せている。さらに、万延元年（一八六〇）三月に三家族一二名が入植した。以後も入植は続き、慶応元年には二七軒、人口一五一人となり、藩主や岡本主米も入植者に会っている。

入植者の大半は浅海井浦《あざむいうら》（現・佐伯市上浦）・網代浦《あじろうら》（現・津久見市）など佐伯藩領の人々であった。これは耕地の乏しい佐伯藩に入植者を依頼したためである。

耕地面積は明治二十年頃の土地台帳によると、三〇町九畝二一歩であった。畑地は水田の約三倍を占め、大部分に櫨が植え付けられた。その収穫の半分を藩に納め、代償として藩から毎年酒四斗が与えられたという。

久兵衛は万延元年から明治三年まで、この地に設けた詰所に住んで、開拓や溜池の築造、入植者の受け入れなどに力を尽くした。

❖3 佐藤弥治右衛門によって築造され、庄ノ原と上八幡地域の水田を潤した。

「野田原通水井出筋略絵図」（大分県立先哲史料館蔵）

また、久兵衛はその他の灌漑工事にも取り組んだ。久兵衛の建議で開削した元《げん》治水《じすい》井路★は、武宮村（現・由布市）から取水する本井路を、野田村（現・大分市）まで分岐・延長してつくった、二〇キロメートル近くに及ぶものである。これによって、沿線の村々が水利に恵まれるとともに、約五〇町歩ほどの新田が開発された。なお、井路の修繕費は莚会所の収益の一部が充てられた。

元治元年（一八六四）九月二十一日、久兵衛は藩主近説《ちかよし》から墨付きを賜った。それには、元治水井路開削の功績を石柱に刻み、後世まで長く伝えるということが記されていた。褒賞が金銭でないのは、「（久兵衛が）元来赤心寡欲の正質《(性)》、是までも毎々辞譲の廉これあり、寸志の報方これ無きにつき」と言うのである。

そして末尾には、「机張原開墾の義」にも触れ、これらの功労に報いるため、これまでの「三十人扶持」を蔵米からでなく、「此度開地の徳米」から取り置いた分を銀札場に収納しておくので、そこから直接受け取るよう指示している。

しかし、久兵衛はこの墨付きを翌二十二日に主米に示し、元治水井路による新田開発はまだ成就していないと告げ、これを返上している。

久兵衛は明治三年、日田に帰郷したが、翌年の九月二十九日、病気のため自宅で亡くなった。享年八十二歳であった。弔問のため、主米をはじめ、多くの府内藩関係者が廣瀬宗家を訪ねている。❖　久兵衛は生前に幕府から一代帯刀・永世苗字が許可された。そして大正四年（一九一五）には従五位を追贈されている。

▼元治水井路
元治水井路は馬場渡新井路・堀次井路・野田井路の三つの井路の総称。文久元年（一八六一）、久兵衛は馬場渡新井路を改修し、小挾間川に流し込み堰を設け、三キロメートルに及ぶ隧道を掘り、野田井路を開削した。元治元年（一八六四）野田井路の完成に際し、三つの井路を元治水井路と称し、現在に至る。

❖
明治四年十月三日、府内藩から藤田・大城・佐藤らが使者として派遣され、弔問している。同月十五日、岡本主米（松翁）は、讃岐屋の中尾喜平、三倉屋喜三郎と一緒に廣瀬家を弔問し、廣瀬宗家の新屋敷に止宿。翌十六日に墓参りを行い、十八日に豊前路経由で日田を出立している。

吉兆原にある久兵衛の墓

◆3

教育・文化の興隆を導いた廣瀬家

久兵衛は改革の一環として、藩の文教振興を図るため私塾咸宜園を創った兄淡窓や末弟旭荘を招き、助力を請う。有為な人材を育てるために藩校は新設・整備され、その後、林外や青邨も関わった。

廣瀬淡窓の府内出講

近世日本最大規模の私塾・咸宜園《かんぎえん》を日田郡堀田村（現・大分県日田市淡窓）創った廣瀬淡窓。淡窓はこの塾で、入門時に学歴・年齢・身分を問わない「三奪法」により、すべての門下生を平等に扱う教育を行った。また、月に一度、門下生の学力を客観的に評価する「月旦評《げったんひょう》」と呼ばれる制度を設け、成績を公表することで学習意欲を高めるなど、さまざまな工夫を試みた。そのため塾は活況を呈し、淡窓が没した後も、廣瀬旭荘《きょくそう》などの門下生に引き継がれ、明治三十年（一八九七）に閉塾するまで、およそ五〇〇〇人もの門下生が学んだ私塾となった。

この淡窓が日田から府内に二度、出講している。それは弘化元年（一八四四）九月三日から十月六日までと、翌年の五月八日から六月三日までの二度で、とも

廣瀬淡窓肖像
（廣瀬資料館蔵）

に一カ月ほど府内に滞在し、講義などを行った。

淡窓が招聘されたのは何故か。淡窓の自叙伝★をみると「予《よ》カ此行《このこう》、府内老侯ノ意ヨリ出《い》デタルコト」とある。老侯とは大給松平府内藩八代藩主の近訓《ちかくに》（閑山）のこと。当時の府内藩主十代近説《ちかよし》は、まだ十七歳と若かった。そこで隠居していた近訓が、近説の後見役として藩政を司っていた。若い近説に、藩主たるにふさわしい教養・態度・考え方を身につけさせるため、近訓が淡窓を招いたのである。

淡窓の府内招聘はどのような形で実現したのであろうか。府内藩の藩政改革を担当していた弟久兵衛の日記をみると、弘化元年七月二十八日に家老の岡本主米から、久兵衛は淡窓招聘の件で相談を受けていたことがわかる。翌日には、藩士の吉田敬蔵からも同様の相談を受けている❖1。

淡窓が招聘の話を初めて聞いたのは同年八月十四日。招聘の件を淡窓に伝えたのは弟の棣園《ていえん》★である。棣園はこの日、江戸旅行からもどってきた。江戸で府内藩関係者とも会っているので、おそらく招聘の打診を頼まれたのであろう。しかし淡窓はこれを辞退している。

淡窓が招聘を受諾したのは同年八月二十四日である。この日、府内の久兵衛から書簡が届き、再び招聘を要請されている。二度目の要請であったことに加え、廣瀬家が伯父月化の代から同藩の御用達として恩恵を受けてきたことを考え、淡窓はこれを受諾した。「一介の処士（仕官しない人）である自分が、このように大

▼淡窓の自叙伝
「懐旧楼筆記」といい、五六巻二八冊からなる。出生から六十四歳までの出来事が詳細に記されている。廣瀬資料館所蔵。

❖1
このとき吉田は、同年八月に藩主近説が初めて国入りするので、淡窓にその直後の一カ月ほど府内に滞在し、近説を指導してほしいという内容の相談を行っている。

▼棣園
桃秋の四男（一七九八～一八五五）。弘化元年二月二日に日田を出立し、京坂および江戸を旅し、同年八月十四日に帰郷した。

名と対等に交際ができるのは何と名誉なことであろうか。伯父や父が生きていたら、どれほど喜んでくれたことだろう」といった当時の心境を、淡窓は自叙伝に記している。

同年八月二十八日、府内藩の使者阿部鉄蔵（淡斎）が下男を連れて、淡窓を迎えに来た。鉄蔵は淡窓の教え子。天保二年（一八三一）五月六日、久兵衛の紹介で咸宜園に入門し、二年ほど学んでいる。当時府内藩の儒官（文学）で、藩主近《ちか》説《よし》の侍講をつとめていた。翌二十九日、淡窓は代官所へ行き、府内に行くことを報告した。

そして九月一日、淡窓は咸宜園を出立。鉄蔵が先導し、門下生二人、下男一人の一行で府内に向かった。淡窓は輿に乗り、他はみな徒歩であった。この日は玖珠郡船来《ふなこ》（現・九重町右田）の養浩堂★で一泊した。二日未明に船来を発し、由布山と鶴見山の麓を通って、午後八時頃別府に着いた。別府では西法寺に泊まった。この寺の住職は二十二年前の旧門下生であった❖2。府内から使者として、上原庄右衛門、吉田敬蔵、弟久兵衛が出迎えた。

翌三日、府内藩が用意した船で別府湾を横切り、府内に到着。新築の「御備方蔵元」が旅宿として与えられた。同日、久兵衛もここに移って居所としている。用人の平井十兵衛が藩主の命で慰労の挨拶に訪れた。夜もまた、藩主の命で、もてなしの宴が催された。

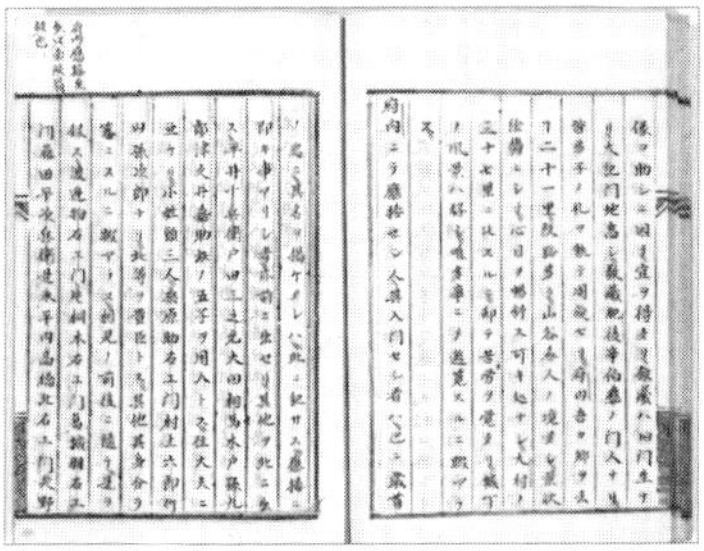
「懐旧楼筆記」（廣瀬資料館蔵）

▼養浩堂
淡窓の妹ナチの義父麻生春畦の隠居宅。当時はナチの夫伊織が住んでいた。伊織は淡窓の最初の門人。

❖2
住職とは西法寺十三世釈蘭谷のこと。蘭谷は文政五年（一八二二）閏正月九日に咸宜園に入門した。学者にして画人。名は宗譲、蘭谷は号。田能村竹田や帆足杏雨とも交友を深め、文事に長けた人物であった。

府内での講義は九月七日から二十七日までの間、原則として一日おきに行われた。入城はいつも未牌（午後二時頃）であった。退城時刻を淡窓は日記に記していないが、九月十八日の日記に、「城中でいつものように講義をした後、申牌（午後四時頃）に酢屋平右衛門を訪問した」とある。したがって正味一時間程度の講義であったと思われる。

城中での講義場所はどこであったか。淡窓は藩主らがいる奥殿に入り対座して講義を行い、家老以下、藩士らは大書院★で聴講した。なお講義の最終日である九月二十七日は、外廷（藩主が政務を行う所）で講義を行っている。

講義で用いた書物は、『論語』と『左伝』の二つで、それを交互に扱った。但し藩主の要望❖1で、最後の二回は『論語』を講義した。

聴講者は近訓と近説に加え、家老以下の藩士らであった。近説はとても熱心で、講義の前後に淡窓と話をすることが多かった。聴講した藩士らの人数は数十人から百余人に及んだ。藩は、講義が始まる前日（九月六日）、聴講を希望する者がいれば自由に参加してよいことを、小姓頭・近習番・中小姓に通達した。その際、鐺奉行格までは肩衣で出席するよう指示している。

講義は、旅宿でも行われ、聴講者は一五、六人ほどであった。講義がない日は、府内の観光や知人宅の訪問をした。観光では、府内城池（九月六日）、松栄山（九月九日）、春日別荘（九月十七日）、由原八幡宮（九月二十八日）を訪れた。春日別荘

▼大書院
「藩主の居室で、二段になっている」と淡窓は日記に記している。

❖1
九月二十四日、藩主近説は淡窓に「論語の里仁篇まで講義してほしい」と懇願している。

では藩主の供応を受けている。また、知人の蘭方医・安藤春台を訪ねた九月十九日には、初めて舶来の蘭書をみるなど、有意義な時間を過ごしている。

その他、淡窓は家老を通じて藩主に対し、学宮（学校）および学宮の政を統括する「学監」の職を設けるよう建議している。❖2

淡窓は九月二十九日登城して別れの挨拶をし、十月二日に府内を去る予定であった。ところが体調を崩したため、府内出立は十月六日となった。途中、朴《ほお》木《き》（現・由布市挾間町《はさままち》）の庄屋家、徳野河原（現・由布市湯布院町大字川西）の日野家、玖珠郡船来の麻生家❖3に各一泊し、日田には九日の申牌（午後四時頃）に帰着した。出発から帰るまで三八日間の旅行であった。

淡窓は府内を去るとき、新しい学校を来年建てるので再訪して「学政」をつくってほしいと、府内藩から要請を受けた。弘化二年春に学校は完成したが、淡窓は大村に行っていた。そこで、大村からもどるとすぐに府内へ赴いた。

五月五日、代官所に行き府内行きの許可をもらい、五月六日に家を出立。森城下と並柳《なみやなぎ》（現・由布市湯布院町）で各一泊し、五月八日に府内に到着した。同行者は六人。前回と同じく、淡窓だけが輿で、他は徒歩。府内での宿泊場所は、酢屋平右衛門の家であった。

九日、淡窓は府内城に入り、近訓と近説に謁見。帰路、竣工したばかりの学館を見学した。そして十日から三十日までの間、城中で九回、学館で六回の講義を

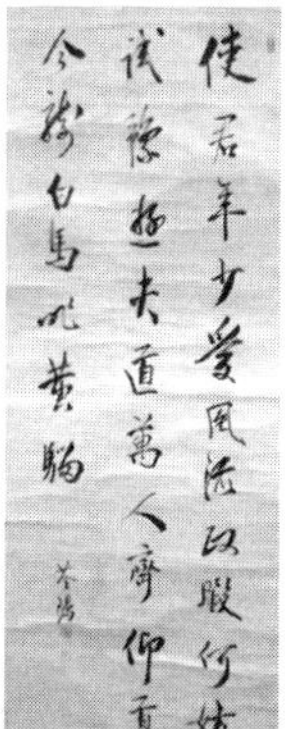
陪府内公駕遊春日別館　第二首
（七言絶句三行書、個人蔵）

❖2
九月二十日、木戸荘三郎、手島大記、吉田敬蔵、竹内円平、阿部鉄蔵が淡窓を訪ね、学宮のことを相談した。九月二十五日には、学監に任じられた手島大記が淡窓を訪ねている。

❖3
麻生伊織家の「万年楼」に宿泊。

淡窓は行った。二十日と三十日は城中と学館の両方で行っている。城中での講義は前年と同じく未牌（午後二時頃）からであったが、学館での講義は卯牌（午前六時頃）からと、早い時間帯で行われた。

講義は隔日ではなく毎日行われる予定であったが、淡窓が体調を崩したため、八日間ほど休講となった。[1]

近訓と近説はほぼ皆勤であった。[2] とくに近訓は自らの居室に淡窓を招いて、『史記』の講義を二回してもらうなど、意欲的であった。城中では藩主ら以外の聴講者は十余人、学館での聴講者は二〇〇人近くいた。

寄寓先でも藩士らに講義を行ったのは前年と同じであるが、今回は市人有志の者も導き入れ、『論語』『荘子』の講義を行った。市人二〇人ほどが毎夕聴講している。

講義の内容は、学館では『論語』のみが、城中ではそれ以外に『詩経（毛詩）』『史記』『書経（尚書）』『礼記』などの講義が行われた。また淡窓は講義だけでなく、学館生の輪読・輪講に立ち会い、指導した。これに藩主近説も顔を出している。[3]

六月一日、淡窓は入城し、辞別をした。近訓や近説から鄭重な謝礼を受けた。二日には府内藩家老らに挨拶をすませ、三日に府内を出立した。往路と同じ場所で宿泊し、五日、日田に帰着した。出発から帰るまで三〇日の行程であった。

❖1　五月十三～十五日、二十四～二十八日の八日間。

❖2　近訓は二十一日の城中講義を、近説は二十日と三十日の城中講義を、それぞれ欠席した以外はすべて出席した。

❖3　近説は月に三回、学館生の輪読に立ち会うのを恒例としていた。

府内藩の藩校は十九世紀前半につくられた。天保十年（一八三九）には「学問所」が経営されている。ところがその翌年に「稽古場」（武道練習場）と一緒に焼失したため、次の年に両方とも再建された。弘化二年、三の丸に新しく「学館所」が建てられた。その竣工記念行事の一環で淡窓は招聘されたわけである。淡窓が作成に関わった学政は、同年七月に完成した。「府内藩記録」をみると、学政を定めたのは「文儀を諭し、人倫を弁《わきま》え、人才を育て、忠孝にあい励む」ためであったことがわかる。❖4 さらに、句読や武芸に習熟してさえいれば、文学・文道・詩文などは知らなくてもよいという当時の風潮を戒め、「聖賢」の教えに通じることの必要性を説き、修学を奨励している。

この学館所はのちに「采芹堂《さいきんどう》」と呼ばれた。ところが安政元年（一八五四）の大地震によって大破した。そこで臨時に藩儒の大渡《おおと》周策《しゅうさく》の家を仮学舎とし、三年ほどここで講義が行われた。その後、安政四年正月、北の丸の藩主近説の旧宅を、新しい学舎とし、「遊焉館《ゆうえんかん》」と命名した。ここでは文・武の両道が教授された。慶応元年（一八六五）、遊焉館は現在大分県知事公舎がある場所に新築移転された。遊焉館のほかにも、嘉永五年（一八五二）に医師の養成や種痘などを目的として「医学館」が設立されている。

❖4 弘化二年（一八四五）五月二日の条。

府内城跡（大分城址公園）に建つ廣瀬淡窓の漢詩碑

廣瀬旭荘と藩主近説

〈廣瀬旭荘とは〉

廣瀬家のなかで、最初に府内藩の文化振興に尽力したのは旭荘（一八〇七～六三）であろう。旭荘は淡窓の末弟。通称は謙吉、名は謙、字を吉甫。旭荘は号である。実子のいなかった淡窓の養子となり、咸宜園の二代塾主をつとめた。しかし、もともと中央志向が強かったこともあり、天保七年（一八三六）に日田を離れ、堺・大坂・江戸などで開塾し、多くの文人・墨客らと交遊した。

旭荘は記憶力が抜群に優れ、師の亀井昭陽から「活字典《いきじびき》」と称された。また、漢詩人としての評価も高く、中国清朝末期の儒学者愈《ゆ》曲園《きょくえん》★から「東国詩人の冠」と評されるほどであった。

〈旭荘と近説の出会い〉

そんな旭荘が、府内藩と関係をもつようになったのは、天保十四年（一八四三）のときである。この年旭荘は、前年から府内藩の藩政改革を任せられていた次兄久兵衛と大坂で落ち合い、一緒に江戸の府内藩邸に赴いた。そして十代藩主近説《ちかよし》に謁見し、藩主らに講義を行った。

近説は当時十六歳。大給松平府内藩の九代藩主近信《ちかのぶ》が夭折したため、十四歳の

廣瀬旭荘肖像（廣瀬資料館蔵）

▼愈曲園
一八二一～一九〇六。清代の考証学者。字は蔭甫、号は曲園。明治十六年（一八八三）に自らが編纂した『東瀛詩選（とうえいしせん）』のなかで、唯一、二巻を割いて旭荘の漢詩を選んだ。

ときに養子として招かれた。近説の父は桑名藩初代藩主定永《さだなが》、祖父は寛政の改革を行った老中松平定信である。藩政改革の成否の鍵を握るべく、この若き藩主への教育に対し、府内藩首脳部は最大限の努力を払ったと思われる。その教育係として最初に招聘されたのが旭荘であった。

旭荘の日記★から、二人の交流の様子をみてみよう。

二人が初めて会った日（天保十四年六月二十一日）、旭荘は午後二時頃、藤田廉平に導かれて府内藩邸に赴いた。事前に謁見の儀法を用人の中島唯右衛門に習い、しばらく「次室」で控えていたが、近説が「公所」の上座に着くと、その部屋に入り、敷居を隔てて座った。中島唯右衛門に「廣瀬謙吉」と紹介され、初めて謁見した。近説のほうは少し緊張気味で、献上品に対する礼を述べただけで挨拶は終わった。いかにも十六歳らしい「清亮」な声であると、旭荘はその印象を記している。旭荘はその後、『論語』を講義した。聴講者は近説以外に二〇余名。家老の岡本主米一人が旭荘と対座し、他の者は「次室」で講義を聴いた。途中休憩をはさみ、講義は無事終わる。旭荘は「次室」で平井十兵衛や中島と談話し、菓子や酒が出され、酒を三杯ほど飲んで退出するといった一日であった。

その後、同年七月六日に近説から講義の依頼があったが実現せず、同月二十六日に二度目、八月十一日に三度目の講義が行われた。

二度目の講義では、旭荘は近説の向学心に火を付けることに成功している。ま

▼旭荘の日記
旭荘の日記は「日間瑣事備忘」といい、一六八冊（約三十年間分）からなる。廣瀬資料館蔵。『廣瀬旭荘全集』日記篇一〜九（思文閣出版）所収。

大給松平近説肖像
（大分県立先哲史料館蔵）

だ幼いため、法言を聴くのは苦痛であろうと考えた旭荘は、「斯道《しどう》」（孔子の説く聖人の道）を志すならば、祖父「楽翁公」（老中松平定信）を模範とするよう、単刀直入に言いきかせた。すると近説の態度が一変したという（「公悦ぶ。公聴き悟ること人を絶す。頗る成人の風あり」）。旭荘の気迫もさることながら、近説が祖父に抱いていた畏敬の念も、当時からかなりのものであったことがわかる。三度目の講義になると、近説もかなり慣れてきたようで、旭荘が雑談を交え法語風に話すと悦んだという。

弘化三年（一八四六）二月、近説は幕府から大坂加番★を命じられ、同年七月十八日に江戸を出立し、八月五日に大坂城に入った。

旭荘は、近説が大坂加番に任じられたことは早い段階で知っていたようである。彼の日記をみると、同年三月二十七日、府内藩士・山内玄民を八月の近説上坂の際、随行人員に加えるよう、本人から頼まれて、同藩士の藤田平次兵衛に懇望している。また同年六月一日には、同藩士の藤田廉平を呼び出して、今度の加番役料で藩の軍備強化を図るよう助言している。これらの行動は、藩主の教育係としての域をこえるものである。当時、両藤田氏の息子ら多くの府内藩関係者が咸宜園に入門していたため、旭荘および廣瀬家との関係は、かなり親密であったと思われる。

旭荘は当初江戸に住む予定ではなかったが、諸氏友人の勧めもあって、天保十

▼大坂加番
正規の勤番である定番・大番に加勢して大坂城の警備にあたる役職。定員は四名で、大名が一年交替で担った。このとき近説（府内藩）は青屋口、土井利忠（大野藩）は山里口、内藤政敏（湯長谷藩）は中小屋口、小笠原貞謙（小倉新田藩）は雁木坂口の各加番小屋を担当した。加番の交替は、通常七月から八月にかけて行われる。

四年十二月、江戸浜街久松町に住居を購い、「粛舎」という名の塾を開く。ところが翌年、江戸に来た妻マツが病気のため亡くなり、翌々年は窃盗事件にまきこまれるなど、不運な出来事が続く。自らの不徳を省み、江戸に留まることは神意に背くと考え、弘化三年八月二十日に江戸を去り、大坂にもどった。

〈大坂での再会〉

九月五日に着坂した旭荘は、二カ月ほど中之島の府内藩屋敷に仮寓し、住居をさがす。その際、多くの府内藩関係者が彼の面倒をみている。十一月六日、旭荘は淡路街津村北坊の新居に移る。大坂で近説に会ったのは九月七日。そして同月十日、大坂での最初の講義（『論語』と『名臣言行録』）を行った。

以後、翌年八月に近説が加番役を終え大坂を出立するまで、講義は断続的に行われた。近説は江戸の頃よりもかなり意欲的に学ぶようになり、よく質問をした。そのなかには、二人の老中、水野忠邦と阿部正弘の政治・政策の優劣や、攘夷の是非を問うなど、旭荘が即答しかねる質問も多々あった。譜代である府内藩の施政方針に違わぬよう、府内の久兵衛と連絡をとり合いながら、藩の意向に添う形で旭荘は回答につとめている。

近説が最も関心を抱き、質問したのは「克己之工夫」。これは近説が「人君之務」を問うた際、旭荘が「克己復礼」につとめるよう諭したのがきっかけであった。大坂での最後の講義となった弘化四年（一八四七）七月十日も、終始そのテーマで講義がすすめられた。

さらにこの頃から、近説は漢詩をつくることに興味をもつようになった。府内藩主大給松平宗家に「詩草初編」という漢詩の草稿が残っている。近説が詠んだ一〇二首の漢詩が収められ、旭荘の評が一三カ所付されている。跋文を書いたのも旭荘で、その日付は嘉永元年（一八四八）三月十五日。近説は一晩で数十首の詩をつくるほどの才覚をもつと、ほめたたえている。

〈「克己編」の完成〉

大坂で交流した後の二人の動向は次のとおりである。

まず近説は、弘化四年（一八四七）八月五日、加番役を終え大坂を出立し、江戸にもどる。同年十月、府内で改革を推進する近訓は、藩政の実権を翌年正月近説に譲り、自分は近説の養子の件で帰府する旨を家老へ直書で伝える。翌嘉永元年（一八四八）六月、近訓は江戸にもどる。近説は、近訓の江戸到着をうけ同年七月江戸を出立し、八月府内に着く。二度目の城入りである。四年前とは異なり、今度は藩政を担う責任ある立場となった。参勤交代のため、翌嘉永二年十一月、江戸へ赴き、嘉永三年秋、府内にもどる。

一方旭荘の方は、開塾した大坂で活動を続ける。嘉永元年五月には、自身初の漢詩集『梅《ばい》墩《とん》詩《し》鈔《しょう》』を上梓するなど順調であったが、どうしても気掛かりなことが一つあった。それは日田にいる息子・林外（亡妻マツの子）のことであった。

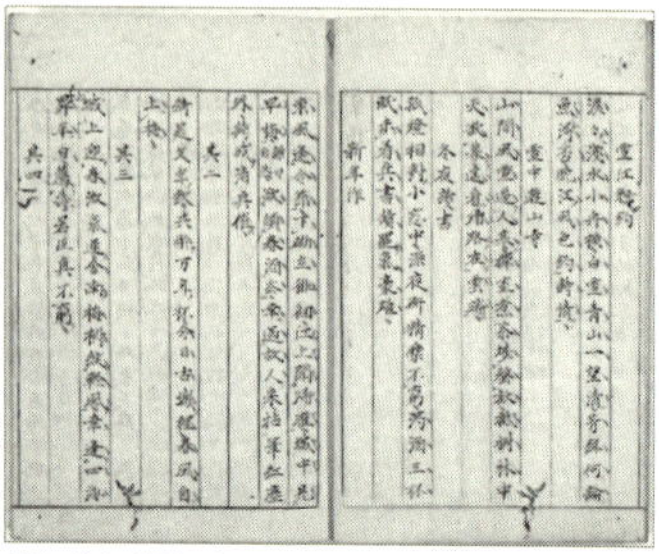

「詩草初編」（大分県立先哲史料館蔵）

マツの死も正式に伝えておらず、天保十四年（一八四三）五月以来、一度も会っていない有様であった。ついに旭荘は、嘉永四年五月十二日、帰郷を決心し、同年六月十三日大坂を出帆し、六月二十五日に府内の港に到着。府内には八月九日まで一カ月ほど滞在している。

　このとき旭荘はこれまでの講義内容を書物にまとめることを近説に約束している。その書物の名は「克己編」。この写本が今も廣瀬資料館に残っている。題言に、近説の質問に対する回答をまとめたのが本書であること、侍臣の阿部鉄蔵に口述筆記させたこと、近説の備忘のため講義に即して記したので一般読者にわかりづらい文章・構成になっていることなどが述べられている。

　近説の質問とは、「無益ノ事ヲ懸念スル事」、「不能速訥諫事」、「高慢自満事」、「倉卒発怒事」、「愛憎ノ事」、「有始無終事」、「多言ノ事」、「多欲ノ事」、「恥下問事」、「不能知人事」、「不通下情事」の計一一則である。これらはすべて「克己」のための心得であり、本文で各々具体例を挙げて丁寧に説明している。

　なかでも最初の「無益ノ事ヲ懸念スル事」は、これまでみてきたように、当時の近説が最も克服しなければならない留意事項であったと思われる。具体的な内容は次のとおりである。

　懸念することは君子の証で、決して悪いことではない。しかし懸念しすぎると鬱を引き起こすので注意を要する。懸念の原因は「送迎」の心にある。「送心」

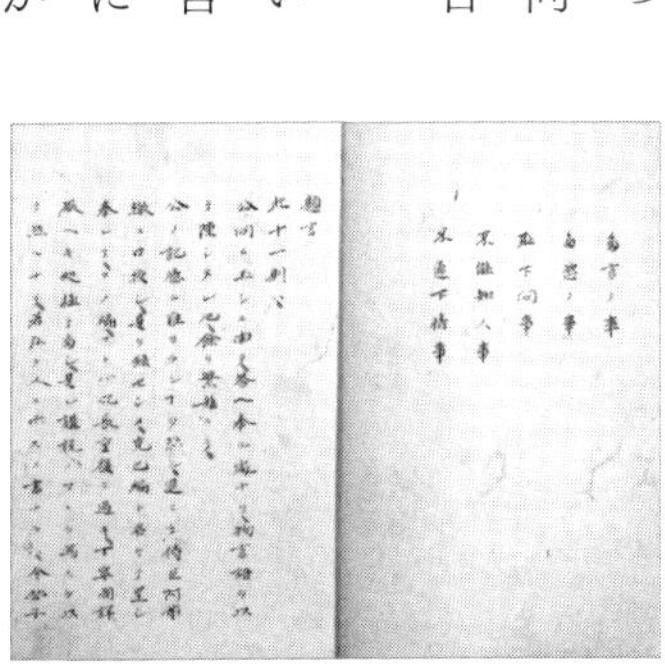
「克己編」（廣瀬資料館蔵）

とは過ぎたことをいつまでも後悔すること。「迎心」とは、事の起きる前から無用の心配をすること。この二心を克服するには「敬」、「勤」、「豫」、「決」の四つを実践すればよい。「敬」とは相手に対する敬意。「勤」とは確固たる自分の任務。「豫」とは事前の準備。「決」は決断力。過剰な後悔・不安の念を避けるには、普段から相手に敬意をもって接すること。そして今何を優先すべきかを常に考え、そのための事前準備を怠らないこと。最も大切なのはあらゆる場面で決断する勇気をもつこと、などが述べられている。宴会の席で勧められた酒を断る場面が事例に何度も用いられるなど、日常生活に直結した内容となっている。

こうして「克己」をテーマとする一連の講義は完結した。最後に、その後の両者の交流について、少し触れておこう。

旭荘は、安政三年（一八五六）暮れ、淡窓が亡くなったため日田に帰省する。その翌年、大坂にもどる際、府内に立ち寄り二〇日間ほど滞在している。そこで近説に会い、リニューアルした藩校・遊焉館で講義を行った。さらに藩校の講堂に掲げる扁額の字を請われ、これを書いている。現在、弥栄《やさか》神社が所蔵する「遊焉館図」にその扁額は描かれ、「遊焉、廣瀬謙」の文字が確認できる。

講義および額代等として、銀四二六匁が下賜されたことが府内藩の記録に記されている。また府内を立つ際に、藩士賀来謙之助の江戸遊学費を藩が負担するよう近説に直訴し、それが了承されている。

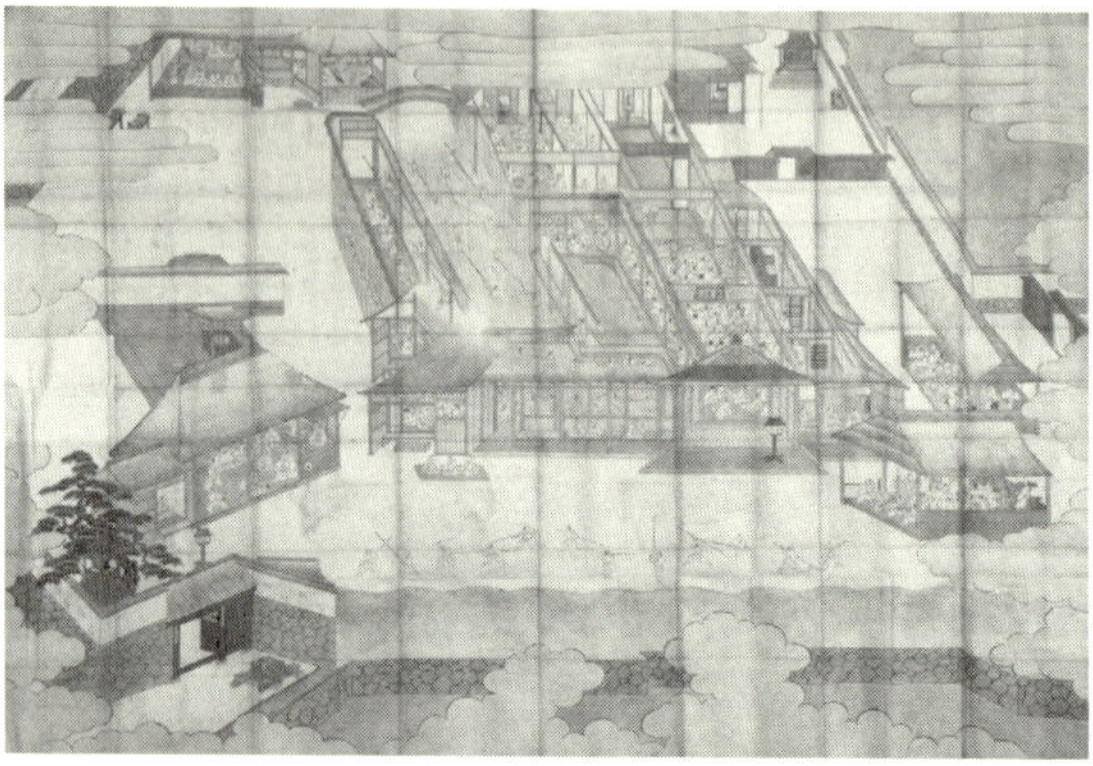

「遊焉館図」（弥栄神社蔵）玄関奥の欄間に掲げられた扁額（写真左）。

廣瀬林外の府内遊学

廣瀬林外（一八三六〜七四）は淡窓の末弟・旭荘の長男で、のち咸宜園の四代塾主をつとめた。通称は孝之助、名は孝、字は維孝。林外は号である。

私塾咸宜園を創った淡窓には子どもがいなかった。末弟の旭荘が一旦は養子となって塾を継いだが、郡代の塾干渉や自らの経験不足から塾経営で苦労することが多かった。結局旭荘は、都会で名声を得たいという希望もあったので、塾主の座を降り、天保七年（一八三六）四月、日田を離れてしまった。

そのため淡窓は、旭荘に代わる塾の後継者として、この林外に大きな期待を寄せた。旭荘もそれを察したのか、命名を淡窓に託している。淡窓が名付けた「孝之助」という名前。親孝行の「孝」の字が用いられているのは決して偶然ではなく、後継者を得たいという淡窓の強い願望の表れであったと思われる。

その林外が、嘉永四年（一八五一）正月三十日から同年八月九日までの約半年間、府内に滞在し、文武の修行に励んだ。当時十六歳であった林外が、淡窓のもとを離れ、府内に遊学したのは何故であろうか。

同年正月二十八日の林外の日記をみると、淡窓と旭荘の両方から、府内での遊学を強く勧められたのが契機であったことがわかる。淡窓からは、「帯刀を許さ

廣瀬林外肖像
（廣瀬資料館蔵）

れた家の人間が、刀の使い方を知らないというのは如何なものか」と諭されたという。ちなみに淡窓は、天保十三年（一八四二）十二月十七日に幕府から永世の苗字帯刀を許されている。旭荘からは、「学問ばかりしていて体が弱いようなので、弓馬を学んで筋骨を鍛えよ」と機会あるごとにいわれていたらしい。

天保十四年の十二月、林外は八歳で咸宜園に入門した。十歳で詩を作り、十二歳で文をよく作るなど、聡明な子どもであった。嘉永三年三月の月旦評（成績表）で、ついに最高級の九級に昇進した。

同年二月、旭荘が林外に宛てた書簡には次のようなことが書かれている。

・九級になったら、咸宜園での勉強に一度きりをつけて、府内の久兵衛を訪ね、弓馬等を学びなさい。久兵衛にはすでに頼んであるので……。

・私（旭荘）は十五歳のとき病気をし、その後十八歳まで断続的な腹の痛みに悩まされ、ほとんど勉強ができなかった。少年のとき武術を学ばなかったことを、今大いに後悔している。君も同じ轍を踏まないよう、筋骨を強くしたほうがよい。

さらに同年六月、旭荘が淡窓に宛てた書簡に「林外が九級に昇進したと聞き、本当に嬉しい。これから府内で弓馬稽古に励むことになると思うので、何かとご配慮願いたい」とある。林外の日記にも書かれていたように、咸宜園での学問が修了したら、府内で武芸の修行に励むという約束ができていたことがわかる。

遊学はもう少し早く予定されていたようで、嘉永二年冬、林外は久兵衛から遊学の打診を受けている。しかし林外はこれを辞退した。理由は定かでないが、時期尚早と判断したのであろう。

嘉永四年の遊学は、林外にとって最初の府内訪問ではない。実は二度目となる。天保十四年七月七日、母マツと一緒に府内を訪れたのが最初である。このときは大坂から日田に帰省する途中であった。府内の京泊で船を降り、五日ほど滞在して日田にもどっている。当時旭荘は、堺、のちに大坂で塾を開いていた。塾経営に女手が必要であるということで、日田のマツと林外を大坂に呼び寄せた。林外はまだ幼かったので、淡窓は迷ったが、結局これを許した。天保十年四月二十九日、マツと林外は日田を出立し、大坂へ向かった。結局、旭荘・マツ・林外の親子三人が一緒に暮らしたのは、旭荘の帰省中を除けば、大坂で過ごしたこの時期だけであった。それは天保十年から天保十四年までのわずか四年に過ぎなかった。

天保十四年五月、旭荘は活動の場を江戸に移した。そのため二人は一旦日田にもどることになった。江戸で開塾した旭荘は、再び二人を呼び寄せるが、今度はマツだけが江戸に赴いた。それは翌年三月のこと。しかしマツは同年十二月に二十九歳の若さで急逝。母の死を林外が知るのは、かなり後になってからである。

多事多端なこの時期、久兵衛の弟ということもあって、旭荘家族は府内藩からよく世話を受けている。マツの江戸行きには府内藩の役人が同行した。旭荘の江戸開塾の世話、マツの葬儀の執行や墓所の管理も同様であった。

それでは、林外の府内遊学の様子をみてみることにしよう。

嘉永四年正月二十八日、林外は日田を出立した。一人旅ではなく、公用で府内を訪れる源兵衛（久兵衛の養子）に随行するという形であった。舟木（現・玖珠郡九重町）と並柳（現・由布市湯布院町）で宿泊し、同月三十日に府内に到着した。府内では、「蔵元」「備方」と号する銀札場を居宅とする久兵衛のもとに寄寓。その向い隣が久兵衛の弟・辛島弥六★の家であった。当時弥六は久兵衛を補佐していた。この二人の伯父が林外の面倒をみてくれたのである。

府内滞在中の林外の日記から、修行の内容をみてみよう。

剣術の指導者は用人の津久井嘉助で、その流派は直心影流であった。馬術の方は用人の木戸孫九郎が藩主から指名された。ところが木戸は剣術が専門で馬術に詳しくなかったので、近藤弥一郎と増田茂大夫の二人に代役を頼んでいる。近藤の馬術は大坪流であった。弓術（竹林流）は、用人の岡本勇蔵に入門した。

剣術の稽古は主に津久井宅で行った。采芹堂★のそばにも稽古場はあった。稽古道具は最初、阿部鉄蔵から借りていたが、津久井嘉助の弟唯助に頼んで用意してもらっている。木刀や竹刀を振る稽古が基本であったが、唯助と真剣勝負の試合をよく行っている。さらに城外の演武場で他流試合を見学することもあった。

馬術は近藤宅にある木馬に、一日二回乗るのを日課としていた。本物の馬に乗

▼辛島弥六
桃秋の五男（一八〇〇～七七）。弥六は通称。のち豊前宇佐郡の辛島政右衛門の養子となった。

▼采芹堂
弘化二年（一八四五）五月、三の丸に建てられた学館所。

ったのは稽古を始めた日の翌日（二月十六日）。左右から轡をとってもらいながら馬埒《ばらち》（乗馬の練習場）内を三周している。その十日後には、友人らと一緒に秦野屋から馬を借りて、城下町の南路を馬に乗って走るといった度胸のよさもあった。早乗りもできるようになり油断したのであろうか。五月八日の乗馬会で、手島大記の馬と接触して落馬してしまう。幸い怪我はなかったものの、姫垣からその様子をみていた藩主近説《ちかよし》は、木戸孫九郎と手島大記を咎め、閉門の罰に処している。

射術・弓術の稽古は四月十三日から始めた。稽古は岡本勇蔵の兄盈蔵《えいぞう》の自宅で行うことが多かった。岡本宅以外でも稽古できるように、自宅や弥六伯父宅に巻藁★をつくって備えるなど、熱心ぶりがうかがえる。

日課をみてわかるように、武術修行と並行して、学問も続けている。写本とあるのは、「灯火記聞（六橋記聞）」という本で、これは淡窓の漢詩文・経書・史書の解説評論書である。日課の読書に用いられた本は、『資治通鑑』『唐宋八大家』『王陽明先生文録』『徂徠尺牘《せきとく》』など。とくに『資治通鑑』は、大渡周策や酢屋（薫太郎）を通じて府内藩主の蔵書を借り、滞在中に完読している。

修行の合間には、由原八幡宮の参詣や、春日社・神明祠・長浜社・住吉社の各祭りに出かけている。

体の弱い林外にとって今回は初めての遠遊であった。夏場は病にかかりやすいので、当初は五月中に修行を終え帰郷する予定であった。ところが、林外はもう

林外の日課

午前六時	清掃、拝門、巻藁三十本
午前八時	木馬、写本半葉
午前十時	臨池（習字）半冊
午時	読書半巻、射術
午後二時	木馬
午後四時	剣術
午後六時	読書一巻

（「林外日記」より）

▼巻藁
藁を巻き束ねて、弓の練習などの的に用いるもの。

少し修行を続けたかったので、期間の延長を淡窓に申し出ている。それに対し淡窓は、延長を許可する代わりに次のことを守るよう、林外に指示している。

- 夜中の寝冷えに用心すること
- 生水を飲まないこと
- 冷たいものや魚肉を多く食べないこと
- 撃剣、乗馬で怪我をしないよう、最善の注意を払うこと
- 些細な傷であっても、傷口から菌が入りこんで、破傷風などの大病に罹ることがあるので用心すること

このような約束をして摂生したにもかかわらず、その後の林外は、頭痛や腹痛に何度か見舞われ、体調を崩している。

一方、守役であった久兵衛も、時には厳しく林外を指導している。例えば、五月五日、端午の節句で城中の家老・藩士宅を訪問する際、服装について説教している。当日は夏服である稀絡《ちげき》★を着用するのが礼儀であるのに、林外は冬服の綿衣しか準備してなかったからである。「それくらいのことは三歳の幼児でも知っている」と叱責され、このときは林外もかなり落ち込んでいる。

大坂の父旭荘が、府内を経由して日田に帰郷するというので、林外はそれに従って日田にもどることになり、遊学の期間はさらに延びた。六月二十五日、旭荘が府内に到着。その後一カ月半ほど父子で府内に滞在した後、八月九日に府内を

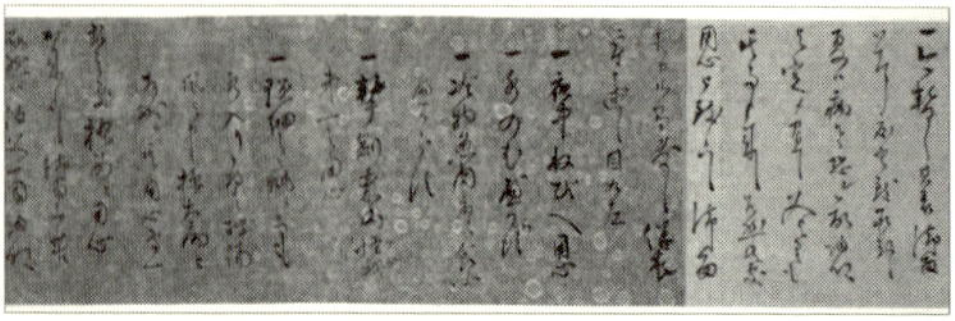

林外宛淡窓書簡（廣瀬資料館蔵）

▼稀絡
葛布（くずぬの）で仕立てた衣服。帷子（かたびら）。

離れている。
その後林外は、安政四年（一八五七）、文久三年（一八六三）、慶応二年（一八六六）、同三年に府内を訪れ、旧交を温めている。

廣瀬青邨の招聘

廣瀬青邨（一八一九〜八四）は咸宜園の三代塾主。廣瀬を名乗っているが、廣瀬一族との血縁関係はない。彼は豊前下毛郡《しもげぐん》土田村（現・中津市三光）の矢野徳四郎の二男で、通称は卯三郎《うさぶろう》、のちに範治《はんじ》、名は範、字は世叔《せしゅく》。青邨は号である。

幼少より聡明で、読書を好む子どもであった。天保五年（一八三四）九月四日、十六歳で咸宜園に入門し、熱心に勉学に取り組んだ。天保十年二月、二十一歳の若さで都講を命じられた。師の淡窓から中島子玉以来の俊秀であると評されるほど、ひときわすぐれていた。

子どもがいなかった淡窓は、末弟旭荘の長男林外に塾を継がせたいと考えていた。しかし林外はまだ幼かったので、彼が成長するまでの間、老齢の自分を補佐する人物が必要であった。そのとき白羽の矢が立ったのが青邨である。弘化元年（一八四四）七月二十八日、日田代官所の許可を得て、青邨は淡窓の養子となり、塾政を補佐するようになった。淡窓が二度にわたり府内へ出講することができた

廣瀬青邨肖像
（廣瀬資料館蔵）

のは、留守中も安心して塾を任せられる青邨がいたからである。

安政二年（一八五五）三月十六日、青邨は咸宜園の塾政を淡窓から譲り受けた。そして約束どおり、林外に引き継ぐまでの約七年間、塾主をつとめ、咸宜園経営に尽力した。

青邨は塾主時代に何度か府内を訪れている。安政四年のときは、八月十日から九月一日まで府内に滞在した。府内藩十代藩主近説に『書経』の講釈を行う一方、藩校「遊焉館」にも出勤して、調練（兵学訓練）の見学や諸芸の鑑賞を行っている。余暇には川魚釣りや由原八幡宮の参詣、浜の市の芝居見物などをしている。

文久元年（一八六一）、青邨は天下の情勢を体得するため江戸に上った。羽倉簡堂や備中松山藩の学者山田方谷らを訪ね、意見を交換し見識を深めた。ちなみにこのときは江戸の府内藩邸に寓居している（同年十月〜翌年八月）。

文久二年六月、青邨は二十七歳の林外に塾政を譲り、自らは府内藩に招かれて、藩校「遊焉館」の教頭となった。

青邨は府内でどのような教育を行ったのであろうか。残念ながらその内容を伝える史料はほとんど残っていない。府内藩で家老をつとめた玉置家に伝来した史料のなかに、「温敲小針《おんこうしょうしん》」「寸鉄雑針《すんてつざっしん》」という二冊の写本が残っているぐらいである。これは青邨が淡窓の『遠思楼詩鈔』と旭荘の『梅墩詩鈔』から選んで編んだ漢詩集の写しである。二冊あわせて五言絶句が一〇〇編ほど収められてい

「温敲小針」「寸鉄雑針」
（大分県立先哲史料館蔵）

る。末尾に「丙寅《ひのえとら》極月《ごくげつ》写之《これをうつす》」の文字があり、慶応二年（一八六六）十二月に写されたことがわかる。おそらく青邨は淡窓や旭荘の漢詩を教材として積極的に取り扱ったのであろう。青邨がつくった「仙禽舎《せんきんしゃ》雑詩」という題の五言古詩のなかに「未だ苦吟する人に遇わず」という句があり、情操教育の一環として漢詩の指導に力を入れたことは想像に難くない。

明治元年（一八六八）、府内藩主近説は俸禄二百石を支給し、臣籍に就かせようとしたが、青邨はこれを固辞している。

明治二年、青邨は新政府の行政官に任命されたため、府内藩校の教頭を辞して京都に出た。そこで京都学習院漢学所に出仕し、府典事督学となった。その後、岩手県権参事や修史官をつとめた後、野に下り牛込神楽坂町の自宅内に「東宜園《とうぎえん》」という塾を開き門弟を指導した。晩年は東京華族学校の教授や宮内省文学御用掛、山梨県師範学校「徽典館《きてんかん》」の校長などをつとめている。

大給松平氏略系図

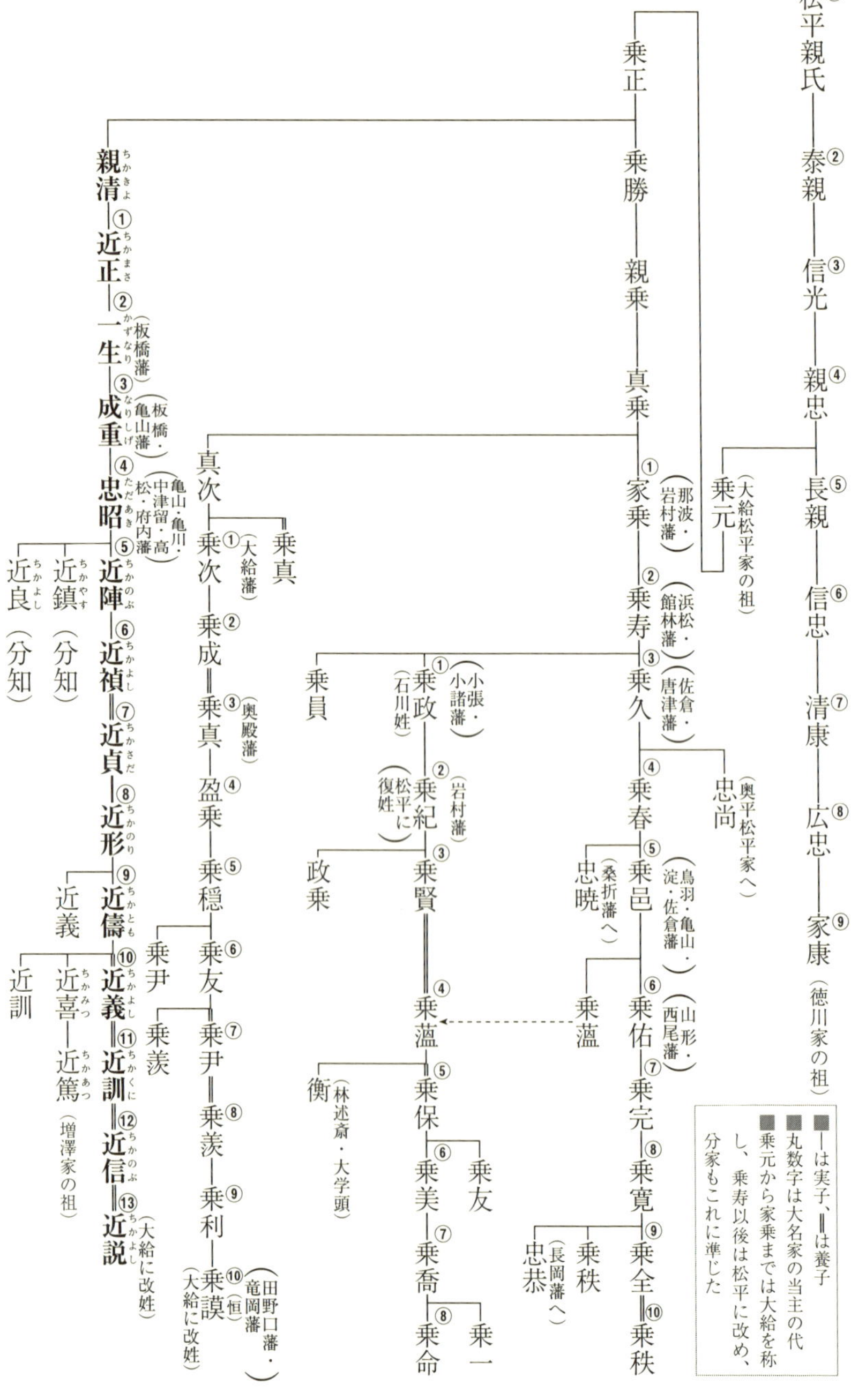
松平親氏①
泰親②
信光③
親忠④
長親⑤
信忠⑥
清康⑦
広忠⑧
家康⑨
（徳川家の祖）
乗元
（大給松平家の祖）
乗正
乗勝
親乗
真乗
家乗①
（那波・岩村藩）
乗寿②
（浜松・館林藩）
乗久③
（佐倉・唐津藩）
忠尚
（奥平松平家へ）
乗春④
乗邑⑤
（鳥羽・亀山・淀・佐倉藩）
忠暁
（桑折藩へ）
乗蘊
乗佑⑥
（山形・西尾藩）
乗完⑦
乗寛⑧
乗全⑨
乗秩⑩
乗秩
忠恭
（長岡藩へ）
乗員
乗政①
（小張・小諸藩）
（石川姓）
乗紀②
（岩村藩）
（松平に復姓）
政乗
乗賢③
乗蘊④
乗保⑤
衡
（林述斎・大学頭）
乗美⑥
乗友
乗喬⑦
乗命⑧
乗一
真次
乗真
乗次①
（大給藩）
乗成②
乗真③
（奥殿藩）
盈乗④
乗穏⑤
乗尹
乗友⑥
乗羨
乗尹⑦
乗羨⑧
乗利⑨
乗謨⑩
（恒）
（田野口藩・竜岡藩）
（大給に改姓）
親清《ちかきよ》
近正《ちかまさ》①
一生《かずなり》②
（板橋藩）
成重《なりしげ》③
（板橋・亀山藩）
忠昭《ただあき》④
（亀山・亀川・中津留・高松・府内藩）
近陣《ちかのぶ》⑤
近禎《ちかよし》⑥
近貞《ちかさだ》⑦
近形《ちかのり》⑧
近儔《ちかとも》⑨
近義《ちかよし》⑩
近訓《ちかくに》⑪
近信《ちかのぶ》⑫
近説《ちかよし》⑬
（大給に改姓）
近鎮《ちかやす》
（分知）
近良《ちかよし》
（分知）
近義
近喜《ちかみつ》
近篤《ちかあつ》
（増澤家の祖）
近訓
■—は実子、‖は養子
■丸数字は大名家の当主の代
■乗元から家乗までは大給を称し、乗寿以後は松平に改め、分家もこれに準じた

第五章 幕末の動乱と藩の終焉

最後の藩主近説は若年寄となり、大政奉還を迎えた。

①藩政の動揺

外国船の来航に備えて、府内藩は大砲を鋳造させ、農兵を編制するなど、海防策を講じた。
桜田門外の変以降、幕府の権威が大きく失墜するなか、
藩主近説は寺社奉行や若年寄に任命され、幕政に参画した。

海防と軍制改革

嘉永六年（一八五三）六月三日、アメリカ東インド艦隊司令長官ペリーは、軍艦四隻を率いて浦賀に来航した。一般に「黒船来航」と呼ばれるこの事件によって「幕末」が始まり、幕府や諸藩の海防意識はいっそう高まっていった。

府内藩にこの情報が伝わったのはいつ頃か。「府内藩記録」をみると、同月二十一日、この日に届いた小倉の御用達素麺屋助右衛門からの書状によって伝わったことがわかる。書状には、六月五日に「異国船四五艘」が「相州浦賀湊」に入港したことや、その情報は同月九日に江戸を出発した肥後の飛脚によってもたらされたことなどが記されていた。

そこで惣宿老の高屋加兵衛は、同日中に熊本藩領である鶴崎の町別当・松尾武

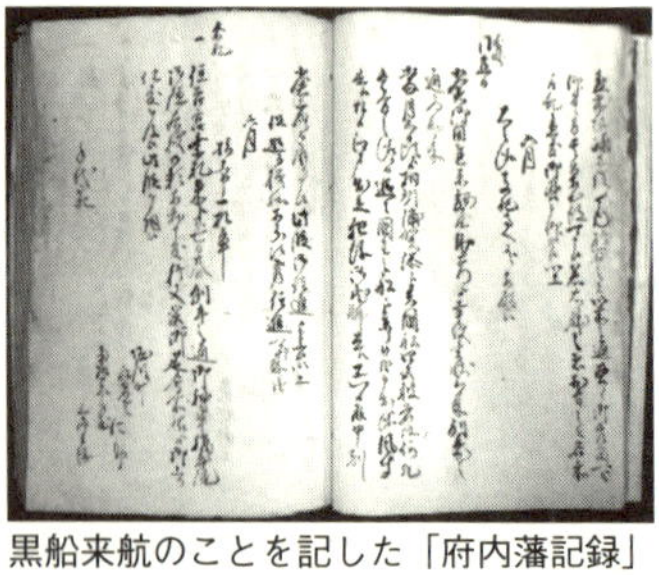

黒船来航のことを記した「府内藩記録」
（大分県立先哲史料館蔵）

右衛門に、この情報の照会を行った。すると鶴崎ではすでに、同月十八日に江戸便★が、翌十九日には熊本城下からの便が各々届き、「異船到来」の情報を得ていたことを知る。また、江戸では城の御固《おかため》(警固)や老人小児を避難させる命令が出されたことも教えてもらっている。

これ以外にも、日田の廣瀬久兵衛が黒船来航に関する情報を府内に伝えていたことが、彼の日記からわかる。久兵衛は前年末まで府内藩の藩政改革をつとめていた。ペリーが来航したとき、彼は大坂にいた。当時福岡藩の財政・国事に関与していたため、資金調達の件で大坂に滞在していたのである。

久兵衛は同年六月十一日、大坂安治川の町人吉田屋喜太郎から「異船」が浦賀に来航した影響で、堂島の米相場が上がる可能性があることを聞く。翌十二日には、府内藩蔵役人の谷口宗助から書状が届き、同封された「異国船四艘浦賀入津」を伝える飛脚屋からの届書の写しを受け取っている。翌十三日、大坂町人の炭屋惣平が彦根藩からの聞き書きを持参してきたので、これを写しとった。さらに翌朝、府内船が出帆するということで、府内にいる弟弥六と日田宗家へ「異国船一条」を知らせる書状を認めた。久兵衛は同月十五日にも、その間に得た情報を府内の弥六、藤田廉平、阿部鉄蔵へ伝えるため、各人に書状を発している。

黒船来航に先立つ三年前の嘉永三年、府内藩は駄原村(現・大分市)の重兵衛に命じて、大砲を鋳造させた。❖ 嘉永六年六月二十八日、鍛冶屋町の富田権兵衛が新

▼江戸便
八日に江戸を発し、十二日に大坂を経由して、十八日七つ時(午後四時頃)に鶴崎に届いた。

❖
重兵衛はこの功により、藩から一人扶持を与えられた。

作の鉄砲（十匁筒）を藩主近説に献上した❖1。同年七月三日には、中村段右衛門が砲術師範に任命される。段右衛門は同年十月六日、東新町の裏で大砲演習を行い、藩主もこれを見物した。その後、安政元年（一八五四）と元治元年（一八六四）に大砲が鋳造され、慶応元年（一八六五）五月に「西洋流車台新筒四流玉打」の演習が行われている。

その一方で軍事力の増強を図るため、農兵が編制された。元治元年七月四日、畑中村から農兵の志願者が出ている。「姫島え異舟渡来ニ付」（「府内藩記録」）とあるので、同年六月二十三日にイギリス艦二隻（バロス号・コーモラント号）が姫島沖に停泊した事件❖2が農兵募集のきっかけであったことがわかる。

同年八月、姫島沖にまたもや外国船が現れた。船数は一八隻。イギリスの提督キューバーを司令官とする英・仏・米・蘭の四国連合艦隊であった。同艦隊はその後、下関を砲撃し、上陸して下関砲台を占領した。この影響であろうか。同年十月八日、羽屋《はや》村で一八人、古国府《ふるごう》村で二〇人、豊饒《ぶにょう》村で一三人の農民が農兵に応じている。農兵は二十歳から四十歳までが対象で、「其の身一代限りの長脇差」を用いることが許され、宗門改帳も別帳とされた。さらに剣術・棒術・鉄砲の稽古が義務づけられた。

当時、農兵を志願する者は少なかった。同じ譜代の杵築藩でも、慶応二年八月に農兵を募集したが、応募者が少なく、高の割り当てで動員をかけると負担が大

❖1 権兵衛は嘉永五年に堺の鉄砲師から鉄砲の製作方法を学んだ。

❖2 この前年に長州藩が下関で外国船を砲撃したため、列強はその報復のため姫島を拠点にしばしば下関を砲撃した。このとき、幕命でイギリスに留学していた伊藤博文と井上馨の二人が同乗していた。彼らは無謀な戦いをやめるよう説得するため、姫島村の庄屋古庄虎治に頼んで、船で故郷の長州にもどっている。

姫島西浦沖に終結した四国連合艦隊
（愛媛県宇和島市立伊達博物館蔵）

きいので再考してほしいと、領内六手永の年番庄屋が藩に願書を提出している。

府内藩でも事情は同じであった。それは前述した十月八日の際、自村農民に農兵を志願させた三村の庄屋に褒賞を与えていることからもうかがえる。❖3

桜田門外の変が伝わる

安政七年（一八六〇）三月三日、大老井伊直弼が桜田門外で、水戸・薩摩の浪士ら一八名によって襲撃・暗殺された。直弼が勅許を得ずに日米修好通商条約に調印し、さらに反対派を安政の大獄で弾圧したことなどが原因であった。

時の幕政の最高責任者が暗殺されるというこの事件により、幕府の権威は失墜し、幕末の政局は混迷を深めていった。

ところで、この事件は豊後と密接な関係があった。例えば岡藩は、十一代藩主中川久教《ひさのり》が井伊家から養子として迎えられたこともあり、江戸および国元の両方で精力的に情報収集を行っている。また臼杵藩は、襲撃者の一人である森五六郎の身柄を一時預かった。そのとき、臼杵藩士が彼の話を筆記した。それが事件を知る重要な記録「森五六郎物語」として今日伝わっている。❖4

しかし何といっても、この事件に最も関わりがあったのは杵築藩である。それはこの事件が杵築藩の上屋敷前で起きたからである。杵築藩邸は外桜田御門の正

❖3 金一〇〇疋が与えられ、庄屋らも宗門改帳が別帳とされ武士扱いとなった。

❖4 写本が国立公文書館に所蔵されている。

面にあり、彦根藩邸のすぐ横に位置していた。

　事件から八日経った三月十一日、杵築藩九代藩主親良《ちかよし》は、老中から呼びつけられ、自邸前でありながら傍観していたことを咎められ、謹慎処分となっている（『追遠拾遺』）。五日後には許されるなど、比較的軽い処分ですんだのは理由があった。それは当時親良が朱印改を執行するメンバーの一人であったからである。❖1
　事件が起きた三月三日は十四代家茂の朱印改が行われる日であった。結局、発給儀礼が行われたのは一カ月後の閏三月五・六日。同月七日、親良は朱印改の件で褒賞され、刀と時服を下賜されている。

　府内藩の国元にこの事件の情報が伝わるのは三月十九日。三月六日に江戸から出された便によって、家老ら藩首脳部の知るところとなる。府内藩では毎月下旬、江戸藩邸から大坂を経由して府内に発せられる定期便があった。但し、非常時には直行便が江戸・大坂・府内間で各々発せられた。三月六日の江戸便がまさにそれで、大坂を経由せず、直接国元に発せられている。

　当時、藩主（十代近説《ちかよし》）は在府中で、同年二月に一橋門の門番を仰せ付かったばかりであった。府内藩に直接の被害はなく、処分が下されることもなかった。この江戸便をみた家老岡本主米の日記に「井伊様三月三日御登城御道筋、外桜田にて狼藉の者これあり、大変の趣申し来たり、誠に前代未聞の義」であることが記されている（「年中御用手控」）。はたして事件の詳細はどの程度まで伝えられて

❖1　親良は天保十三年（一八四二）七月二十五日に奏者番となり、安政五年（一八五八）十一月五日から朱印改奉行の職に就いている。

「桜田門外之変図」（茨城県立図書館蔵）

いたのであろうか。
主米は大老井伊直弼が暗殺されたことを、少なくとも三月二十一日の段階ですでに知っていた。その情報源は同藩御用達の廣瀬久兵衛であった。主米とは藩政改革をともに担った間柄で、当時は庄ノ原や吉兆原などの原野の開拓に取り組んでいた。久兵衛は三月十九日に、独自のルートにより事件の情報を得ていた。同月二十日の彼の日記をみると、この事件について「内実は御頭を打取、其場より直様欠落のものこれあり」と記している。主米がみた府内藩江戸便の内容は明らかでないが、この翌日（同月二十一日）に二人が談義していることから、事件の真相は確実にこのときには伝えられていたと思われる。そしてこの日に久兵衛は、主米へ出府を勧めている。同月二十六日には、小倉方面へ足軽衆を派遣して情報収集を行う意義を説いている。

また久兵衛は「さぬきや」「三倉屋」といった飛脚業者などを通じて熊本藩領の鶴崎からも情報を得ている。三月二十八日には、薩摩藩の動向を主米へ報告。❖2その際、府内町奉行よりさらにその詳細を調査するよう依頼され、三倉屋を鶴崎に派遣し、三十日に藩へ報告している。

事件当時、府内・杵築の両藩主はともに在府中であった。幕政に関わることがあれば、譜代の片方が豊後に残るという「御在所交代」方式は成り立たないわけで、このときがまさにそうであった。とはいえ、これまで連絡を密に取り合って

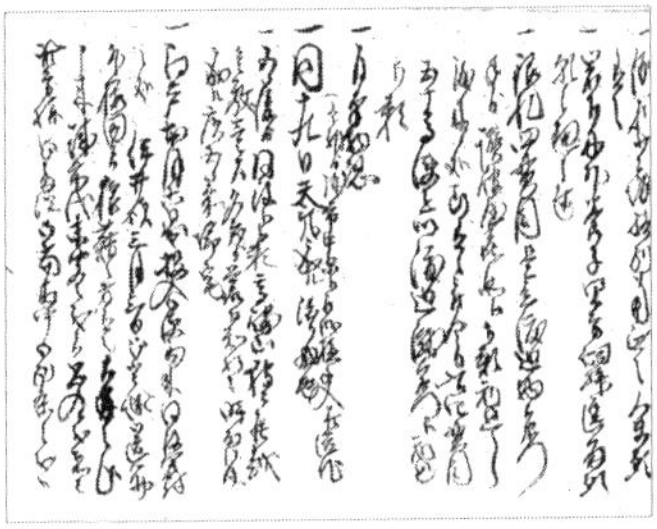
「年中御用手控」（大分県立先哲史料館蔵）

❖2
薩摩藩が参勤の途中、筑後御原郡松崎駅で事件のことを知り、三月二十三日に国元へ折り返したという内容。

きた両藩であったが、この事件に関してはあまり情報交換がなされていない。また、前述した廣瀬久兵衛は杵築藩の御用達もつとめていたが、直に情報を入手したという形跡はない。おそらくこの事件が藩邸前で起きたため、杵築藩は安易に情報を発信できない立場にあったことが推察できよう。そのようななかで、府内藩の例でみたように、各藩はあらゆるルートを駆使して迅速かつ正確な情報を入手し、幕末の難局を乗り切ろうとしたことがわかる。

譜代大名としての苦悩――のぞまぬ幕政への参画

府内藩は譜代であったため、薩摩・長州藩など尊攘派勢力の強い西国にあっては常に苦しい立場に置かれていた。加えて、十代藩主近説《ちかよし》は桑名藩から養子に入った人物である（初代藩主定永の七男）。桑名藩といえば、幕末に新政府への徹底抗戦を貫いたことで知られる会津藩とともに、佐幕派の中核であった。したがって倒幕派の勢いが増していくにつれ、府内藩、とりわけ近説の心境が穏やかでなかったことは容易に想像できよう。

元治元年（一八六四）、八月十八日の政変で京都を追われた長州藩の急進派が、池田屋事件を契機に入京し、御所を守る薩摩・会津・桑名の藩兵と武力衝突した。いわゆる禁門（蛤御門）の変と呼ばれる事件であるが、これに上村《かんむら》（現・大分市）

禁門（蛤御門）

出身で廣瀬淡窓に学んだ若杉直綱★（一八三三〜六四）が、長州軍に加わり、禁門を守衛する会津軍と闘い、戦死している。

この事件を報じた「風聞書《ふうぶんがき》」が、家老をつとめた津久井家に伝来した史料のなかに残っている。これをみると、同年七月十九日の暁寅刻《とらのこく》（午前四時頃）、禁中で会津藩と長州藩の戦いが始まったこと、南北は禁門から夷川《えびすがわ》通り、東西は烏丸《からすま》通りから麩屋町《ふやちょう》通りまで砲火によって大火災となったことがわかる。差出者は同日の未刻《ひつじのこく》（午後二時頃）に火中でこれを認めたようで、国元の府内には、なんと四日後の七月二十三日に届いている。

近説が最初に幕府の役職に就くのは、文久元年（一八六一）の八月。このとき奏者番を命じられ、翌年の閏八月までこれをつとめた。奏者番とは、諸大名が将軍に謁見する際、取り次ぎをし、その他殿中の礼式に携わる職である。このときの職務に関わる史料が残っている。「分限席順帳」という史料がそれで、格式順に大名の系譜がまとめられている。御三家から始まり、大名の嫡子や家老など、各事績が文久二年閏八月まで記されている。朱書きで訂正・補足した箇所が随所にみられることから、奏者番在任中に作成したものと思われる。

その後、文久四年正月、十四代将軍家茂の入京に際し、着坂・着城の警衛に加え、再び奏者番の職を大坂城で拝命。現在京都大学に、この頃の近説の動向を伝える日記が残っている（「京都大坂日記」）。これをみると、奏者番を命じられた近

▼若杉直綱
直綱は上村の若杉磯右衛門の長男。日田の咸宜園で学んだ後、嘉永六年に堺へ行き、町田元耕の養子となる。元耕の没後、長崎、江戸へ遊学。義弟に町田家を譲って、若杉姓にもどり、堺で開業。蛤御門の変で戦死。彼の墓所は上村（現・大分市大石町）の悟真寺に、また護国神社に英霊が祀られている。

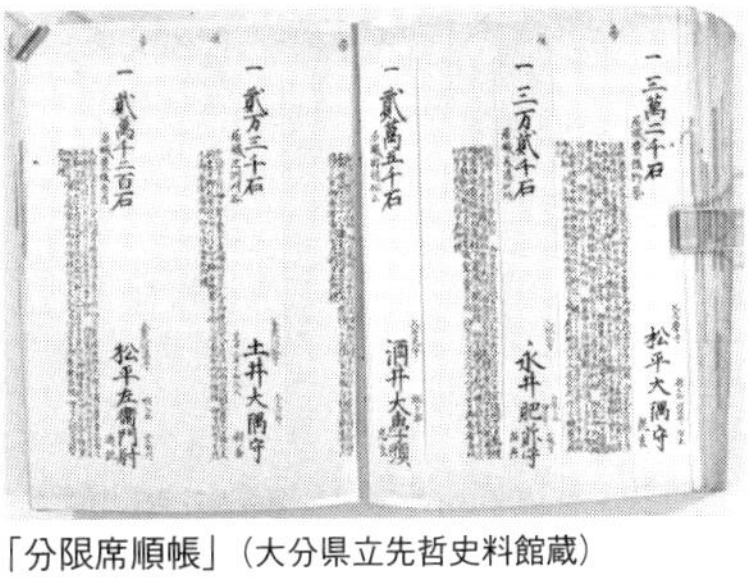
「分限席順帳」（大分県立先哲史料館蔵）

説は、その後、参内のため京都に向かう家茂の警衛を命じられている。京都二条城では、奏者番として儀式の執行に尽力したようで、日記には式進行の流れや座席位置などの事項が詳細に記されている。

元治元年、禁門の変が起きたとき、近説はすでに帰国していたが、同年九月末には参勤交代のため、府内を出立。江戸に出ると、寺社奉行を兼任するよう命じられる（同年十一月一日）。府内藩主としては三代藩主近禎《ちかよし》以来、二度目の就任であった。近説は当時三十七歳。四十七歳で就任した近禎に比べ、十歳若かった。

この出世の背景には、近説の縁戚の関与があったことは間違いない。近説の父定永は松平定信の長男。したがって近説は定信の孫にあたる。叔父の真田幸貫《ゆきつら》（定信の次男）は老中、弟（定永の八男）の板倉勝静《かつきよ》は寺社奉行と老中、同じく弟（定永の十男）の土岐頼之は若年寄に、それぞれ就任していることからも明らかである。

しかし、約二カ月後の十二月二十七日、近説は寺社奉行の兼務を免じられ、奏者番のみの役職にもどっている。そして慶応二年（一八六六）六月十五日、再び寺社奉行を命じられている。再任直後の近説が、国元の家老へ宛てた書簡（同年六月十七日付）が残っている。これをみると、この間の近説の心情がよくわかる。

冒頭、第二次長州征討★が始まったことに触れながら、時局多端の折、寺社奉行に再任されたことを済まなさそうに伝えている。最初の寺社奉行職は、自ら希望

二条城で将軍家茂から拝領した磁杯
（大分県立先哲史料館寄託）

▼第二次長州征討
慶応二年六月七日、幕府は長州藩への攻撃を始めた。幕府側に不利な戦況のなか、同年七月に将軍家茂が死去。名代となった徳川慶喜は朝廷より休戦の沙汰書を得て、九月十九日に撤兵を命じた。

して辞めたことや、職務の負担を軽減してくれての再任命令であるため断ることができないこと、今回はなるだけ勤続するつもりであることなど、胸の内を明かしている。また、末尾で岡本主米や廣瀬久兵衛の協力を得るよう命じている。

さらに、その二カ月後の八月十六日付で国元に宛てた近説の書状をみると、小倉からの撤兵を懇願する家中に対し、幕政に関与する譜代大名として使命を果たすことの必要を諭した内容となっている。❖「自国の儀は其の委任の重職のため差し置き候」というところなど、近説の苦しい心境がうかがえる。

近説は二度目の寺社奉行を一年ほどつとめた後、慶応三年七月五日、今度は若年寄を命じられる。若年寄は老中に次ぐ要職で、豊前・豊後の諸藩から任命されたのはこのときが初めてであった。国元の府内には、同年七月二十六日に就任したことが伝えられている。

若年寄になると役屋敷が与えられる。役屋敷とは、幕府の役職をつとめる者に与えられた役所兼住居のことで、老中や若年寄をはじめ、勘定奉行、江戸町奉行、火消役、関東郡代などに与えられた。このとき府内藩は長島藩から役屋敷を受け取っている。屋敷は八代洲河岸（現・千代田区丸の内）にあった。寺社奉行より格上の若年寄という役は、職務上のつきあいもさることながら、このような引っ越しにも費用がかかり、経済的負担が増したことは想像に難くない。

若年寄への就任は、はたして当時どのように認識されていたのであろうか。京

❖慶応元年五月、幕府は再度の征長令を発令。これを受けて府内藩はすぐに足軽を小倉に派遣し、老中小笠原長行の指揮下に入れ、翌年の八月四日に府内へ撤兵するまで、一〇名前後の足軽を交代で勤務させていた。したがって、近説がこの書簡を発したときは、すでに小倉から撤退していた。

家老宛近説書状写（大分県立先哲史料館蔵）

都に滞在する府内藩士大渡又三郎★が、国元の家老津久井氏に伝えた風聞書の写しが残っている（「京都秘聞手控」）。これは岸和田藩の周旋方「武田子」から聞いた内々の話を伝えたものである。

内容をみると、元治元年以来の長州征討は「御失策」であり、現在は「何様之大乱醸し候も難測」危険な状況にあること、寺社奉行三名のうち近説が若年寄に就任しそうな噂があり、それが実現すれば府内藩にとって「御厄運」になるであろうといった話が紹介されている。❖

さらに大坂町奉行支配下の与力など幕府関係者と親しく、豊富な情報網を有している「赤松懇次郎」という人物が同じ見方をしていることも伝えている。

この史料から、若年寄への就任は決して朗報とはいえず、むしろ不運であるかのように当時みられていたことがわかる。このように近説は在任中、苦渋の決断を迫られる場面が実に多かった。しかも譜代大名として、風向きの悪い幕府に加担しなくてはならない境遇にありながら、激動の幕末維新期を何とかくぐりぬけていったのである。

▼大渡又三郎
藩儒大渡周策の子。阿部淡斎の紹介で咸宜園に入門している。

❖寺社奉行の三名とは、近説および土屋寅直（常陸土浦藩）と永井尚服（美濃加納藩）。実際は慶応三年（一八六七）六月二十五日、永井が近説より先に若年寄になるので、この風聞書が作成されたのはそれ以前と思われる。

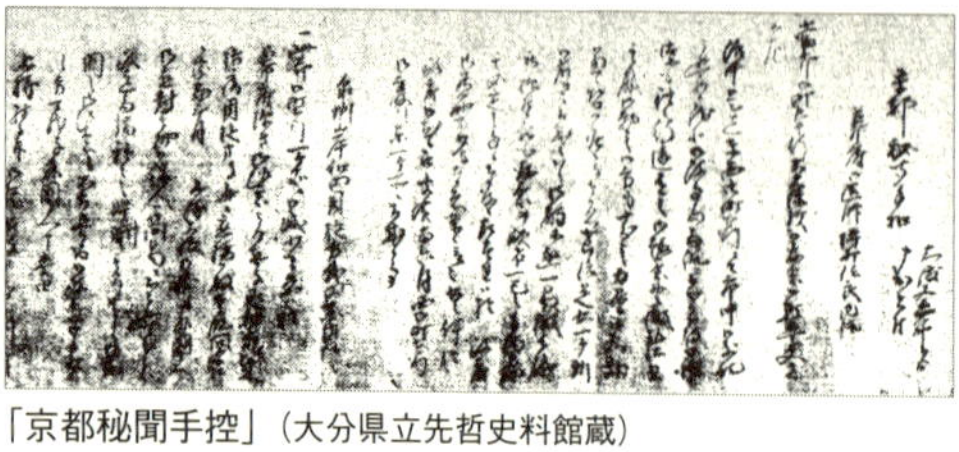
「京都秘聞手控」（大分県立先哲史料館蔵）

②大政奉還から廃藩置県

近説が若年寄になって三カ月ほど経った頃、将軍慶喜は大政奉還の上表を朝廷に提出した。近説は新政府への帰順が遅れた責任を問われ、謹慎を命じられるも、最後は許される。農民騒動が起きた翌年、廃藩置県が断行され、府内藩はその歴史の幕を閉じた。

明治新政府と府内藩

近説が若年寄になって三カ月ほど経った慶応三年（一八六七）十月十四日、幕府は大政奉還の上表を朝廷に提出した。機先を制せられた倒幕派は、十二月九日、朝廷でクーデターを決行し、王政復古の大号令を発して、天皇を中心とする新政府を樹立した。これにより、江戸幕府の二百六十年以上にわたる歴史が終わった。

翌慶応四年正月三日、京都南郊で新政府軍と旧幕府軍との戦いが始まる（鳥羽・伏見の戦い）。そのため新政府は諸侯に徳川慶喜の追討を命じた。去就に迷う近説《ちかよし》はなかなか決断が下せなかった。その間、宇佐で御許山《おもとさん》騒動★が起きると、事態を重くみた府内藩の国元首脳部は、同月二十五日、津久井四郎右衛門を京都に派遣して、ひとまず朝廷に恭順の意を伝えた。

▼御許山騒動
慶応四年正月十四日の早朝、豊前・豊後の勤王の志士によって起こされた倒幕の挙兵事件。府内藩には同月十六日に事件の報が届いている。佐田秀（ひずる）ら六〇人余りの志士は四日市陣屋（現・宇佐市）を襲撃し、御許山に挙兵。長州藩兵により同月二十三日に鎮定された。挙兵グループは勤王派の公卿・花山院家理（かざんいんいえのり）を盟主としたため、花山院隊とも呼ばれた。

同月二十七日、家老の岡本外記《げき》が、御目見格以上の藩士に総登城を命じ、藩主不在のなかで、対応策を協議した。外記は、①新しい養子を迎えて勤王につく、②何としてでも江戸へ出て近説の指揮を仰ぐ、③最後まで譜代の立場を貫く、の三案を示し、どれを選択すべきかを出席の藩士全員に問うた。

その結果、第一案が採用された。しかし、他家から養子をとるのが困難な時勢であったので、元藩主近儔《ちかもと》の孫で城代の増澤虎之丞（近篤）を藩主代理として新政府側につくことを決定した。

同年二月一日、手島善太夫を上京させ、藩の態度を正式に朝廷に報告した。十五日、薩摩藩の使者が朝廷の内命を伝えに来たので、増澤虎之丞は新政府側につくことを誓い、同時に薩摩へ答礼使を派遣した。また、十七日には、三佐（現・大分市）から上京する岡藩主中川久昭に、朝廷へのとりなしを依頼している。

一方、前年冬から肺病を患い病床に臥すことが多かった江戸の近説は、二月六日、若年寄を依願退職した。十五日、筋違橋門《すじかいばしもん》内の上屋敷にもどり、三月四日、京都に向けて江戸を出発した。その途中の三月十二日、駿府の府中駅（現・静岡県）で東征軍大総督の有栖《ありす》川宮《がわのみや》熾仁《たるひと》親王に、朝廷への恭順を誓う誓紙を渡した。

二十日には、朝廷の命令を受けて松平の苗字を大給《おぎゅう》と改める旨の届けを京都の弁事役所へ提出した。提出したのは谷口宗助。その際、府内藩は朝廷警護のため、隊長一名、物頭一名、平士五名、足軽物頭一名、組卒二〇名を上京させてい

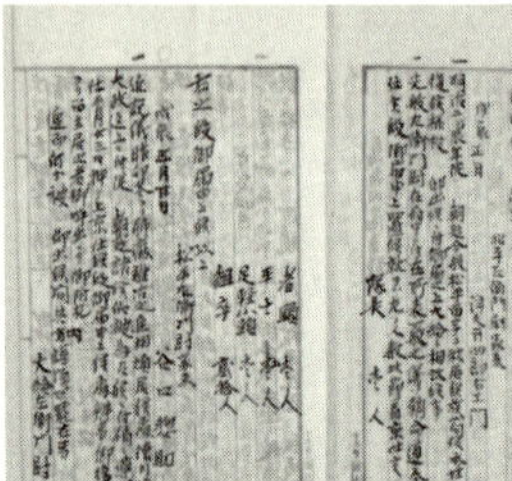

改姓の届け出
（「旧藩事蹟調写」・大分県立先哲史料館蔵）
明治元年から同八年までの間、大分県域の旧藩が新政府へ提出した届書・伺書を書き上げたもの。明治八年、大分県庁に提出されたこれの原本は九冊からなり、府内藩・県に関するものはそのうちの四冊目にあたる。この史料は、明治三十一年に旧府内藩士の木戸氏が大分県庁で写したもの。明治初期の近説の動向がうかがえる。

る。

二十三日、近説は京都に着き、朝廷の裁きを待った。二十五日に新政府から謹慎を命じられ、一カ月後の四月二十五日に弁事伝達所で、幕府の若年寄をつとめたことや、新政府への帰順が遅れたことなどの責任を追及された。これに対し近説は、もともと勤王を支持する将軍慶喜に従って自分は職掌をつとめてきたが、病気のため、幕府内の「叛逆の模様」を食い止められず、また、「恭順謝罪の実効」をあげえなかったことを詫びる文書を、二十七日に弁事役所へ提出した。その結果、五月十三日、近説は謹慎を解かれ、府内藩は新政府の支配下に入ることになった。

丁卯十月ヨリ癸酉九月迄
御達願伺御届書写
華族
従五位大給近道

「御達願伺御届書写」（大分県立先哲史料館蔵）
慶応三年十月から明治六年九月までの公文書（達し・伺い）を記録したもの。明治七年十月、布達により十一代近道が東京府戸籍掛へ提出したもので、これはそのときの写し。大政奉還直後からの近説の動向が詳細に記されている。

明治初年の農民騒動

新政府が成立し、政治的・社会的に目まぐるしく世の中が変転したことにより、明治初期には全国各地で農民一揆が起きた。現在の大分県域でも、明治二年（一八六九）七月、岡藩領直入郡朽網《くたみ》郷（現・竹田市久住町）の一揆を皮切りに、十一月には島原藩領の宇佐郡橋津組（現・宇佐市）・国東郡田染組（現・豊後高田市）で、さらに明治三年十一月には日田県管下の日田・玖珠両郡で一揆が次々と発生した。

府内藩領では、奥郷《おくごう》の庄内谷《しょうないだに》（現・由布市庄内町）が発端となった。それは、竹槍騒動と呼ばれる日田・玖珠両郡の一揆が鎮圧された直後の、明治三年十二月五日のことである。

一揆の原因は、熊本藩の租税措置との落差にあった。明治二年七月、熊本藩知事細川護久《もりひさ》は藩政改革の一環として、領内の村々に対し、本年貢の三分の一に相当する雑税免除の布告を発した。❖「村々小前共え」と題されたこの布告は、熊本藩領に接する府内藩領や日田県管下の村々の農民も当然目にしたはずである。明治三年に起きた諸騒動は、熊本藩の年貢減額がきっかけであり、府内藩も「肥後同様」を求めての農民蜂起であった。府内藩での騒動の経過は以下のとおりである。

一揆の予兆は十一月頃から見られ、来鉢《くばち》村（現・由布市挾間町）や古国府《ふるごう》村（現・大分市）、永興《りょうご》村（現・大分市）などに、蜂起を呼びかける高札や張り紙、回文が出された。その内容は、熊本藩のような雑税免除が他で認められないのであれば一揆を起こすからみんな参加せよ、という呼びかけであった。事態を重く見た府内藩は、領内各組の庄屋・組頭・頭百姓を呼び出し、事情を聴取した。

十二月に入ると、奥郷や旧分知領の村々（現・由布市庄内町）で農民たちが蜂起し、次第に周辺部へと広がっていった。三日から小参事の上原五十馬《いそま》や大属の神屋轍《とおる》と吉田敬蔵らが村々を回り説得したが、農民たちの怒りを鎮めることはできなかった。

❖この減税措置に感激した領民たちは、通称「知事塔」と呼ばれる記念碑を各地に建てた。現在、これが竹田市久住町に二基残り、布告の全文が刻まれている。

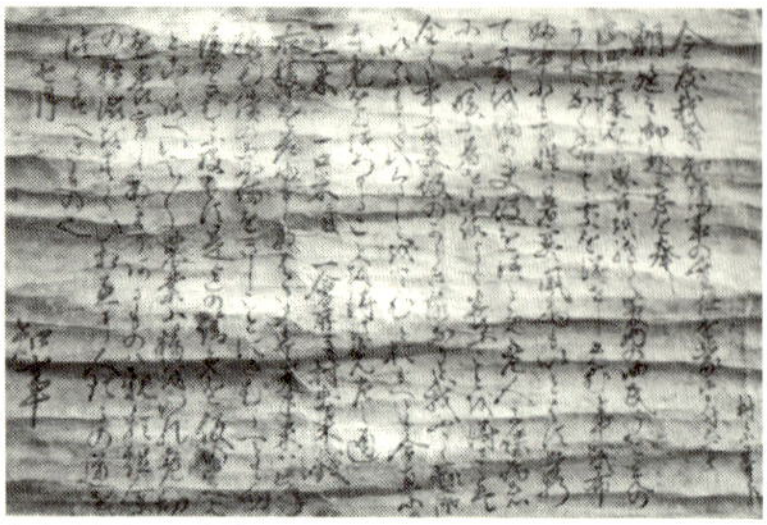
細川護久の布告文（個人蔵）

五日の夕刻、中郷の朴木村《ほおのき》（現・由布市挾間町）の農民七、八〇人が竹槍や鍬・鎌などを持ち城下へと向かった。奥郷からも五〇〇人余りが加わった。一揆勢は六日未明に堀切峠（大道峠）と太平寺堤で合流した。このとき、宮苑村《みやぞの》（現・大分市）の庄屋宮崎弥兵衛（弥一郎）が一揆勢の要求を聞き入れて、大参事の岡本外記に取り次いだ。

その間、里郷の農民らも加わった一揆勢は続々と城下に乱入し、家々の打ちこわしや放火を始めた。そこで藩側はついに門内から実弾を発射したため、死者は一七名、負傷者は九名に及んだ。ひるんだ一揆勢は堀切峠まで退去したが、勢力を増強して再び市中乱入の勢いを示した。事態の収拾を急ぐ府内藩は、権大参事の吉田高尚《たかなお》を堀切峠に向かわせ、農民らと交渉させた。吉田は独断で農民の要求七カ条★を聞き届ける約束をし、直ちに村にもどるよう告げた。こうして七日に至ってようやく一揆は収まった。

八日、藩は積穀《つみこく》を各村へ配分した。翌九日には、領内の庄屋全員を呼び出し、免職を言い渡した。さらに十四日には、先の七カ条に「青莚の他所売りを認める」などの三カ条を付け加えた一〇カ条の「覚」を下達した。

ここまでは一揆勢の完勝かと思われたが、翌年に入ると藩側が反撃に転じる。首謀者の探索に乗りだし、一揆勢の要求を取り次いだ宮苑村庄屋の宮崎弥兵衛を準流十年に処すなど、六〇人余りを拷問などの刑に処した。さらに、一揆を鎮め

▼七カ条
農民が要求したのは次の七つである。①年貢納入の俵は一俵三斗入りとする　②種子米の利息は免除　③屋敷直年貢の免除　④小上納物の免除　⑤切銭は庄屋給のなかから三割を支出　⑥人夫扶持米は一人一升　⑦庄屋・組頭は廃止

るためにその場凌ぎで農民の要求を認めた「覚」を、農民らの自主的な返上という形で無効にした。

なお、一揆の責任をとって政府に進退伺いを提出していた藩知事（旧藩主）の大給《おぎゅう》近説《ちかよし》と、大参事の二名（岡本外記、小林常宗）は無罪であったが、権大参事の吉田高尚と大属の益田定保の二名は贖罪金《しょくざいきん》（罰金）を命じられている。

府内藩、そして大分県へ

戊辰戦争が終わり、明治新政府は国内をほぼ統一したが、その支配が及ぶのは旧幕府領の府県★に過ぎなかった。諸藩では依然、各大名が統治する体制が続いていた。そこで新政府は明治元年（一八六八）十月二十八日、藩行政と藩主の家政を分離する藩治職制《はんちしょくせい》を制定したが、抜本的な改革はできなかった。

中央集権体制を目指す新政府は、旧来の藩による支配の廃止を目指して、明治二年に全藩主の領地・領民を支配下に置く版籍奉還《はんせきほうかん》を行った。府内藩主の近説は、三月一日、版籍奉還の願書を提出し、六月二十二日、府内藩知事（知藩事）に任じられている。なお、近説は当時京都で療養中であったので、代わりに養子の近《ちか》道《みち》★（起之助）が東京に赴き、拝命した。

次いで明治四年七月、藩制を全廃する廃藩置県が断行され、府内藩は府内県と

▼府県
新政府は没収した旧幕府領のうち、要地を府、その他を県とし、直接統治した。

▼近道（ちかみち）
近道（一八五四～一九〇二）は六代近儔（ちかとも）の曾孫で、増澤近篤（ちかあつ＝虎之丞）の子。しかし「大給家譜」に「内実は松平志摩守の嫡子」とある。当時、松平志摩守を名乗った人物は、杵築藩や母里（もり）藩（松江支藩）、旗本などにいたが、やはり同じ豊後の譜代である杵築藩から養子を迎えた可能性が高い。とくに杵築藩九代親良（ちかよし・一八一〇～九一）は、近説と同じく、正室が大給本家・松平乗全（のりやす）の娘であったので親交は深かったと思われる。親良は志摩守を名乗っていないが、父親明（ちかあき・一七七九～一八二五）がこれを名乗っていたので、志摩守は親良であるかもしれない。いずれにしても、府内藩主の正統な血統を守るため、もらい受けた子どもを近篤の実子にする必要があったのであろう。

なった❖。これより前の五月十七日、近説は府内を発ち、六月十日、東京の筋違橋門内の屋敷に到着。廃藩置県の詔が下された七月十四日、近説は体調不良のため参朝できず、備中高梁《たかはし》藩知事の板倉勝弼《かつすけ》が名代をつとめている。

府内県の行政は、在京の大参事吉田敬蔵が、政府の命を受けて行うことになった。府内藩知事を免官された近説は、太政官布告に従い、妻と養子近道を府内から呼び寄せた。同年十月十日、近道への家督相続が認められ、近説は以後東京で隠居生活を送った。

この廃藩置県により、現在の大分県域には、府内県のほか、中津県・杵築県・日出県・臼杵県・佐伯県・岡県・森県・日田県（旧幕府領）や、熊本県領と島原県領が存在した。同年十一月には、豊後一国を県域とする大分県が成立した。豊前二郡と豊後八郡からなる現在の大分県となったのは、明治九年八月二十一日のことである。大分県の名称は大分郡からとり、府内の地が県都に選ばれた。それは、ここが古代より豊後の政治・経済・文化の中心として伝統的にその役割を果たしてきたからである。

こうして、府内藩は府内県となるも、すぐに大分県に統合され、その歴史を終えることになった。

❖府内藩分知領（現・由布市庄内町）は、明治二年十二月二日、日田県に編入されている。

これも府内

府内の郷土料理

団子汁

団子汁

小麦粉に塩を混ぜて鉢でこね、親指ほどの大きさにちぎり、丸めて二十分ほどねかせる。このとき〝カゼをひかないように〟と布巾をかぶせるが、その手つきはわが子を慈しむ母の姿を思い出させる。その間にゴボウや里芋など季節の野菜を入れた味噌汁をつくる。頃合いをみて、ねかせていた団子を細長く伸ばし、汁の中に入れて出来上がり。戦前までは、貴重な米を食い延ばすため、主に夕食に食べていた。

やせうま

やせうま

団子汁と同じく、小麦粉を練って長さ二〇センチほどに伸ばしてゆでる。ざるに上げて、うちわで扇《あお》いで冷まし、きな粉をまぶして出来上がり。もともとは、お供えや盆参りの客に出す食べ物であったが、やがて子どものおやつとしてつくられるようになった。平安の頃、世をしのんで挾間《はさま》（現・由布市）の妙蓮寺に隠れ住んでいた幼君鶴清丸が、乳母の八瀬に「やせ、うまうま」が欲しいと、これをせがんだのが語源だといわれている。

とり天

とり天

その名のとおり、鶏肉の天ぷらのこと。もも肉や胸肉などの鶏肉を一口サイズに切り、醤油やおろしニンニクなどで下味をつける。小麦粉を卵や水で溶いた衣をそれにつけ、油で揚げると出来上がり。タレは酢醤油に練りからしを溶かしたものが一般的である。昭和三十七年（一九六二）に大分市内の食堂で誕生したといわれるが、それより前に別府市内の食堂のメニューにあったともいわれ、起源ははっきりしない。

りゅうきゅう

りゅうきゅう

名前の由来は、沖縄（琉球）から鹿児島を経て、鯖《さば》漁の多い大分に調理法が伝わったからという説など諸説あり、はっきりしない。漁師が捕りたての魚を船上で新鮮なうちに捌き、海水で洗い、それを一口大に切って生醤油をぶっかけ、炊きたての丼飯にのせ、混ぜ合わせて食べたのが始まりといわれている。いたみやすい鯖などの刺身に、ネギや生姜《しょうが》を混ぜ合わせ、醤油やみりんを入れた漬け汁に浸し、上にすりごまをのせて出来上がり。刺身の保存食として今も親しまれている。

エピローグ

廃藩置県後の府内藩主家の足跡

最後に、廃藩置県後の府内藩主家の足跡をたどってみることにする。

明治元年(一八六八)、府内藩主家は姓を松平から大給《おぎゅう》に変更させられた。最後の藩主近説《ちかよし》は廃藩置県が行われた明治四年、近道《ちかみち》に家督を継ぎ、以後東京で隠居生活を送ったことは前に述べた。その後、近説は教導職試補や権少教正をつとめ、晩年は北豊嶋郡下駒込村(現・台東区と文京区)で過ごした。明治十八年四月には、正五位に叙された。明治十九年十一月十八日に亡くなり、伝通院《でんずういん》の末寺・見樹院に改葬された。享年五十九歳であった。

文京区千駄木三丁目に「大給坂」と呼ばれる小坂がある。この坂の上に大給家の邸宅があった。この辺りは、江戸時代、上野寛永寺領に属し、将軍家霊廟の材木を供給する雑木林であった。大給家は、明治五年に本邸(神田淡路町にあった上屋敷)を接収された後、この地(東京市本郷区駒込千駄木林町)に移り住んだ。大給邸内の庭にあったといわれる大銀杏が、千駄木三丁目の千駄木第二児童遊園内に今も残っている。

明治十七年、近道は子爵となり、大給家は華族に列せられた。大給家当主は、読書鳴弦《めいげん》の儀の奉仕員としてしばしば宮廷に招かれた。これは宮中で皇子誕生後七日の間に、吉日を選んで産湯《うぶゆ》を使わせる儀式のこと。このとき湯殿《ゆどの》の外で『史記』『礼記』『孝経』などの前途奉祝の文を読み、弓弦を弾き鳴らす。大給家が担当したのは鳴弦の儀。弓に矢をつがえずに構え、その弦を引き、音を鳴らすことにより邪気を払った。近道の子近孝（一八七九〜一九五八）は、明仁親王（現在の天皇陛下）誕生のときも「皇子浴湯ノ儀鳴弦」を仰せ付かっている。

近道と近孝はともに経営の才を有していたようで、明治二十年代に神奈川県藤沢市の鵠沼《くげぬま》に二五万坪余の土地を購入し、日本最初の分譲型の別荘地として開発している。当地に鎮守の杜がなかったため、もともと神田淡路町の本邸内にあった賀来《かく》神社の社殿（当時は千駄木坂下町にあった）が大正初期にここに移された。江ノ電鵠沼駅の石畳の坂を登ると、突き当たりに社務所がある。その裏の小高いところに今も賀来神社はある。

近孝の後は、米沢上杉家の最後の藩主茂憲《もちのり》の五男近憲《ちかのり》（一八九五〜一九六〇）が跡を継いだ。近憲の子近達《ちかさと》（一九三二〜二〇一三）は、アマゾンのカマユラ族などのラテン文化を専門とする文化人類学者として活躍した。東京大学で泉靖一に師事。大学四年のとき、大分県日田郡の村落に残る古文書の調査・研究を行い、文部省資料館（現・国文学研究資料館）につとめるなど、文献史学にも精通した人物であった。のちに千葉大学や国立民族学博物館の教授をつとめている。

八十二つ生きて　嬉しき極みかな　若き府内の　殿を迎へて

「旧府内藩主の若君を歓迎して」と題するこの歌は、昭和二十六年（一九五一）七月二十七日、吉田雉城《ちじょう》という人物が詠じたものである。（「府内藩主大給家文書」）。このとき大分市を訪れた若君

（近達）は、吉田ら旧藩士家の子孫に手厚く迎えられたことがわかる。藩主・藩士間の絆は、廃藩後も変わらず、お互いの子孫に継承されていったことがうかがえよう。

また、府内藩の御用達をつとめ、江戸後期の藩政改革に尽力した日田廣瀬家との関係についても同様である。大正四年（一九一五）十二月一日、近孝が廣瀬貞治《さだじ》（一八七二〜一九三一）に宛てた書簡が、廣瀬家に残っている。貞治は廣瀬家の九代当主。この年の十一月十日、廣瀬淡窓が正五位を、廣瀬久兵衛が従五位をそれぞれ追贈された。この書簡はその祝い状である。

「先代（近道）からつとに聞いていた往事の恩義を追感いたし、欣羨《きんせん》を禁じがたきにより、一書を呈した」とのこと。淡窓が府内に来遊し、父祖（近説）や藩の子弟に直接教授・指導してくれたおかげで藩の士風が一変したこと、久兵衛が財政整理のため、天保期以来三十年近く府内に住んで尽力してくれた結果、藩の体面を保ち得ることができたことなど、恩義の内容が正確に記されている。

現在の大分県知事である廣瀬勝貞氏は、淡窓や久兵衛の子孫である。平成十五年（二〇〇三）から現職に就任し、行財政改革を積極的に進めていることに、歴史の奇縁を感じる。

あとがき

私は生粋の府内大分っ子。両親も府内藩領域に生まれ、育ち、今も暮らしている。我が家に古文書らしきものは何一つ残っていないが、地元の歴史については、子どもの頃から人一倍興味があった。それで大学卒業後は迷わず大分にもどり、日本史の教員になった。転機が訪れたのは九年前。学校現場から大分県立先哲史料館へ転勤となり、本格的に地域の歴史を研究する機会を与えられた。同館は郷土の歴史や人物に関する史料を多数収蔵し、大分県関係の記録史料の所在調査を全国規模で展開している。

私は、平成二十年に同館が開催した秋季企画展「大給府内藩」を担当した。府内の歴史といえば、いつも大友氏の時代に注目が集まる。その当時が大分の最盛期であったことは間違いない。往事を偲ぶ気持ちはよくわかる。しかし現在の府内城跡は大友氏とは直接関係がない。大友氏の改易後に築かれた城である。そして府内城主を最も長くつとめたのは大給松平氏。その治世の事績はいうまでもなく、大給《おぎゅう》の読み方さえ知らない人が地元でも多い。

築城後、府内城主が次々と替わったことや、中世に比べその支配領域が小規模であったことなどが、近世期の府内が今一つ注目されない理由であるのかもしれない。府内藩のことをもっと知ってほしい。そんな思いからこの展示を企画し、まずは大給松平氏の子孫を訪ねてみた。その際、十七代当主の近達《ちかさと》氏、十八代当主の温《すなお》氏のお二人には丁重なるご教示を賜った。加えてこのとき、宗家に残る史料の大半を大分県に寄贈していただいた。企画展はいうまでもなく、本書を発刊することができたのは、ひとえに両氏のおかげである。ところが近年、両氏が相次いで他界され、悲しみの念を禁じえない。

その一方で、私は現在、『大分県先哲叢書 廣瀬淡窓』の事務局をつとめている。大分県先哲叢書とは、大分県出身の先哲（先人）の生涯とその業績をまとめたものである。周知のように、廣瀬淡窓は江戸後期に活躍した、日田豆田町（現・大分県日田市）出身の儒学者である。彼が地元に創設した咸宜園《かんぎえん》は、近世最大規模の私塾といわれ、門下生は優に三〇〇〇人をこえた。

昭和初期に『淡窓全集』が出版され、すでに研究し尽くされた感のあるなかで、新たな境地を切り開くため、来信などの書簡や他者の日記にも目を向けてみた。すると、次弟久兵衛との関わりが想像以上に強いものであることがわかった。廣瀬家は府内藩の御用達をつとめていたが、久兵衛の場合は藩政改革を任せられ、三十年近く府内の地にとどまって、同藩のために尽力した。彼が残した日記や書簡には、府内藩に関する情報が満ち溢れている。こうした経緯もあって、今回、廣瀬家との関わりについて少し頁を割きすぎてしまったきらいがある。

最後に、本書の執筆を勧めていただいた古川敬氏と大津祐司氏、遅筆な私にねばり強く付き合って下さった菊地泰博社長ならびに編集部の方々に、心より感謝を申し上げます。

参考・引用文献

一法師徳恵『大分県人物叢伝　大分郡之部一』（一八九三年）
舜堂仙玉『豊陽古事談』巻之上・中・下（郷土史蹟伝説研究会　一九三一年）
『福原直高小伝』（福原直高事蹟調査会　一九四四年）
『大分市史』上巻・下巻（大分市　一九五五～五六）
『廣瀬青邨詩鈔』（吉川孔敏　一九七〇年）
『増補　淡窓全集』全三巻（思文閣　一九七一年復刻）
『阿部淡齋遺稿』（大塚郷土文庫　一九七一年）
狭間久『二豊小藩物語』上・中巻（大分合同新聞社　一九七五～七六年）
『大分県人物志』（歴史図書社　一九七六年）
『大分の歴史』全一〇巻（大分合同新聞社　一九七六～七九年）
高浦照明『大分の医療史』（大分合同新聞社　一九七八年）
『角川日本地名大辞典　44大分県』（角川書店　一九八〇年）
『大分百科事典』（大分放送　一九八〇年）
『大分県史』全二一巻（大分県　一九八一～九一年）
渡辺克己『真説山弥長者―西鶴作品の背景を現地に求めて―』（双林社出版部　一九八一年）
『廣瀬旭荘全集』（思文閣出版　一九八二年～）
『日田の先哲』（日田市教育委員会　一九八四年）
『挾間町誌』（挾間町　一九八四年）
若杉昌昭「山弥長者伝説の歴史性」（『大分県地方史』第一一八号　一九八五年）
甲斐素純「広瀬淡窓の府内紀行」（『大分県地方史』第一二〇号　一九八五年）
『大分市史』上・中・下（大分市　一九八七～八八年）
『藩史大事典』第七巻　九州編（雄山閣出版　一九八八年）
『大分の伝統料理』（大分合同新聞社　一九八八年）
『庄内町誌』（庄内町　一九九〇年）
『大分歴史事典』（大分放送　一九九〇年）
『日田市史』（日田市　一九九〇年）
『日本歴史地名大系　第四五巻　大分県の地名』（平凡社　一九九五年）
『豊後府内城　第十四回特別展「城のある風景」図録』（大分市歴史資料館　一九九五年）
平井義人「売り払われた拝領屋敷―豊後府内藩江戸中屋敷放出の背景―」（『大分県地方史』第一六二号　一九九六年）
『大分県歴史人物事典』（大分合同新聞社　一九九六年）
坪根伸也・塩地潤一「豊後国府推定地周辺の発掘調査2―羽屋・井戸遺跡とその周辺の調査から―」（『大分県地方史』第一六三号　一九九六年）
『大分県の歴史』（山川出版社　一九九七年）
『江戸時代人づくり風土記』44大分（農山漁村文化協会　一九九八年）
高橋信武「上野遺跡群竜王畑遺跡の発掘調査―豊後国府関連遺跡の発見―」（『大分県地方史』第一七三号　一九九九年）
神田由築『近世の芸能興行と地域社会』（東京大学出版会　一九九九年）
『府内と臼杵から戦国の世界が見える―都市・貿易・民衆―』（大分県立先哲史料館　一九九九年）
中川惠司編『江戸東京重ね地図検索データブック』（エーピーピーカンパニー　二〇〇一年）
『大友府内―よみがえる中世国際都市―』（大分県立先哲史料館　二〇〇一年）
『知ってるつもり？　小藩分立』（大分県立先哲史料館　二〇〇二年）
『豊の国のモノづくり』（大分県立先哲史料館　二〇〇四年）
『陸の道・海の道―人・もの・文化の大動脈―』（大分県立先哲史料館　二〇〇五年）
甲斐素純・渋谷忠章・段上達雄編『大分県の不思議事典』（新人物往来社　二〇〇七年）
『図説　大分・由布の歴史』（郷土出版社　二〇〇七年）
『大分県の歴史散歩』（山川出版社　二〇〇八年）
大野雅之「大給府内藩と廣瀬家―近説と旭荘の関係を中心に―」（『先哲史料館研究紀要』第一四号　二〇〇九年）
田邉博彬『日光山麓史―下野国板橋を取り巻く世界―』（随想舎　二〇一二年）
『大分県先哲叢書　廣瀬淡窓資料集　書簡集成』（大分県教育委員会　二〇一二年）
『農業水利偉人伝　10　日根野吉明―日本一農民に大切にされた殿様―』（大分県農林水産部農村整備計画課　二〇一二年）
平井義人「古文書に見る大分の地震・津波」（『先哲史料館研究紀要』第一七号　二〇一三年）
石倉均『銭瓶石騒動について―豊後国速見郡赤松村八名の遠島先を追って―』（二〇一三年）
『おおいたの地震と津波―歴史が鳴らす警鐘―』（大分県立先哲史料館　二〇一四年）

大野雅之（おおの・まさゆき）
昭和四十年（一九六五）大分県大分市生まれ。一九八八年三月、広島大学教育学部教科教育学科卒業。大分県立高等学校教諭を経て、二〇〇五年、大分県立先哲史料館主任研究員。二〇一二年、同館主幹研究員（現在）。専門は日本近世史。共著『大分県の歴史散歩』（山川出版社）のほか、最近の主な業績として「淡窓先生手書克己篇にみる廣瀬淡窓の苦悩―末弟旭荘のこと―」（『史料館研究紀要』第一五号）、「廣瀬淡窓の生家往来について」（『咸宜園教育研究センター研究紀要』第二号）、「廣瀬久兵衛―その生涯と功績―」（『日経研月報』二〇一三年七月号）などがある。

シリーズ藩《はん》物語《ものがたり》 **府内藩《ふないはん》**

二〇一四年十一月二十五日　第一版第一刷発行

著者――大野雅之
発行者――菊地泰博
発行所――株式会社 現代書館
東京都千代田区飯田橋三―二―五　郵便番号 102―0072　http://www.gendaishokan.co.jp/
電話 03―3221―1321　FAX 03―3262―5906　振替 00120―3―83725
組版――デザイン・編集室 エディット
装丁――中山銀士＋杉山健慈
印刷――平河工業社（本文）東光印刷所（カバー・表紙・見返し・帯）
製本――越後堂製本
編集――二又和仁
編集協力――黒澤　務
校正協力――岩田純子

江戸末期の各藩

松前、八戸、七戸、黒石、**弘前**、**盛岡**、**一関**、秋田、亀田、本荘、秋田新田、仙台、松山、**新庄**、**庄内**、天童、長瀞、**山形**、上山、**米沢**、米沢新田、相馬、福島、**二本松**、三春、**会津**、**守山**、棚倉、平、湯長谷、泉、**村上**、黒川、三日市、**新発田**、村松、三根山、与板、**長岡**、椎谷、**高田**、糸魚川、松岡、笠間、宍戸、**水戸**、下館、結城、**古河**、下妻、府中、土浦、麻生、谷田部、牛久、大田原、黒羽、烏山、喜連川、**宇都宮・高徳**、壬生、吹上、**足利**、佐野、関宿、高岡、佐倉、小見川、多古、一宮、生実、鶴牧、久留里、大多喜、請西、飯野、佐貫、勝山、館山、岩槻、忍、岡部、川越、沼田、前橋、伊勢崎、館林、高崎、吉井、小幡、安中、七日市、飯山、須坂、**松代**、**上田**、**小諸**、岩村田、田野口、**松本**、諏訪、**高遠**、飯田、金沢、荻野山中、小田原、沼津、小島、田中、掛川、相良、横須賀、浜松、富山、加賀、大聖寺、郡上、高富、苗木、岩村、加納、大垣、高須、今尾、犬山、挙母、岡崎、西大平、西尾、吉田、田原、大垣新田、尾張、刈谷、西端、長島、**桑名**、神戸、菰野、亀山、津、久居、鳥羽、宮川、彦根、大溝、山上、西大路、三上、膳所、水口、丸岡、勝山、大野、**福井**、鯖江、敦賀、小浜、淀、新宮、田辺、紀州、峯山、宮津、田辺、綾部、山家、園部、亀山、福知山、柳生、柳本、芝村、郡山、小泉、櫛羅、高取、高槻、麻田、丹南、狭山、岸和田、伯太、豊岡、出石、柏原、篠山、尼崎、三田、三草、明石、小野、姫路、林田、安志、龍野、山崎、三日月、赤穂、鳥取、若桜、鹿野、津山、勝山、新見、岡山、庭瀬、足守、岡田、岡山新田、浅尾、松山、鴨方、福山、広島、広島新田、高松、丸亀、多度津、西条、小松、今治、松山、新谷、大洲、**伊予吉田**、**宇和島**、徳島、**土佐**、土佐新田、**松江**、広瀬、母里、浜田、津和野、岩国、徳山、長府、清末、小倉、小倉新田、福岡、秋月、**久留米**、柳河、三池、蓮池、唐津、**佐賀**、小城、鹿島、大村、島原、平戸、平戸新田、**中津**、杵築、日出、**府内**、臼杵、**佐伯**、森、**岡**、熊本、熊本新田、宇土、人吉、延岡、高鍋、佐土原、飫肥、薩摩、対馬、五島（各藩名は版籍奉還時を基準とし、藩主家名ではなく、地名で統一した）　★太字は既刊

江戸末期の各藩
（数字は万石。万石以下は四捨五入）